COLECCIÓN POPULAR

688

LOS 13 SUEÑOS QUE FREUD
NUNCA TUVO

Traducción de
MARIO ARANDA MARQUÉS

Revisión técnica de
HÉCTOR PÉREZ-RINCÓN

J. ALLAN HOBSON

LOS 13 SUEÑOS QUE FREUD NUNCA TUVO

La nueva ciencia de la mente

FONDO DE CULTURA ECONÓMICA

Primera edición, 2007

Hobson, J. Allan
Los 13 sueños que Freud nunca tuvo. La nueva ciencia de la mente / J. Allan Hobson ; trad. de Mario Aranda Marqués ; rev. técnica de Héctor Pérez-Rincón. — México : FCE, 2007
331 p. : ilus. ; 17 × 11 cm — (Colec. Popular ; 688)
Título original 13 Dreams Freud Never Had: The New Mind Science
ISBN 978-968-16-8169-2

1. Sueños 2. Psicoanálisis 3. Psicología I. Aranda Marqués, Mario, tr. II. Pérez-Rincón, Héctor, rev. III. Ser. IV. t.

LC QP426 .H62   Dewey 612.821 H828t

Distribución mundial

Comentarios y sugerencias: editorial@fondodeculturaeconomica.com
www.fondodeculturaeconomica.com
Tel. (55)5227-4672 Fax (55)5227-4694

 Empresa certificada ISO 9001:2000

Traducción autorizada de la edición en inglés titulada *13 Dreams Freud Never Had: The New Mind Science*, 1ª edición por Hobson, J. Allan, publicada por Pearson Education, Inc., que publica como Pi Press, Copyright © 2005, Pi Press, ISBN 0-13-147225-9.
Reservados todos los derechos por Pearson Education, Inc.
Authorized translation from the english language edition, entitled *13 Dreams Freud Never Had: The New Mind Science*, 1st Edition by Hobson, J. Allan, published by Pearson Education, Inc., publishing as Pi Press, Copyright © 2005, Pi Press, ISBN 0-13-147225-9.
All rights reserved by Pearson Education, Inc.

D. R. © 2007, Fondo de Cultura Económica
Carretera Picacho-Ajusco, 227; 14738 México, D. F.

Se prohíbe la reproducción total o parcial de esta obra —incluido el diseño tipográfico y de portada—, sea cual fuere el medio, electrónico o mecánico, sin el consentimiento por escrito del editor.

ISBN 978-968-16-8169-2

Impreso en México • *Printed in Mexico*

ÍNDICE

Nota del autor 9
Prólogo. Sigmund Freud imaginó 11

I. *Escenario onírico con elefantes. El sueño* MOR *y la creatividad* 27

II. *El maratón de la Harvard Medical School. El cerebro social entra en acción* 55

III. *Cerebro de langosta. El cerebro visual como sintetizador de imágenes* 85

IV. *Caravaggio. Entra en operación el generador de patrones motor del puente* 115

V. *Idilio italiano. El juego de las escondidas con la dopamina* 140

VI. *Ed Evarts y Mickey Mantle. Embrollo hipocampal* 163

VII. *Catando vinos por el bicentenario. El cerebro se estimula con sus propios jugos* 183

VIII. *Clavados peligrosos. La asombrosa importancia del sistema vestibular* 202

IX. *La ballena dividida. El miedo y la amígdala* 223

X. *La caja de Tiffany. Hacia una nueva filosofía de la mente* 249

XI. *La muerte de Louis Kane. El cerebro le gasta bromas a la memoria* 265

XII. *Ciudad medieval. Arquitectura extravagante, intensidad emocional y la médula curativa* 275

XIII. *El beso francés. El hipotálamo erótico* 292

Epílogo. Freud despierta 301
Agradecimientos 317
Índice analítico 319

NOTA DEL AUTOR

Sigmund Freud acertó al creer que los sueños son una clave para entender la mente humana. También tuvo razón al suponer que toda psicología científica se debía basar en conocimiento del cerebro. Empero, como careció de dicha base, se vio obligado a especular, y yo he descubierto que su aportación a la ciencia de la mente, en el mejor de los casos, es obsoleta y, en el peor, engañosa. La admiración que despierta en mí su ambición me lleva a imaginar qué hubiera dicho a la luz de la moderna ciencia de los sueños.

Aunque empieza con un juguetón sueño que tuve despierto acerca de Freud, el presente libro se estructura en torno a 13 sueños verdaderos que tuve en el curso de mi carrera de neurocientífico. Cada uno de los 13 capítulos comienza con unas notas, a veces incluye también bocetos, trazados tan pronto como despertaba de cada sueño. Muchos de estos sueños provienen de décadas atrás. Para algunos, resultarán de particular interés los sueños más recientes que tuve después de un accidente vascular cerebral, el cual produjo algunos efectos sorprendentes sobre distintas facultades neurales que se manifestaron en mis sueños de maneras fascinantes. Al conjuntar la inmediatez de esas experiencias con el conocimiento que he adquirido a lo largo de las décadas en que me he dedicado al cerebro, confío en ofrecer a los lectores un entendimiento novedoso sobre lo que la ciencia ha revelado sobre la mente durante los últimos 100 años, desde que, valientemente, Freud se propuso introducir la ciencia en los terrenos de nuestra imaginación.

Prólogo
SIGMUND FREUD IMAGINÓ

En 1885, cuando yo tenía 29 años, empecé a aplicar a la psicología mis conocimientos sobre el cerebro. Diez años después, en 1895, a mis 39 años me sentí listo para escribir lo que esperaba fuera mi *magnum opus: El proyecto de una psicología para neurólogos*. A comienzos del siglo XXI, la mayoría de la gente se refiere a él como "El proyecto" a secas. Fundamentando mi psicología en los sólidos cimientos de la ciencia del cerebro, aspiraba yo a crear una teoría "perspicaz y exenta de dudas". Aun cuando las cosas resultaron de otro modo, debo decir que la ciencia del cerebro sí ha avanzado a pasos agigantados y ha generado un mundo nuevo para una verdadera ciencia de la mente.

Las fuerzas que interactuaron con mi ambición juvenil por la época en que incubaba yo mi Proyecto se derivaron de una convicción —compartida por muchos científicos— según la cual el materialismo podría triunfar al fin sobre el idealismo. En la Escuela de Medicina de Viena, mi mentor fue Theodor Meynert, uno de los cuatro signatarios originales del Pacto Contra el Vitalismo. Meynert y yo (por influencia suya) estábamos comprometidos con explicar todos los procesos vitales, incluida la mente humana, en términos de células y moléculas. Según nosotros, todo partía de la fisiología. Incluso nuestros pensamientos y sentimientos tenían su base en el organismo, y era labor nuestra demostrar cómo podía comprobarse esto.

El gran fisiólogo Hermann von Helmholtz fue coautor del Pacto Contra el Vitalismo. Nos prohibió que atribuyéramos parte alguna de la experiencia humana a fuerzas misteriosas, en especial a "fuerzas vitales" vagas y mal definidas que justificaban los problemas en vez de dar cuenta de ellos. Todas estas elevadas palabras y nuestra adhesión al pacto debían evitar que cayéramos en la trampa de la mistificación, que sedujo a tantos colegas nuestros. Me siento orgulloso de haber formado parte de esta escuela de pensamiento, e insistí, hasta el fin de mis días, en que la fisiología y la química remplazarían en última instancia todas mis especulaciones sobre la mente.

Una de las razones por las que tanto admiré al científico inglés Charles Darwin fue que *El origen de las especies* se oponía vigorosamente al creacionismo, forma particularmente perniciosa de vitalismo. No es de sorprender que me haya vuelto ateo a temprana edad dada la oposición institucionalmente sancionada a la religión organizada y su entrega a la mistificación. Hacia 1927, cuando escribí mi polémico tratado *El futuro de una ilusión,* ya había fundado el psicoanálisis y confiaba en que se convertiría en la nueva ciencia de la mente. Lo apliqué a la religión y sostuve que toda conducta y todas las ideas de carácter religioso se engendraban neuróticamente. Llegué incluso al extremo de sugerir que la fe religiosa era producto de un tipo de delirio; por ende, no sólo superficialmente neurótica, sino profundamente psicótica.

La neurobiología me atraía enormemente. En el

laboratorio de la Universidad de Viena trabajamos en el músculo que abre la pinza del cangrejo. Parecía haber un largo camino entre las pinzas de los cangrejos y los pensamientos y sentimientos humanos, pero sabíamos que estábamos analizando los movimientos del humilde cangrejo en términos de células y moléculas, en vez de atribuirlos a alguna misteriosa fuerza vital. Si el movimiento se podía comprender con tanta facilidad, nos quedaba claro que otros procesos vitales dinámicos también arrojarían una explicación neurobiológica. De todo ello hablábamos en el laboratorio y en los cafés de Viena mientras bebíamos café y fumábamos puros.

Si se me hubiera ofrecido un nombramiento universitario de tiempo completo, es muy probable que lo habría aceptado. Por desgracia, no había vacantes disponibles que me permitieran dedicarme a la ciencia experimental. Como esposo y padre joven, necesitaba ganarme la vida atendiendo a pacientes. Aun así, nunca abandoné mis aspiraciones académicas. Poseía una sólida capacitación como neurólogo y, hacia 1888, era lo bastante conocido y respetado en círculos académicos como para que me invitaran a escribir un artículo de una enciclopedia sobre la afasia, el deterioro de la función del lenguaje que a menudo se presenta por una lesión vascular del cerebro superior izquierdo. La afasia, así como otras pérdidas de las funciones mentales humanas superiores causadas por lesión cerebral, cabe a la perfección dentro de mi esquema de que toda psicología es de base cerebral. Los deseos, los impulsos e incluso los sueños se deberían entender como procesos centrados en el cerebro. Es triste que supiéramos tan poco acerca de éste.

Por la misma época en que empezaba a ver a pacientes con problemas neurológicos, Charles Sherrington, en Inglaterra, enunciaba su famosa doctrina de los reflejos. Que el sistema motor, incluido el mecanismo de apertura de la pinza del cangrejo, estuviera gobernado por la dinámica de los reflejos resultaba obvio y útil. Empero, ¿acaso podría crear yo una psicología basada únicamente en la doctrina de los reflejos? Así lo esperaba. Y lo intenté, pero fracasé.

Sabía que los cerebros, como todos los tejidos animales, estaban constituidos por células. Rudolf Virchow, nuestro célebre anatomista-patólogo, había formulado ya su doctrina celular: *omnia cellula ex cellula,* o sea cada célula proviene de otra célula, lo que implica, por supuesto, un mecanismo genético que establezca la primera célula, y la posterior división de células hijas durante el crecimiento y el desarrollo. Se reconocía que las células eran como los bloques de construcción de los órganos del cuerpo, incluidos el cerebro y la médula espinal. Sherrington empleó la teoría celular para explicar la acción refleja como una competencia entre excitación e inhibición. Con todo, sabíamos muy poco sobre el modo en que estaban construidas las células nerviosas, y aún menos sobre su funcionamiento.

Como es natural, me atrajo la teoría reticular del cerebro propuesta por los eminentes anatomistas alemanes Wilhelm His y Rudolf Kölliker, quienes se opusieron al recién llegado español Santiago Ramón y Cajal. Éste sostenía que el sistema nervioso no era una red de células unidas como un sincitio, como creían los llamados reticularistas. Según Ramón y Cajal, las células cerebrales estaban conectadas en realidad como redes, pero cada célula de un nervio estaba separada, limitada por su propia membrana. La idea de Ramón y Cajal triunfó, y su doctrina neuronal propició muchos descubrimientos importantes que me habrían resultado útiles si no hubiera abandonado el derrotero establecido por mi malhadado Proyecto. Pero fui incapaz de ver qué diferencia representaba este acalorado debate sobre las neuronas para mis propios modelos de la mente basados en el cerebro. Simplemente, fue demasiado pronto para que yo hiciera lo que quería hacer.

En 1895 tenía yo 39 años y pasaba por una crisis tanto intelectual como personal. En casa atendía a pacientes con problemas neurológicos y a menudo no veía ninguna base orgánica evidente para muchos de sus síntomas. Sus quejas parecían ser solamente funcionales. En aquella época era yo amigo íntimo del otorrinolaringólogo Wilhelm Fleiss, quien creía que los números determinaban la conducta y que el tamaño de la nariz estaba correlacionado con las pulsiones sexuales. Analicé con Fleiss muchos casos. Uno de éstos, el famoso caso de Irma, nos produjo desazón profesional cuando se descubrió que sus persistentes síntomas nasales no eran causados por su fecha de nacimiento ni por el tamaño de su nariz, sino por una esponja olvidada por Fleiss después de que la operó.

Semejante negligencia médica debió apartarme de Fleiss antes de cuando lo hice. Y debió hacerme mucho más cauteloso al interpretar mi sueño de la inyección de Irma. Pero a Fleiss y a mí nos unía la creciente convicción de que muchos síntomas —si no la mayoría— de nuestros pacientes eran manifestaciones de una sexualidad suprimida. Más adelante me referí a este proceso como represión, con lo que indicaría su origen inconsciente. No cabe duda de que la expresión de la sexualidad era sofocada en la Viena de fines del siglo xx, sobre todo en las mujeres lo bastante adineradas para poder pagar nuestros servicios médicos.

La verdad de las cosas es que sucumbí ante Fleiss y muchas de sus ideas, aun cuando yo fuera demasiado realista para aceptar sus místicas numerológicas y nasales. Me convenció de que las calamidades y los triunfos de la vida se derivaban esencialmente de reglas astrológicas y se podían analizar y predecir mediante una teoría numérica. Esto era peor que el vitalismo. Aun así, lo pasé por alto. Me sentía aislado y necesitaba un colega abierto a mis propias ideas nacientes. Ahora me consterna recordar que haya tomado con toda seriedad su idea acerca de la conexión directa entre la nariz y los genitales. Cuando Fleiss operó a Irma, creyó que con arreglarle la nariz la curaría de sus problemas genitales. Una locura simple y llana.

Pero Fleiss era mi amigo y leal partidario. Mientras yo me esforzaba por definir mi trayectoria intelectual, él fue mi aliado. Más adelante, una vez que encontré mi camino, me fue fácil descalificar a Carl Jung, mi colega psicoanalista más importante, por creer él en los espíritus. Para entonces, también Jung era una espina que llevaba clavada, pues pensaba que yo concedía demasiada importancia al papel de la sexualidad en la génesis de la psique humana, normal y anormal. Ahora que lo pienso, rechacé en primera instancia a Fleiss porque me avergonzaba con sus nociones numerológicas y nasales, pero nunca me deshice de un tema que compartíamos: la obsesión por la sexualidad. Cuando Jung me cuestionó en cuanto al papel de la sexualidad reprimida en la génesis de la neurosis, yo a mi vez lo descalifiqué por su misticismo. Según el concepto que tenía de mí mismo, era yo un científico riguroso, no un nigromante. Sabía que yo era un aventurero e incluso me designaba como conquistador. Pero lo cierto es que nunca me consideré un supremo sacerdote de un culto al mentalismo. De otro modo, habría caído en la misma trampa que me había propuesto evitar cuando firmé el pacto contra el vitalismo.

Mi *Proyecto de una psicología para neurólogos*, escrito entre 1894 y 1895, fracasó tan estrepitosamente que ni siquiera intenté publicarlo. Me quedó claro que no sabía lo suficiente acerca del funcionamiento del cerebro para postular una teoría satisfactoria de la mente. Me di cuenta de que, sin una ciencia del cerebro, me embarcaría en las aguas ignotas de la subjetividad, pero, al no quedarme alternativa, me libré de la ciencia del cerebro... o al menos hice mi mejor esfuerzo por lograrlo.

Como trabajaba atendiendo pacientes en el día, sólo me quedaba tiempo para dedicarme a mi Proyecto por las noches. La labor era complicada, pues disponía de muy pocas pruebas científicas como punto de partida, y gran parte de lo que me parecía ciencia dura resultó equivocado. Por ejemplo, mi concepto de la acción refleja, que tomé, en parte, de Sherrington, era deficiente.

Según la neurobiología de 1895, toda la energía —y la información— que ingresaba al cerebro provenía del mundo exterior. Nunca imaginé que el sistema nervioso pudiera generar sus propias energía e información. Además, supuse erróneamente que el sistema pudiera ser dominado por la invasión de energía de estímulos externos. Para comprender la idea anterior, imagine el lector una casa que carece de pararrayos cuando se desata una tormenta eléctrica. Una casa así es vulnerable al calor (y al fuego) que produce un rayo que busca llegar al suelo.

Peor aún: di por hecho que una vez que la energía y la información externas ingresaban en el sistema, quedaban obligadas a permanecer allí —acumulando una carga, según supuse—, hasta que se descargaban en forma de conducta motora. Todas estas falsas creencias, todos estos delirios, formaban parte esencial de mi Proyecto. No es de sorprender que no llegara yo con él a ninguna parte. Ni sorprende que lo abandonara. Estoy orgulloso de haber reconocido lo fútil de ese proyecto.

Ni siquiera al abandonar el Proyecto dejé la idea de que el cerebro manejaba la energía externa excedente desviándola hacia circuitos inaccesibles para la conciencia. Busqué una salida científica para difundir mis ideas por el mundo y alcanzar el mismo efecto revolucionario que había buscado con mi Proyecto. Mi ambición, que se mantenía viva desde mi frustrada vida académica, trascendió otra vez sobre mi incapacidad de aplicar la neurobiología contemporánea para crear una psicología científica. A estas alturas, muchos se hubieran dado por vencidos, ¡pero no yo!

Cuando estaba por cumplir 40 años, cubría mis gastos de renta y otros adeudos atendiendo a cada vez más pacientes. En parte por mi amistad con Fleiss, pero más que nada porque el tema simplemente flotaba en el ambiente, me impresionó cada vez más la idea de que mis pacientes, en su mayoría solteras maduras, vivían incapacitadas por una sexualidad suprimida. Además, al parecer, estas damas sentían alivio al hablar de sus problemas con médicos comprensivos como yo y como Joseph Breuer, quien era mi propio médico. Aunque Breuer compartía sus casos conmigo no seguía totalmente mis teorías.

Otro acontecimiento importante en mi vida fue mi viaje a París en 1885, para trabajar con el gran neurólogo francés Jean Martin Charcot. Su clínica era muy concurrida por el equivalente parisiense de nuestras damas vienesas. Había aprendido a aprovecharlas para exhibir sus indescriptibles síntomas neurológicos y a manipular dichos síntomas por medio de la sugestión hipnótica. Según Charcot, siempre había algo de carácter sexual en el trasfondo de estos casos. Su frase *"Toujours la chose genitale"* se me grabó en la mente, y allí se amalgamó con la teoría sexual de Fleiss para formar un complejo que me serviría para explicar las observaciones que realicé con Breuer.

A medida que tocaba el siglo xix a su fin, yo avanzaba sin titubeos hacia el modelo de la mente que me haría famoso: el inconsciente es un crisol de impulsos poderosos e inaceptables, muchos de ellos sexuales, que constantemente amenazan con invadir la conciencia. A fin de protegerla, tales impulsos se debían contener (mediante la represión), desviar (mediante el desplazamiento) o encauzar hacia el cuerpo (mediante la somatización). Esta noción central de defensa se convirtió en la piedra angular del psicoanálisis, la intrincada teoría de la mente humana que elaboré y promoví con tanto éxito durante las tres primeras décadas del siglo XX.

Formulé mi teoría de los sueños siguiendo los mismos lineamientos de mi teoría de las neurosis. He aquí una breve descripción: de día, nuestras defensas contra la invasión de la conciencia por parte de los demonios del inconsciente son en general fuertes. Pero la insuficiencia ocasional de estas defensas se manifiesta o se expresa en *lapsus linguae* y en *lapsus calami* y en deformaciones neuróticas. De noche, el sueño derriba la protección que poseemos contra los impulsos inconscientes. A fin de proteger la conciencia de una invasión abrumadora, la mente recurre al desplazamiento, la condensación y la simbolización, que hacen tan extraños nuestros sueños. Esto sirve a la función de proteger nuestro dormir.

Cuanto más pensaba qué hacer a continuación, más cuenta me daba de que los sueños eran un buen punto de partida para formular mi teoría psicoanalítica. Me dije: si no puedo elaborar una teoría que parta de la base hacia arriba, puesto que carezco de datos del cerebro, lo haré a la inversa. Deduciré una psicología dinámica a partir de las características de los sueños, sobre todo a partir del aparente absurdo que algunos llaman extravagancia onírica. Intentaré demostrar que, al igual que los síntomas neuróticos, guardan significados ocultos que se pueden interpretar. Un concepto importante que se derivó de las consideraciones anteriores es el de los "deseos" infantiles y otros aún más primitivos que se deben proscribir de la conciencia mediante la represión activa, a fin de evitar una catástrofe psíquica.

Así como los *lapsus* revelaban los volcánicos impulsos inconscientes que pugnan por salir a la superficie para expresarse en formas no deseadas durante el día, los sueños fueron para mí la prueba de una similar presión eruptiva que se manifestaba de noche al dormir. El secreto de los sueños, que me fue revelado el domingo de Pentecostés de 1896, era que la aparente extravagancia de los sueños era una función del esfuerzo de la mente por esconder los deseos inconscientes que se acumulaban a causa del relajamiento de la mente consciente mientras dormimos.

Si vuelvo la vista hacia ese gran parteaguas de mi vida y ese momento trascendental en el pensamiento occidental, me llaman la atención dos ideas recíprocas. La primera es que, mientras creía que estaba haciendo un descubrimiento científico, no analicé con cuidado la experiencia del dormir ni la de los sueños en sí. La segunda es que, gracias a que expresé con gran énfasis mi teoría, fui capaz de convencer de su verdad a un número considerable de seguidores. Yo era un buen escritor y un buen orador. Incluso, era carismático, si me tomo la libertad de decirlo yo mismo.

Sin embargo (pese a mis mejores esfuerzos por echarlo por la borda) había transferido casi todo el bagaje de mi abandonado *Proyecto de una psicología para neurólogos* a mi teoría de los sueños. La razón de todo esto es que estaba tan decidido y convencido de estar en lo cierto que, tras publicar *La interpretación de los sueños,* en 1900, no hubo ya marcha atrás.

Nunca se me ocurrió hacer observaciones o recabar datos sobre el dormir y la actividad onírica. Aunque la mayor parte de los fragmentos que analizo en mi libro sobre los sueños eran míos, nunca llevé un diario de sueños ni pedí a mis colegas o pacientes que lo hicieran. Sólo sabía, a raíz de mi revelación de Pentecostés, por qué eran extraños los sueños. La mente necesitaba disfrazar y aplicar una censura a los instigadores deseos oníricos, para proteger la conciencia de una perturbadora invasión. De este modo, los sueños eran los guardianes del dormir. Una vez que tuve esta llave, pude abrir la puerta de cualquier sueño. ¿Para qué molestarme en recabar relatos de sueños de gente capaz de recordar sus sueños mejor que yo?

Veamos mi tan citado sueño acerca de la inyección de Irma:

Un enorme salón donde recibíamos a diversos invitados. Entre ellos estaba Irma. De inmediato la llevé hacia un lado, como si fuera a dar una respuesta a su carta y reprocharle no haber aceptado todavía mi "solución". Le dije: "Si sigues teniendo dolores, en realidad es culpa tuya". Me respondió: "Si supiera usted la clase de dolores que siento justo ahora en la garganta, el estómago y el abdomen: me están ahogando". Alarmado, la miré. Estaba pálida e hinchada. Para mis adentros, pensé que después de todo sí había yo pasado por alto alguna complicación orgánica. La llevé hacia la ventana y le examiné la garganta, y ella se mostró recalcitrante, como las mujeres con dentadura postiza. Pensé que en realidad no debía ella reaccionar así. Entonces abrió la boca totalmente, y al lado derecho descubrí una enorme mancha blanca; en otro punto noté grandes manchas de un gris blancuzco encima de unas sorprendentes estructuras rizadas, que evidentemente se habían formado a partir de los huesos turbinados de la nariz. Llamé en el acto al doctor M., quien repitió el examen y lo confirmó [...] El doctor M. parecía bastante distinto que de costumbre; muy pálido, cojeaba al caminar y se había afeitado la barba [...] Ahora también mi amigo Otto estaba junto a ella, y mi amigo Leopold le practicaba suavemente una percusión a través del corpiño y decía: "Tiene una zona de matidez hacia abajo, del lado izquierdo". También indicó que tenía infiltrada una porción de piel del hombro izquierdo. (También yo pude apreciarlo, a pesar del vestido de ella.) [...] M. dijo: "No hay duda de que es una infección, pero no importa; le sobrevendrá una disentería y se eliminará la toxina" [...] También tuvimos clara conciencia del origen de la infección. Poco antes, cuando ella se sentía mal, mi amigo Otto le había aplicado una inyección de un preparado de propilo, propilos [...] ácido propiónico [...] trimetilamina (y vi ante mí la fórmula de ésta impresa en grandes letras) [...] No se deberían aplicar tan a la ligera inyecciones como ésa [...] Y es probable que no se haya esterilizado la jeringa.

Como es natural, reconocí la fuente del recuerdo del sueño anterior. Era un reflejo de mi relación con Fleiss y de su grave error con Irma, quien también era paciente mía. Pero no pude reconocer en absoluto que traía en mente a Irma y su estado otorrinolaringológico, a causa de una ansiosa preocupación mía por una errónea práctica médica. Sí me percaté de que buena parte del impulso de este sueño era un intento de remediar mi error y aclarar las cosas. Sin duda, se trata de la satisfacción de un deseo. Pero he de confesar que no hubo nada inconsciente en mi ansiedad ni en mi deseo de remediar el estado nasal de Irma. Y el censor de mis sueños no funcionaba lo bastante bien para embozar este pequeño y desagradable aspecto, que yo había aprendido a pasar por alto o a racionalizar estando despierto. Con toda honradez, en mi interpretación del sueño de Irma no hay prácticamente nada que sea profunda o genuinamente psicoanalítico. ¿Por qué no pude apreciarlo en su momento?

¿Podría deberse a que me había convertido en un creyente, un converso a mis propias ideas? ¿Había creado involuntariamente una religión secular? Mi "descubrimiento" resultaba estimulante mientras yo pudiera sostener que yo era un científico y que mi teoría era científica. Cuando dije que algún día la física y la química remplazarían mis ideas, quise decir que serían "confirmadas", y no "remplazadas". Por supuesto, nunca me pasó por la cabeza que podría estar por completo equivocado.

Podría defenderme de la acusación de postular una seudociencia alegando que en 1900 no existía tecnología para estudiar el sueño. Aun así, cuando mi colega psiquiatra Hans Berger describió en 1928 el electroencefalograma, presté muy poca atención a su descubrimiento. Para entonces, yo tenía 72 años e impulsaba la teoría psicoanalítica hacia los terrenos de la filosofía, la psicología y las ciencias sociales. Por una coincidencia bastante irónica, 1928 fue el año en que publiqué mi ataque contra la religión. Otro ataque de este tipo, que había lanzado el año anterior, no incluyó ningún pronóstico de estas noticias y tampoco lo habría hecho aun si lo hubiera publicado un año después. Sostuve que no era promisorio el futuro de la ilusión religiosa, sin reparar en que mi propia ideología era esencialmente religiosa.

En 1933 publiqué mi artículo "Acerca de los sueños", en que intenté hacer algunas enmiendas muy significativas a mi teoría de los sueños. Pero omití mencionar el descubrimiento de Berger. Y en 1936, cuando Loomis y Harvey demostraron cambios cíclicos en la activación electroencefalográfica al dormir, yo tenía ya 80 años. Para entonces, como estaba yo distraído con problemas como sobrevivir a los nazis y al cáncer de mandíbula, no es de sorprender que no haya previsto lo que se avecinaba.

En cambio, renuncié resueltamente a todo intento por dar un carácter neurológico a mi teoría. No quería que el psicoanálisis cayera en manos de la neurología, pues había abandonado el enfoque de mi Proyecto centrado en el cerebro. Como resultado, mis seguidores no se percataron del crecimiento lento pero sostenido de la neurociencia, que poco a poco iba aportando el material que mi Proyecto había necesitado en 1895. Hacia 1950 estaban dadas las condiciones para una revolución que no supe prever y la que francamente no me habría gustado. Fallecí en 1939, mucho antes de que se empezara a derrumbar el castillo de naipes que había construido con tanto esmero.

REFERENCIAS BIBLIOGRÁFICAS

Freud, S., *The Interpretation of Dreams*, Londres, G. Allen & Unwin, Ltd., Nueva York, Macmillan, 1913.

———, "Project for a Scientific Psychology", en *The Origins of Psychoanalysis: Letters to Wilhelm Fliess, Drafts and Notes: 1887-1902*, Marie Bonaparte, Anna Freud y Ernest Kris (eds.), Nueva York, Basic Books, 1954, pp. 347-445.

———, *On Dreams*, Nueva York, Norton, 1963.

McCarley, R. W., y J. A. Hobson (1977), "The neurobiological origins of psychoanalytic theory", *American Journal of Psychiatry*, 134(11): 1211-1221.

I. ESCENARIO ONÍRICO CON ELEFANTES
El sueño MOR y la creatividad

EL ESCENARIO onírico se recrea en un estrado. Mi amigo, el pintor Paul Earls, ajusta sus rayos láser al frente y en el centro. La imagen televisada del durmiente ocupa la pared izquierda, donde se interseca con las diapositivas que Ted Spagna proyecta en el techo. El durmiente está atrás, a la derecha, en una cama. Me pregunto si esto funcionará: sobre todo, si el durmiente conseguirá dormir.

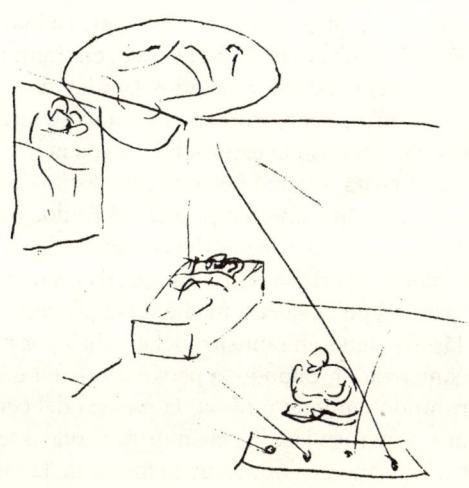

Entonces recuerdo: En realidad no importa si lo hace.

La escena se transforma en una película animada acerca del cerebro. Arriba, a la izquierda, se aprecia un cerebro completo, en tres cuartos de perfil.

Las secciones empiezan a rebanarse como si el cerebro fuera una manzana.

Estas secciones se alejan, dando vueltas y tumbos.

Cuando están cerca de la orilla de la mesa, ¡empiezan a asemejarse a elefantes!

Otras secciones se separan luego y ruedan hacia la izquierda.

También éstas se convierten en elefantes. Me maravillo ante el efecto, el cual me parece bastante fácil de reproducir.

Escenario Onírico, un retrato experimental del cerebro durmiente, fue una exposición que se inauguró en 1977 en la Universidad de Harvard, en Cambridge, Massachusetts. Viajó por Estados Unidos de 1978 a 1980, y en 1982 se convirtió en la Pantalla Onírica en Burdeos, Francia. En la exposición aparecía a la vista del público visitante, una persona que dormía de modo natural en una cámara a prueba de ruido. Tras registrar el EEG y otras señales del cerebro y del cuerpo del durmiente, el artista visual Paul Earls las mostraba en las paredes de la galería mediante la proyección de rayos láser, y generaba música del cerebro por medio de un sintetizador. Cuando la persona caía en un dormir profundo, aunque no MOR, la música del cerebro era grave, y un rayo láser verde mostraba ondas lentas; cuando el durmiente entraba en la fase MOR, la música parecía de pífanos, y las notas agudas correspondían a los destellos consecutivos de un láser azul.

Ted Spagna creó unos estudios fotográficos con intervalo de tiempo del dormir, que revelaron una secuencia dinámica de cambios de postura que coincidían con las variaciones en el estado cerebral que iba de la vigilia al sueño MOR, pasando por el no MOR, y de vuelta al comienzo. Las fotografías se proyectaron en el techo mediante disolvencias con intervalos. En una pared de 12 metros de largo de la galería la artista gráfica sueca Ragnhild Karlstrom compuso en pantalla tres imágenes del campo cromático de la histología cerebral, que cambiaban sin cesar.

El "espacio negro" de la exposición, donde se exhibían todos estos medios visuales, estaba alfombrado y había cojines para que los visitantes pudieran sentarse o recostarse, sin zapatos, a absorber las imágenes. Para la exposición de Burdeos de 1982, yo agregué dibujos oníricos animados y patrones de activación neuronal a los medios electrónicos utilizados en el espacio negro. En el "espacio luminoso", los visitantes recogían su calzado y leían explicaciones científicas en unos paneles, además de ver dibujos y fotografías del cerebro y de la conducta durante el dormir.

El sueño —al que aludo como "Escenario onírico con elefantes"— usado para Escenario Onírico lo grabé una mañana de viernes en la primavera de 1982, mientras aguardaba en el aeropuerto Internacional Logan de Boston, para abordar un vuelo hacia París. Por esa época ya había descubierto que, al llevar conmigo mi diario en todos mis viajes, las demoras de los aeropuertos se podrían convertir en experiencias mucho más satisfactorias. Afuera soplaban fuertes vientos, y mi vuelo se demoraría al menos una hora. Sabía yo que perdería mi conexión del Charles de Gaulle a Burdeos, donde debía continuar mi colaboración con científicos y pintores franceses en torno a una nueva exposición que se llamaría Pantalla Onírica. Ésta brindaría la oportunidad de presentar las imágenes del cerebro y del sueño de un modo radicalmente distinto, y mi cerebro había trabajado en ello como en un estudio. El relato onírico incluido antes da la impresión de ser un resumen, como si ya se perdieran en él detalles importantes. Aun así, al despertar, de inmediato registré en la memoria una parte importante del sorprendente contenido del sueño a fin de poder anotar y dibujar después algunas de sus características formales más interesantes.

El periodo de 1977 a 1984 fue muy fructífero para mí, para mis colegas científicos y para los artistas Paul Earls y Ted Spagna. La naturaleza autocreadora de la actividad onírica era uno de nuestros principales intereses, y este sueño ofrecía una vía de acceso hacia lo que nos interesaba. Aun cuando a los ojos de los espectadores Escenario Onírico y los proyectos derivados de él no tenían características extraordinarias de gran arte, se puede afirmar que la actividad onírica resulta esencialmente artística por sus esfuerzos por recombinar elementos en formas estéticamente agradables y originales. Por ello, aún ahora me parece apropiada la unión que hicimos de arte y neurociencia.

La primera escena de este sueño posee una calidad muy parecida a la de un cuadro. El estrado se alucina con muchos de los elementos familiares del Escenario onírico, visualizados como en la vida real. Es poco lo que pasa. Permanezco inmóvil, al igual que Paul Earls, como es probable que ocurra en una situación onírica durante el sueño MOR. Aunque mis procesos mentales son más racionales que de costumbre en mis sueños, no soy capaz de razonar con agudeza. Y a pesar de que la emoción está un tanto apagada, no deja de haber cierta ansiedad respecto al éxito.

En la segunda escena, la acción se aviva un poco, pero las imágenes siguen siendo muy limitadas. Por supuesto, me esfuerzo por concebir nuevos medios que contribuyan a aclarar mis ideas sobre los sueños y la actividad del cerebro. No obstante, ideas que parecen brillantes durante el sueño resultan bastante imprácticas cuando despierto. Sólo cuando estoy despierto se me ocurre una idea factible y atractiva. Se trata de tomar fotografías del cerebro para mostrar la variedad de aspectos de su superficie y mezclarlas con tomas de otros objetos naturales, como manera de atraer la atención hacia semejanzas como las siguientes:

secciones del cerebelo = cedros
superficie del cerebelo = coliflor
superficie cerebral = hongos
superficie ventricular = erizos de mar

Al modificar la escala y usar la macrofotografía para oscurecer este contexto de flora y fauna, los observadores no estarían seguros de si se trataba o no de tejido humano, y tal vez eso ayudase a hacer más atractivo observar la sede de la conciencia.

De hecho, el aspecto del cerebelo se parece tanto al

de una planta que sus lóbulos ramificados se designan como *arbor vitae*. Con gran placer estético, he seguido los trazos de los microelectrodos por toda esta fascinante estructura cerebral. Junto con colegas míos del Massachusetts Mental Health Center, recorrí el cerebelo para llegar hasta el tallo cerebral, donde teníamos buenas razones para suponer que encontraríamos neuronas muy interesantes para las teorías del dormir. Lo anterior resultó cierto pero, como era tan difícil hacer un registro en el tallo cerebral, pasamos mucho tiempo en el cerebelo trabajando con las células de Purkinje. Éstas transforman datos relativos a la posición del cuerpo en el espacio en órdenes de reubicación que ejecuta el tallo cerebral. En las ramificaciones del *arbor vitae* identificadas como lóbulos IX, X y XI, encontramos muchas células de Purkinje que aumentaron su velocidad de descarga junto con los movimientos oculares del dormir, de donde se deriva el movimiento ocular rápido, o MOR, que ahora todo el mundo asocia con una intensa activación cerebral durante ese estado.

Con regularidad utilicé mis facultades neuroquirúrgicas para implantar cilindros de microelectrodos en los cráneos de nuestros animales experimentales. Mientras contemplaba directamente el cerebelo, a menudo me llamó la atención la semejanza que su superficie guarda con la coliflor, vegetal cuyo sabor, al igual que muchos niños, nunca me gustó; pero al que me encantaba mirar.

Sentí la misma emoción estética al extraer los cerebros de nuestros gatos a fin de prepararlos para un corte histológico. Para ello usamos una combinación de tintura de Nissl —anilina que tiñe de azul pálido los cuerpos celulares neuronales— y azul de Luxol, que tiñe de color turquesa sus fibras (o axones). Para Escenario Onírico y Pantalla Onírica, Karlstrom ideó un tríptico de diapositivas del campo cromático de estas y otras neuronas.

Aquí, nos dijimos, están los elementos operativos del cerebro: las neuronas. Para entonces, sabíamos que permanecían activas durante el sueño. Y su actividad era continua, como si el cerebro siguiera procesando datos sobre la posición y el movimiento, incluso cuando yacemos inconscientes, al parecer ajenos e inmóviles, vistos desde el exterior, en nuestras camas. Cuando nuestros gatos entraron en la fase de sueño MOR, batieron los ojos y se estremecieron. Entonces, la coliflor del cerebro —normalmente tranquila— se activó en verdad, como si procesara datos sobre el movimiento, que son imperceptibles desde el exterior pero que se reconocen internamente como movimiento durante el soñar. Muchas de las animaciones oníricas que presenté en Burdeos fueron intentos que hacía el soñador por describir las curiosas trayectorias del movimiento de sus sueños.

Si el cerebelo (al que los italianos llaman *cervelletto*, o sea "cerebro pequeño") parece un cedro, la corteza cerebral (que es mucho mayor y con circunvoluciones menos finas) semeja un hongo silvestre. Los giros corticales forman montecillos que acrecientan el área de su superficie. Estos montecillos son más anchos que los del cerebelo porque mantienen muchas más interconexiones con sus vecinos próximos y distantes.

Pude apreciar estos relucientes montecillos cuando

abrí los cráneos de animales vivos para implantar unos electrodos especialmente diseñados para captar las señales internas dirigidas de una parte del cerebro a otra durante el sueño MOR. La superficie cortical semejante a un hongo que más me interesó fue la corteza occipital (o sea posterior) o visual (o sea estimulada por la luz en la vigilia).

Mi anfitrión y tutor durante el año de capacitación que pasé en Lyon, Francia, en 1963, fue Michel Jouvet. Por su trabajo, yo sabía de la posibilidad de que durante el sueño MOR se registraran en la corteza ondas electroencefalográficas de gran tamaño, pero sólo si uno de los extremos de los electrodos permanecía bajo la superficie cortical en los haces de fibras (llamados materia blanca). Podía suponerse que esto se debía a que esas señales del sueño MOR se dirigían hacia la corteza desde el cerebro inferior, en vías que corrían perpendiculares a la superficie cerebral. Como estas señales se podían registrar también en el núcleo geniculado del tálamo y en los núcleos pontinos del tallo cerebral, se les conoció como ondas ponto-genículo-occipitales (PGO). De inmediato se sugirió la importancia que estas señales generadas internamente tenían para la visión onírica, y las ondas PGO siguen siendo nuestro mejor candidato para explicar el papel de los estímulos de los sueños.

No nos fue fácil incorporar todos estos importantes detalles neurofisiológicos en Escenario Onírico (1977-1982), porque nos importaban especialmente el dormir y el soñar en los seres humanos. Empero, por la época en que iba a ir a Burdeos, y tuve un sueño, estaba intentando hacerlo. Utilicé negativos en blanco y negro de nuestros registros osciloscópicos para mostrar esta actividad mediante la tecnología del rápido cambio de diapositivas que permite la computarización de los proyectores.

Una observación pedagógica: el riesgo de trivializar la complejidad de las partes del cerebro comparándolas con plantas se compensó con creces con la representación de lo que ocurre bajo la superficie. El hecho de que las formas de la superficie sean similares a objetos tan familiares como vegetales establece a la vez dos puntos importantes. El primero es que la naturaleza economiza, pues usa formas similares para propósitos distintos. El segundo es que podemos superar nuestra repulsión por los cerebros si reconocemos las semejanzas que guardan con objetos familiares.

Cuando los visitantes del espacio luminoso de Escenario Onírico contemplaban las fotografías microscópicas en tercera dimensión de los electrones de las superficies ventriculares del cerebro —tomadas por David Scott—, era imposible no pensar en la forma de las marejadas que se ven en las costas rocosas. Los ventrículos, esas cavidades llenas de fluido que se encuentran alrededor y en el interior del cerebro, parecen lisos a simple vista. Pero el microscopio por barrido de electrones acaba con esa ilusión al revelar, en cambio, una variedad densa y veteada de plantas extrañas y de formas animales. Están, por ejemplo, los cilios, que pulsan para mantener en movimiento el líquido cefalorraquídeo, y también unas grandes criaturas tentaculares, que parecen extraterrestres a ojos de todo el mundo, y cuya función bien puede ser la de mantener limpia la superficie, como una aspiradora automática de albercas.

¿Qué tiene que ver todo lo anterior con el dormir y con el soñar? Nada de lo que por ahora estamos seguros, pero parece improbable que este sistema lleno de fluido sirva sólo de amortiguador al cerebro, manteniéndolo flotando para protegerlo contra impactos. Los canales, lagos y ríos del cerebro también están ahí para servir de transportes. De modo que, aun cuando amortiguar sea la función básica del fluido, nos sorprenderíamos si determinadas moléculas clave no ascendieran y descendieran por esas vías fluviales cerebrales. Sabemos, por ejemplo, que muchas neuronas del tallo cerebral productoras de serotonina envían axones hacia la superficie ventricular, donde termina su recorrido. ¿Se secreta la serotonina hacia el interior de los ventrículos? Sabemos que el líquido del tallo cerebral, que contiene el oscilador del sueño no MOR-MOR, tiene acceso a la superficie ventricular del hipotálamo (la cual alberga el interruptor sueño/vigilia, como lo ha demostrado Cliff Saper, colega mío en Harvard). Estas estructuras se comunican entre sí más rápida y seguramente por las fibras de proyección que como lo harían por un transporte líquido. Tal vez, la ruta fluida, más lenta y tersa, sirva para limar las aristas ásperas de las transiciones súbitas de un estado a otro —como despertar o quedarse dormido—, que al parecer tardamos minutos (e incluso horas) en lograr.

Al relacionar mi disparatada y lasciva idea de hacer comparaciones entre las imágenes cerebrales y las ambiguas imágenes fotográficas de la superficie del cuerpo, saludo a Freud y su persistente atención en la sexualidad:

Giros corticales	Labios, dedos
Colículos	Muslos, nalgas
Acueducto cerebral	Ombligo
Pituitaria	Pene

He andado con estas analogías en la cabeza durante cierto tiempo. Resta saber si mi sueño de Escenario Onírico tiene algo que ver con que las haya imaginado en camino a Burdeos. Sin embargo, la ambigüedad fotográfica que propongo podría describir muchas de las semejanzas superficiales que observé mientras trabajaba en el cerebro.

El parecido de los giros corticales con los labios y los dedos es tan claro que puede generar confusión visual, al violar las reglas de contexto y escala. Los dedos y en especial los labios son estructuras sensuales, característica que no se suele relacionar con el cerebro. Empero, aun cuando el cerebro es el asiento de toda la sensualidad, la estructura de su superficie es también sensual. Hay a quienes les parecerá gratuito lo anterior, pero la experiencia es bastante cierta. De cualquier modo, mi objetivo es compartir la experiencia del descubrimiento científico con la gente que ha pagado todo ello, no sólo con mis circunspectos colegas.

Los colículos son montecillos particularmente seductores que se acomodan como muslos o nalgas en una colina encima del mesencéfalo. Solía maravillarme ante ellos cuando, tras extraer el lóbulo anterior del cerebelo, podía dirigir instrumentos hacia el tallo cerebral usando como guía la abertura del acueducto cerebral. Me parecían tan rechonchos, tan bellamente redondos, y estaban tan bien lubricados por su propio jugo, que me daban ganas de exclamar: "¡Éstos son los colículos! ¿No les parecen maravillosos?"

Los colículos representan el primer intento de la naturaleza por crear una corteza cerebral en que se pudieran procesar señales del mundo exterior. En esta área se evalúan las señales auditivas que se mandan a los colículos inferiores y las señales visuales que se envían a los colículos superiores, con el propósito de reencauzar la atención. De modo que vuelva el lector a concentrarse en esta página y deje de distraerse con las aves que ve por su ventana: acate las órdenes de los colículos, los pequeños montículos del cerebro.

La abertura del acueducto cerebral es el acceso al canal que enlaza el tercer y el cuarto ventrículos del tallo cerebral. Está allí haciendo pucheros como unos labios fruncidos, y recuerda los ombligos de algunas personas, todos como oscuros objetos del deseo, si nos hemos de acercar a Buñuel. Todos sirven como portales entre una parte y otra del ser.

Las glándulas pituitarias del pedúnculo del acueducto cerebral conforman una estructura inconfundiblemente fálica. Por tanto, no debería resultar sorprendente saber que esta estructura es, entre muchas otras cosas importantes, la que produce y distribuye las moléculas cruciales para el crecimiento de partes del cuerpo necesarias para la reproducción exitosa. La hormona folículo estimulante (HFE) y la hormona luteinizante (HL) son esenciales para el desarrollo de las características sexuales secundarias. Ambas se producen en el hipotálamo y se almacenan en la glándula pituitaria, desde donde se liberan. ¡Y hay que decir que la liberación se efectúa durante el sueño! Lo mismo ocurre con la liberación de la hormona del crecimiento, mediante la cual se determinan nuestra masa corporal y su proporción de músculo-grasa.

De este modo, el isomorfismo entre las estructuras pituitaria y fálica es no sólo profundamente funcional sino también estructural. Asimismo, la estricta dependencia de la liberación de hormonas es un aspecto adicional de esta analogía. La liberación de las hormonas del crecimiento y las sexuales se relacionan de 90 a 95% con el periodo de sueño. No es coincidencia que los adolescentes, que crecen a velocidades extraordinarias inmersos en un torbellino de actividad hormonal, duerman tan profundamente por periodos tan enfadosamente largos.

El soñar es algo creativo. En la medida en que soñar no reproduce recuerdos completos, hilvana fragmentos e intercala productos mentales recién sintetizados. Desde el punto de vista estético, pueden no ser ejemplares las rebanadas cerebrales que se transforman en elefantes, pero sí son creativas. De igual modo, a lo largo de la historia de la humanidad, la gente ha despertado y ha producido arte a partir de sus sueños.

En la época de mi sueño, estaba yo tan absorto con Escenario Onírico que me resultaba difícil entregarme a la ciencia en el laboratorio. Esto no sólo se debía a los constantes viajes; era también la permanente estimulación cognitiva y emocional que entrañaba lidiar con una nueva forma de arte. Tal como lo reconoció inmediatamente Federico Fellini, Escenario Onírico estaba más cerca del teatro, con toda esa energía de los actores dedicados a una puesta en escena, que de ninguna otra forma de arte. Aunque yo era un simple aficionado en este terreno, la gran popularidad del tema y el placer de jugar con este nuevo medio me acompañaban constantemente.

En realidad, la exposición nunca se montó en un escenario. No había uno verdadero en el Carpenter Center, donde Escenario Onírico se presentó durante dos meses en 1977; tampoco hubo uno en su fase itinerante, de 1978 a 1980, por seis ciudades de Estados Unidos. Que en mi sueño lo haya concebido sobre un escenario es señal de la literalidad y de la concreción del pensamiento onírico. Ya había acuñado el término *escenario onírico* para sugerir más un proceso que un ambiente físico. Para mí, se trataba de la etapa —o fase— de la actividad mental en que la imaginación fluye sin ataduras. ¡Y vaya que mi imaginación se desbocó aquella noche en mi sueño!

Paul Earls no participó en la instalación de Burdeos porque ni a los organizadores ni a mí nos parecían científicamente satisfactorias las proyecciones con láser del EEG, el EMG, el EOG y el ECG del durmiente. Sabíamos que, como parte de la videoimagen gigante del durmiente, podíamos proyectar directamente señales fisiológicas, y justamente eso es lo que hicimos en Burdeos. No obstante, mi mente soñadora no tomó en cuenta el cambio: colocó a Paul en el lugar de siempre, ajustando sus rayos láser. Él fue el primer colaborador que tuve en Escenario Onírico, y además fue, por mucho, mi colega más activo en la organización y dirección de la exposición del Carpenter Center. Por ello su presencia en el sueño sobresale, en un sentido emocional, aun cuando no fuera muy oportuna. En Burdeos, me las tuve que arreglar más por mi cuenta.

Intenté explorar nuevas formas de contar mi historia por medio de imágenes y palabras.

Siempre me parecieron fascinantes y divertidas las animaciones con intervalos que creó Ted Spagna, en que estudió a su familia y a sus amigos mientras dormían. Y aunque Ted tampoco fue a Burdeos, llevé conmigo sus diapositivas. Su efecto fue tan poderoso sobre los visitantes franceses como lo había sido sobre los estadunidenses. La técnica de la fotografía con intervalos existía desde la obra de Edward Muybridge y Etienne-Jules Marey, a fines del siglo XIX, pero Ted fue el primero en aplicarla amplia y provechosamente para fotografiar el sueño. La sobreposición de la Pantalla de Proyección Circular de Ted con la videoimagen del durmiente fue un dispositivo concebido en mi propio sueño. Los psicoanalistas lo llamarían condensación y le atribuirían una función defensiva, pero se puede considerar más sencillamente como una condensación meramente cognitiva. Mi mente percibió que estos dos medios se podían sobreponer, y sin duda así es, aun cuando nunca los sobrepusimos en la realidad de la exposición. Mi cerebro-mente soñador se ha vuelto bastante concreto para enlazar imágenes relacionadas por asociación.

Colocar al durmiente en una cama en la esquina posterior del escenario es otra opción onírica, que de inmediato rechazaría la mente despierta. Siempre supimos que, cualquiera que fuera el diseño de exposición elegido, el durmiente debía ocupar un lugar central porque queríamos evitar toda posible confusión sobre el origen humano de los datos usados en directo. En Cambridge, el cuarto visible del durmiente estaba al centro de la pared; en la exposición que itineró por Estados Unidos era un panel de dos ventanas al centro de un espacio circular. Aunque en Pantalla Onírica fue un cubo en el centro del espacio, su gran techo funcionó como "escenario" para el video y para otro equipo de proyección. Esto incluía dibujos oníricos animados, así como los sincronizados textos (traducidos al francés). Aquélla fue la primera vez en que en realidad incorporamos contenido onírico a la exposición, y funcionó de maravilla. Mi sueño omitió esta importante modificación.

Que yo quisiera que Escenario Onírico fuera teatral no significa que hubiese olvidado la integridad científica del contenido y la eficacia didáctica de los medios. Había dos mensajes principales que me interesaba poner en claro: que el cerebro se activa internamente cuando dormimos, y que al entender la activación del cerebro al dormir podríamos aprender más sobre la actividad onírica.

En abril de 1977, cuando se estrenó Escenario Onírico en el Carpenter Center de Harvard, Robert McCarley y yo ya habíamos publicado en *Science* nuestros respectivos artículos acerca del papel que cumple el tallo cerebral en la generación del ciclo del sueño, y nuestros artículos en torno a la teoría onírica basada en el cerebro estaban próximos a publicarse en dos números consecutivos de *The American Journal of Psychiatry*. Tras trabajar arduamente, dimos con hallazgos novedosos y propusimos modelos nuevos. Quería que el mundo estuviera al tanto del asunto. Sin embargo, no quería yo confundir a nadie en mi intento por divulgar la ciencia del cerebro y educar sobre ella.

De principio a fin, la exposición de Escenario Onírico en Harvard incluyó un auténtico laboratorio del sueño. El centro de la muestra —y de nuestra nueva ciencia— era una persona de carne y hueso, que dormía en una cama de verdad, en tiempo real. El sueño tenía que ser natural, por lo que no se usaron sedantes ni fármacos de otro tipo. Si los durmientes acataban mi regla de no dormir en otra parte, todos eran capaces de hacerlo en la cámara de la exposición, con cientos de personas como espectadores.

Pero no todo estuvo exento de dificultades. Cuando el padre de nuestro durmiente del Carpenter Center leyó acerca de la exposición en *The New York Times*, adivinó que su hijo era el protagonista de una muestra que, por diversos motivos, estaba abierta durante el día. Dado que pagaba al Massachusetts Institute of Technology una considerable cantidad por colegiaturas, se preocupó tanto de que su hijo faltara a clases durante todo un mes, que se trasladó a Boston sin avisar, para confrontarnos directamente a mí y a nuestra estrella. Por fortuna, nuestro durmiente ya era mayor de edad y por tanto estaba en libertad de trabajar para nosotros si así lo quería.

Cuando estrenamos nuestra versión itinerante de Escenario Onírico en el Exploratorium de San Francisco, un año después, me llevé un susto peor cuando nuestra durmiente de la Costa Oeste, a quien llamaré Janice, ¡me dijo que creía que a través de las ondas del EEG le enviábamos mensajes que alteraban su mente! Janice estudiaba psicología en la Universidad de Stanford. Se tomó tan a pecho mi orden de no dormir en otras partes, que llegó a tal grado la privación de sueño, que cayó en una psicosis paranoide. Esto ya era preocupante en sí, pero cuando Janice me contó que había confundido con una patrulla que la perseguía la chicharra que indicaba que no se había abrochado el cinturón de seguridad, le aconsejé ir a casa a dormir un poco.

Y vaya que durmieron durante la exposición todos los jóvenes durmientes que participaron en Escenario Onírico. Para los visitantes en busca de sólo una imagen impresionista del sueño, la música para sintetizador y las proyecciones láser de Paul Earl eran activadas —en línea— por las ondas cerebrales del durmiente en turno, a fin de que los profundos periodos de sueño no MOR que se presentan al comienzo de una racha de sueño pudieran verse como fluctuaciones láser verdes de gran amplitud en la pared, y oírse como rugidos graves en la música.

Asimismo, como el mecanismo de relojería que es, la activación cerebral del sueño MOR se percibía, entre cada 90 y 100 minutos, por una alteración hacia las amplitudes de onda inferiores en el haz verde del láser y un cambio hacia las notas musicales agudas. A estas señales agregamos un diagrama de láser azul de la posición del ojo que zigzagueaba con los movimientos oculares rápidos y activaba un sonido de silbato en el sintetizador. Con sólo mirar y escuchar, cualquiera, hasta un psicoanalista, podía saber qué fase del sueño se estaba transmitiendo. No fue necesario poner letreros.

A quienes les interesaban los detalles técnicos, se los ofrecimos por medio de las ondas cerebrales habituales de un EEG, del movimiento ocular y de los registros potenciales de los músculos en un polígrafo por inyección de tinta. Nuestro laboratorio abierto del sueño incluía un técnico capacitado que demostraba los datos y explicaba las minucias de llevar los registros de sueño. Con todo, la mayoría de la gente prefería tenderse nada más sobre el suelo blando, apoyar la cabeza en un cojín en forma de cuña y dejar la palabra a la exposición.

Fuera de este espacio oscuro con fenómenos relativos al sueño y al cerebro, se presentó también material explicativo en lo que denominamos Light Space of Scientific Documentation [Espacio iluminado de documentación científica]. "El científico como artista" era uno de los temas presentados con los medios usados en este espacio, en que yo recalcaba el carácter estético de las observaciones de muchos de mis colegas. De mi colaboración con el fotógrafo Ted Spagna para Escenario Onírico surgió uno de los tableros científicos más llamativos. Las fotografías de durmientes que tomó con la lente Zeiss Ikon montada en una extensión —un equipo para intervalo de tiempo que ensambló él mismo— reveló un inconfundible patrón de cambios de postura durante el sueño. La gente tendía a dar vueltas en la cama sólo si tenía dificultades para conciliar el sueño o cuando su cerebro entraba o salía del estado MOR tras quedar dormida.

Confirmamos estas observaciones y las hipótesis que las organizaban en la instalación que presentamos en 1980 en el Boston Museum of Science. En esa ocasión pudimos estudiar el sueño de varios sujetos reclutados entre la plantilla de empleados nocturnos del hospital, quienes duermen de día y no se sienten incómodos con instrumentos técnicos como el polígrafo.

Veinte años después, nos es posible estudiar a sujetos dormidos en su propia casa por medio del sistema de registro portátil Nightcap, que se originó como resultado de Escenario Onírico. A él sumamos un parche piezoeléctrico que el sujeto adhiere a sus párpados. Junto con el acelerómetro de la frente, sensible a la rotación del tronco, ahora podemos diagnosticar la vigilia y los periodos no MOR y MOR con suficiente precisión para conducir estudios de campo comparables en costo y en la variedad de su producción a los estudios de un convencional laboratorio del sueño.

Como se ve, Escenario Onírico resultó ser mucho más que el ardid publicitario que se proponía ser. Al igual que en mis clases y escritos, aprendí que modificar el contexto de trabajo y el lenguaje empleado para expresar conceptos, datos y teorías modifica los métodos y el alcance de la ciencia a medida que evoluciona. Por ejemplo, se hizo patente que gracias al alcance del Nightcap podíamos estudiar 24 horas al día los estados mentales de nuestros sujetos. Esto implicaba a su vez que estábamos estudiando no sólo los estados del sueño sino los de la vigilia. Y esto significaba que buscábamos mucho más que una mera teoría de la actividad onírica basada en el cerebro, sino también una teoría de todos los estados conscientes centrada en él. El estudio del dormir y del soñar es sólo una parte integral del estudio de la conciencia. ¿Qué es la conciencia? ¿De qué se compone? ¿Para qué sirve?

Al instalar Escenario Onírico en Harvard, tuvimos que enclaustrar al durmiente. Fue difícil crear las condiciones propicias para dormir dentro de nuestros gabinetes con sonido amortiguado. Nunca intentamos dejar al descubierto al durmiente, como en mi sueño. Me preocupaba esta percepción del sueño. ¿Lograría dormir el durmiente? La ansiedad se desvaneció tan pronto recordé mi decisión deliberada de no preocuparme si el durmiente lo conseguía en Escenario Onírico. No podíamos darnos el lujo de preocuparnos por ello, y pedimos a los durmientes que tampoco lo tomaran en cuenta. Toda su labor consistía en mantenerse despiertos mientras no estaban en la exposición. Si cumplían bien yo estaba convencido de que el sueño se encargaría de todo por sí mismo. Y así fue. Por lo anterior queda claro que mi sueño es acerca de la nueva exposición, pero no es brillante al sugerir una nueva configuración. En todo caso, ha perdido terreno, pues la exposición se representa con laxitud y errores.

Como yo no estaba al tanto conscientemente de tales defectos, no puedo explicar cómo cambió la escena hacia la animación cerebral, pero sí sé que mi mente jugueteaba a menudo con nuevas formas de representar el cerebro. Por la época en que tuve este sueño ya había empezado a reunir películas creadas por otros neurocientíficos. En una, cuyo autor era Bob Livingstone, se mostraba un cerebro al momento de ser rebanado en una secuencia de cámara acelerada, que permitía al espectador recorrer el cerebro de punta a punta.

Pero el cerebro de mi sueño es considerablemente más aventurero que la película sobre el cerebro creada por Bob Livingstone. Más que mostrar una animación de carácter fílmico, presenta una de naturaleza onírica. ¡Todas las partes del cerebro de mi sueño poseen vida propia! Se desprenden y se alejan rodando, ¡y a medida que lo hacen se transforman en elefantes! En este sentido se parecen a los animálculos de Clinton Woolsey, las imágenes de la superficie corporal —en el cerebro— que incluí en el Espacio Luminoso de Escenario Onírico como manera de presentar las respuestas estéticas de otros científicos al cerebro.

Una de las formas más fáciles de entender el valor de un análisis formal de los sueños es considerar los descubrimientos que hemos hecho al centrarnos en el movimiento de los sueños. Por supuesto, aunque un minucioso análisis de contenido podría llegar a los mismos hallazgos, no ha sido así. Creemos que esto ocurre porque el movimiento físico se considera como un lugar común, cuando no se le pasa por alto por completo.

Nuestra propia sensibilidad a la omnipresencia y la naturaleza exótica del movimiento onírico quedó condicionada al encontrar una activación de los sistemas de movimiento cerebral cada vez que nos asomábamos al cerebro de animales en fase de sueño MOR, con excepción de la vía final común de las neuronas motoras. Éstas eran apagadas por una inhibición activa. Esta puerta era la que evitaba la eferencia motora que Michel Jouvet y François Michel, su colaborador, registraron como pérdida total del tono muscular durante el estado MOR en sus experimentos iniciales con animales. Si no fuera por esta desconexión entre el mundo exterior y los generadores de patrones motores del cerebro superior, todos saldríamos de la cama y representaríamos nuestros sueños como los gatos de Jouvet y como lo hacen algunos seres humanos cuando se lesiona este inhibidor mecanismo de regulación motora.

Imaginamos que en nuestros sueños siempre hay movimiento. Y en general nos ubicamos al centro de la realidad ficticia. El sueño que tuve para Escenario Onírico comienza con la visión, centrada en primera persona, de un espacio onírico tridimensional. En la segunda parte, la animación se fija en los objetos que quiero manipular. De modo que la animación es tanto el orden del sueño como el de la película.

Hasta que busqué descripciones del movimiento en los sueños del estado MOR y las encontré por todos lados, había yo subestimado en gran medida su prevalencia. Desde entonces he cambiado mis palabras a fin de subrayar la imaginería visuomotora en vez de destacar nada más la imaginería visual. El hecho de que los sistemas motores del cerebro superior se activen durante el estado MOR y de que haya movimientos oculares rápidos durante el sueño MOR refuerzan este punto y modifican para siempre nuestra visión de los sueños como meras repeticiones de las experiencias de la vigilia.

La nueva visión de los sueños como la experiencia consciente de una activación visuomotora integrada en el dormir nos ayuda a entender no sólo los mecanismos de onirogénesis, sino las hipótesis del desarrollo y la plasticidad de la función del sueño MOR. Nos hemos distanciado mucho de la noción freudiana del cerebro-mente como una máquina de reflejos condenada a evadirse continuamente ante el horror de los deseos reprimidos. Nuestros cerebros durmientes en estado MOR y nuestras mentes soñadoras en sueño MOR nos muestran, sin la menor duda, que somos mucho más complejos, mucho más interesantes y mucho más hábiles que lo que sugiere el modelo de reflejos de Freud.

Mientras dormimos —en nuestras camas o en el

vientre de nuestras madres— nuestros cerebros-mentes crean un universo ficticio. Semejante creatividad nos convierte en agentes para entender nuestros mundos desde una etapa muy temprana de nuestro desarrollo. Y a lo largo de nuestras vidas regresamos por periodos considerablemente largos a este mundo ficticio.

Su propia creatividad seduce a mi mente soñadora. Sin duda es un juicio erróneo de mi parte pensar que un efecto de animación como mis elefantes de rebanada de cerebro serían fáciles de reproducir en el mundo real de la vigilia. La visualización onírica es engañosa por ser tan fácil, plástica y dinámica. Cuando despierto, comprendo cuán difícil —o incluso imposible— resultaría lograr estos efectos especiales.

La razón de ser de semejante proyecto sería mostrar que en todas partes hay estructuras parecidas a las cerebrales. Eche usted un vistazo a su alrededor y apreciará qué creación tan natural es en realidad el cerebro. ¡Y es suyo! Ésta era la misión de Escenario Onírico. El sueño está por todas partes. Si se tomara usted la molestia de analizarlo, apreciaría su dinamismo interno. El soñar nos pertenece a todos. Basta que ponga atención a sus sueños, y le sorprenderá su propia creatividad.

Cuando estoy a punto de viajar a Francia, a menudo me sucede que mi lenguaje onírico empieza a adquirir un sabor galo. Una vez en Francia, anuncio que el Cerebro No Es Una *Choux-fleur* (aunque parezca una coliflor) y que el Cerebro No Es Una Rebanada de *Fromage* (aun cuando pueda partirse como queso). Cuando llego a Francia, comienzo a soñar en francés, pero la materia prima todavía no se ajusta tan bien a las condiciones locales.

Aunque lo intenta, este sueño no consigue resolver un problema de diseño para la tercera presentación de Escenario Onírico. En la víspera de mi partida a Francia para participar en una sesión de planificación de dos semanas con mis colaboradores franceses, el sueño no contiene ninguno de los innovadores medios creados en Burdeos. De hecho, aunque la mayoría de las innovaciones ya se había concebido, ¡éstas no aparecían en absoluto en el sueño! De modo que mi sueño no está al día. Eso es en cuanto al poder creador práctico de los sueños en relación con problemas de la vida real. Pero su incapacidad para alterar la realidad no significa que soñar no sea creativo.

Una característica novedosa de la presentación de Escenario Onírico en Burdeos fue el escenario espacial, un cubo de 15 metros por lado montado en L'Entrepot Lainé, una bodega de vinos del siglo XVIII puesta a nuestra disposición por Roger LaFosse, director artístico y administrativo de Sigma. Otra innovación fue la adición de 1500 imágenes neurofisiológicas de alta calidad, pintadas a mano como diapositivas negativas invertidas por Marie Tancrède en mi laboratorio de Boston. Tales imágenes se crearon para que bailaran en una de las cinco pantallas de Escenario Onírico en el espacio situado encima del cubo del durmiente por medio del ingenioso montaje computarizado de proyectores creado por Gerard Lion. Los dibujos que representaban los sueños estaban animados para ilustrar el movimiento onírico, y los relatos correspondientes a cada sueño se reproducían por los audífonos de los cojines sobre los que los visitantes podían recostarse, mirar y escuchar los fascinantes relatos.

Este sueño constituye una prueba contra la teoría de que los sueños sirven para resolver problemas. Además de no resolver los problemas que plantea, un sueño tampoco toma en cuenta soluciones anteriores. Aunque tal vez hubiera valido la pena intentar la proyección de las diapositivas de la forma cerebral, lo cierto es que ya lo había pensado antes de soñarlo. Mi sueño al respecto no resultó más creativo y fue considerablemente menos crítico que mi conciencia despierta. Como suele suceder en lo que se refiere a la función onírica, en general no se proponen ejemplos negativos como éste.

Por fortuna, ¡el futuro de Pantalla Onírica era mucho más promisorio que lo que entreveía en mi sueño! Este ejemplo muestra que, si bien a menudo soñar establece un paralelo con la experiencia de la vida, también difiere bastante de ella. Desde hace mucho se postula que la actividad onírica es una reproducción de la memoria. Empero, este sueño —así como el sueño de Irma de Freud, para el caso— muestra que los sueños representan sólo fragmentos de la memoria a corto plazo, no situaciones completas de la vigilia. Nuestros estudios sistemáticos de la memoria onírica indican que menos de 4% del contenido onírico es en realidad una reproducción de la experiencia de la vigilia. Y entonces, ¿qué ocurre?

Lo que ocurre es que hay una coincidencia entre los rasgos emocionales sobresalientes y la miríada de detalles reales e imaginarios que requirieron una solución de diseño para la instalación de Burdeos. En este caso, las emociones que impulsan mi sueño son la preocupación y la aprehensión que siento ante mi desempeño como director de Escenario Onírico. Mi mente no hace distingos y es demasiado incluyente al rastrear ideas viejas y fraguar otras nuevas. Con todo, esta misma prolijidad garantiza la asociación de todas estas ideas con el vector emocional de mi viaje. Lejos de enmascarar impulsos inaceptables, este sueño revela la abundancia de posibilidades unidas a mis esperanzas y sueños respecto de Escenario Onírico.

REFERENCIAS BIBLIOGRÁFICAS

Dreamscreen: Le Reveur de Lainé, Exhibit Catalog, J. Allan Hobson, Paul Coupille, Ragnhild Reingardt-Karlstrom, Ted Spagna y Jean Didier Vincent. © Sigma, Burdeos, Francia, 1982.

"Dreamstage Dream", *JAH Journal,* vol. 13, 3 de abril de 1982.

Dreamstage. An Experimental Portrait of the Sleeping Brain, catálogo científico, J. Allan Hobson, Paul Earls y Theodore Spagna. © J. Allan Hobson y Hoffman La Roche, Inc., 1977.

Dreamstage: Exhibit Catalog, J. Allan Hobson, Paul Earls y Theodore Spagna. © J. Allan Hobson y Hoffman La Roche, Inc., 1978.

Hobson, J. A., "Dreamstage or Letting the Brain Speak for Itself", documento inédito, disponible por solicitud.

———, T. Spagna y R. Malenka (1978), "Ethology of sleep studied with time-lapse photography: Postural immobility and sleep-cycle phase in humans", *Science,* 201: 1251-1253.

Hobson, J. A., R. W. McCarley y P. W. Wyzinski (1975), "Sleep cycle oscillation: reciprocal discharge by two brain stem neuronal groups", *Science*, 189: 55-58.

———, y R. W. McCarley (1977), "The brain as a dream state generator: an activation-synthesis hypothesis of the dream process", *American Journal of Psychiatry*, 134(12): 1335-1348.

Jouvet, M., "Recherches sur les structures nerveuses et les mecanismes responsables des differentes phases du sommeil physiologique", *Archives Italiennes de Biologie*, 1962, 100: 125-206.

McCarley, R. W., y J. A. Hobson (1975), "Neuronal excitability modulation over the sleep cycle: a structural and mathematical model", *Science*, 189: 58-60.

McCarley, R. W., y J. A. Hobson (1977), "The neurobiological origins of psychoanalytic theory", *American Journal of Psychiatry*, 134(11): 1211-1221.

Sherin, J. E., J. K. Elmquist, F. Torrealba y C. B. Saper (1998), "Innervation of histaminergic tuberomammillary neurons by GABAergic and galaninergic neurons in the ventrolateral preoptic nucleus of the rat", *Journal of Neuroscience*, 18(12): 470-521.

Winfree, Carey, "Starring in Show is a Real Dream Job", *The New York Times*, 16 de mayo de 1977.

II. EL MARATÓN DE LA HARVARD MEDICAL SCHOOL
El cerebro social entra en acción

Un lunes, el director Tosteson me habla de una reunión futura, pero no queda claro que desee que asista. Más adelante, el viernes, me acerco a una mesa cerca de donde había hablado con él y encuentro una nota que dice: "Allan, por supuesto, eres bienvenido a la reunión del martes", y en que hay unas indicaciones.

La nota está garabateada a lo largo de la parte superior de una enorme bolsa de papel de tipo publicitario. En ella está impresa una fotografía en colores del director, con todo su atuendo académico, hablando ante un atril. Frente al atril, y confundiéndose con el retrato de Tosteson, está Dan Federman, el subdirector, a quien los estudiantes de Harvard llaman *el Pescado*.

Unos corredores se apiñan por allí, esperando el comienzo de un maratón, que se correrá por los interiores. Confundido y renuente, estoy entre los participantes y, al igual que los otros, llevo poca ropa. Noto que Kitty Beck, compañera mía en la Harvard Medical School, está junto a mí: ¡una participante aún más insólita que yo! Nos arrodillamos (o más bien nos acuclillamos) a la orilla de la pista y nos entregamos a un arrumaco íntimo.

—¿Qué distancia hay que correr? —le pregunto.

—Entre 50 y 100 vueltas —me responde Kitty.

Hago unos cálculos rápidos (pero vagos) y concluyo que como la circunferencia de la pista mide bastante menos que los 400 metros de costumbre, no puede tratarse de la distancia de un maratón completo. Pero como sigue sin quedar clara la distancia exacta —¿serán tal vez entre 10 y 20 kilómetros?—, todavía no estoy seguro de que pueda terminarlo.

—¿A qué velocidad corres? —pregunto—. Quizás podamos correr juntos.

—Entre medio minuto y un minuto por vuelta —me responde, al parecer con la intención (pero aún sin conseguirlo) de tranquilizarme.

Seguimos en cuclillas y nos besamos dulce e inocentemente.

Cuando nos ponemos en pie, estamos en medio del contigente de mujeres hispanas, y varias corredoras de piel de color aceituna esperan también a ser besadas.

De repente me invade la timidez: todo me parece demasiado bueno para ser verdad y de lo más inapropiado.

De modo que empiezo a correr, termino unas cuantas vueltas y, entonces, me detengo inexplicablemente.

Desperté a las seis de la mañana tras de lo que me pareció un sueño largo y agotador acerca de la Harvard Medical School (HMS). Como sucede a menudo, podía recordar los detalles de apenas unos cuantos fragmentos del sueño, pero estaba seguro de que había muchas otras partes que se me escapaban. Calculo que duró 30 minutos, de los cuales los dos fragmentos que recordaba constituían no más de cinco minutos. Si estoy en lo cierto, se me ha perdido 75% de este sueño. Estudios en el laboratorio del sueño revelan que el despertar que ocurre durante el sueño MOR permite una evocación detallada en 80% de los casos. El porcentaje asciende a 95% si el despertar ocurre durante una racha de movimientos oculares rápidos. Si no se despierta, puede no haber evocación o ésta puede ser fragmentaria, como en mi caso. Simplemente no recordamos la mayor parte de nuestros sueños.

Registré mi sueño sobre el maratón como parte de un proyecto para comparar los sueños con las fantasías. A cada una de las personas que aportó datos, se le pidió que registrara 10 de cada uno de estos dos tipos de producto mental y analizarlo formalmente. Lo que descubrimos es que la identificación de los personajes de los sueños era más extravagante que la de las fantasías, lo cual se aplica sin duda a ambos fragmentos de este ejemplo. El rostro del director Tosteson se confunde con el del subdirector Federman, incongruencia entre personajes que Martin Seligman ha denominado "transformación mágica". Aunque no es raro que se presente en casos de psicosis, la transformación mágica *nunca* se manifiesta en las fantasías de la vigilia de la gente normal. Y no me puedo imaginar a Kitty Beck como compañera de una carrera de larga distancia —ni siquiera en una fantasía—, aun cuando como compañera de clase y colega docente podría entrar en esa categoría en un sentido metafórico.

A causa de mi mala capacidad de evocación, en condiciones normales no hubiera podido registrar este sueño. Aun así, considerado en retrospectiva desde el punto de vista del análisis de contenido, me doy cuenta de cuán cargados pueden estar incluso fragmentos oníricos que se recuerdan tan deficientemente.

Mi vida profesional está muy enraizada en la HMS. Este sueño surge de un conjunto de asuntos relacionados con mi vida profesional que por entonces ocupaban mi mente. Estaba por finalizar mi labor en los Seminarios William James. También estaba por deteriorarse notoriamente mi relación con el director y su programa. La muerte de Norm Geschwind, amigo y colega en la escuela, representó una pérdida personal y profesional que acarreó repercusiones para la seguridad de mi puesto dentro de la escuela. Tras siete años de una tenue alianza política, volvía a quedarme solo.

En el sueño, luchaba contra todas estas cuestiones adversas a fin de evitar que se desmoronaran las cosas, y mi cerebro me ayudó a sintetizar una comprensión de la situación a la vez que su estado onírico limitaba sus facultades analíticas. En el sueño no reconocí la imposibilidad de que se fusionaran las imágenes de Tosteson y Federman. Semejante imagen cobra sentido sólo en el nivel más profundo de su alianza política. Mi competencia con ellos era clara —transparente, como me gusta decirlo— y era evidente que yo perdería en su terreno. También fui incapaz de apreciar que, en mi sueño, el tiempo se estructuraba de manera tan poco ortodoxa como las personas. ¿Cómo podía ser lunes *y* viernes en el mismo instante, y después referirme al martes? Esta discontinuidad temporal es un defecto cognitivo del que saca provecho mi emocional sistema límbico que busca sobresalir.

Lo anterior es el punto nodal de mi nueva teoría de

los sueños: al hacer caso omiso de ciertos errores fácticos, el cerebro soñador puede consolidar e integrar efectiva y eficientemente el contenido sobresaliente en un sentido emocional. La nueva teoría pone de cabeza en dos importantes formas la diferenciación establecida por Freud para los procesos primarios y secundarios:

Para empezar, acepta que la mentalización onírica sí *es* un proceso primario pero, a la vez, establece que no está disfrazada. En cambio, el sentido onírico es sorprendentemente evidente.

En segundo lugar, acepta que las condensaciones, los desplazamientos y las simbolizaciones sí se presentan en sueños, pero también que estos procesos psicológicos están supeditados a la integración en vez de servir para ocultar o censurar.

Mis motivos oníricos pretenden quedar bien mediante adulación (a fin de alcanzar objetivos intelectuales comunes) y disfrutar de la vida (de cara a empresas imposibles como los maratones en interiores que sólo ciudadelas de la ambición como la HMS estarían en posibilidad de patrocinar). Unos cuantos besos subrepticios (por socialmente incorrectos y dirigidos a quienes no se debiera) son un bajo precio que pagar en un sistema tan exigente. Aunque mis motivos sean ambivalentes, no están disfrazados por el sueño; antes bien, son revelados por éste. Para ser entendidos, lo único que exigen es una minuciosa atención, no una interpretación compleja. Y ello se debe a la claridad de su alto contenido emocional.

Nada de lo anterior intenta insinuar que yo tuve este sueño para cobrar conciencia de mis motivos. Yo ya estaba al tanto de éstos. Si el contenido de este sueño ofrece una clave para entender el modo en que mi cerebro-mente inconsciente funciona al dormir, ello revela que llevo un registro de las relaciones y los sucesos importantes de mi vida por medio de una suerte de taquigrafía impulsada emocionalmente. En este sentido coincido con la sentencia de Freud en cuanto a que los sueños constituyen un camino real hacia el inconsciente. Aun así, la definición y el concepto que tengo del inconsciente difieren mucho de los de Freud.

Echarse a correr y después detenerse es algo que se puede analizar simbólicamente. Me simpatizaba el nuevo director, y en un principio me esforcé mucho por apoyar su programa. Pero más adelante dejé de hacerlo e instituí por mi cuenta los Seminarios William James. Es posible que el movimiento onírico y su interrupción se hayan basado formalmente en la activación del generador de patrones motores del sueño MOR. Sabemos que los instigadores automáticos del tallo cerebral para las acciones de caminar y correr se activan en la fase de movimientos oculares rápidos. Ello podría dar cuenta del porqué tantos sueños, incluido éste, son animados.

Me pareció que el escenario de este sueño era "una especie de acto que combinaba el primer día de clases con una reunión y un día de competencias, que incluía diversas actividades complejas". Supuse que se trataba de la HMS en virtud de las acciones del personal y la trama, aunque hay muchas incongruencias que contravienen tal supuesto. De hecho, en 1984 participé en los ejercicios del Día de los Egresados, pero éstos se celebraron en junio, es decir, cinco meses antes. En mi opinión, uno de los estímulos de mi sueño fue un artículo aparecido la semana previa en el *Harvard Medical Alumni Bulletin*.

Dicho artículo fue importante para mí porque describía la charla que di el Día de los Egresados acerca de mi experiencia como fundador y organizador de los Seminarios William James en la HMS, actividad que se derivó de mi colaboración inicial con el director Tosteson y sus esfuerzos por reformar el plan de estudios y la estructura departamental de la HMS. Cuando descubrí toda la desagradable actividad política que entrañaba colaborar con ese comité, me aparté y emprendí, por mi cuenta, los seminarios a partir de mis dos cursos de introducción a la psiquiatría (700a y 700b), ideados con la esperanza de que resultaran más científicos que sus antecesores.

Mi sueño refleja con claridad algunas de las distintas tensiones resultantes de mis actos.

En primer lugar, en el sueño no estoy seguro de que el director desee que yo asista a las reuniones que menciona, porque una de ellas ya se ha llevado a cabo. Pero dado que este sueño es *mío*, y no suyo, debo asumir la responsabilidad de la ambivalencia manifiesta. Aunque este desplazamiento es clásico, carece de razón de ser como disfraz, porque ya estoy conscientemente atento de que no deseo asistir a tales reuniones. Empero, aún sigue siendo posible que ¡no quiera que lo sepa el director!

En segundo, me disgusta participar en un acto de autopromoción como este Día de los Egresados onírico. Esto queda claro por la nota que me dirige el director, escrita en una enorme bolsa de papel. Este tipo de bolsas es típica de las que reparten los organizadores de reuniones anuales y los encargados de buscar recursos en instituciones educativas, ¡y yo aborrezco todo esto! Y es justo en la fotografía del director que aparece en la bolsa donde se da la transformación mágica con la cara de pescado de Federman. De autopromoverme fue precisamente de lo que se me acusó cuando Escenario Onírico alcanzó su enorme éxito de público. Además era cierto: por medio de la exposición había yo contado mi propia historia científica. ¡De modo que también en este caso debo asumir una parte de la responsabilidad por las fotografías de los dos directores en la bolsa de papel! Cuando alcancé, como primer nombramiento del director Tosteson, la categoría de profesor titular por la que tanto me había esforzado, Manfred Karnovsky, presidente de mi comité de revisión, me dijo: "¡Te la dimos a ti a pesar de Escenario Onírico!" Esto último conduce a mi siguiente punto.

En tercer lugar, siento ambivalencia no sólo respecto del director Tosteson, su plan de estudios y su estilo, ¡sino también respecto de su dirección! En la primavera de 1977, cuando Escenario Onírico se presentaba todavía en el Carpenter Center for the Visual Arts en el *campus* de Harvard, Cambridge, me sorprendió mucho una invitación a almorzar con Tosteson, el futuro director. ¿Por qué quería hablar conmigo? Porque Ed Evarts, su compañero de cuarto en la escuela de medicina, le había mencionado mi nombre. Cuando el director Tosteson me preguntó si me interesaría colaborar con su grupo, le respondí que no tenía yo paciencia para el trabajo administrativo y que quería dedicarme a mi investigación. Pero añadí que trabajaría vigorosamente en favor de las reformas académicas que él deseaba impulsar, y en especial para promover el trabajo interdisciplinario en neurobiología, neurología y psiquiatría. Por desgracia, esta tan deseable integración interdepartamental aún sigue siendo un proyecto.

¿Cuál fue el segundo estímulo del sueño? Además de que el *Alumni Bulletin* había aparecido la semana anterior, el 7 de noviembre —justo seis días antes de mi sueño—, yo había asistido al funeral de Norman Geschwind. Norman, quien murió súbitamente de un ataque cardiaco, era una de las grandes mentes de la HMS y era personalmente importante para mí porque fue un promotor del isomorfismo mente-cerebro y el único defensor de la idea del laboratorio clínico del sueño en Harvard. En su funeral, estuve junto a los directores Tosteson y Federman, unidos de momento por el duelo ante la pérdida de una de nuestras grandes luminarias. Con todo, este aspecto de mi experiencia de vida no aparece en el sueño. ¿Por qué no? ¿Ha sido reprimido? No veo la razón. Lo más probable es que en los sueños sólo aparezcan retazos de la realidad. Hace no mucho, un estudio sistemático de la memoria narrativa dirigido por Roar Fosse y nuestro equipo confirmó esta hipótesis. Los sueños incorporan sólo fragmentos de los recuerdos de la vigilia.

Mi sueño sobre el maratón se puede interpretar de modo directo sin ceder al desciframiento de los símbolos. El Fragmento 1 (el director Tosteson) brinda una interesante instantánea de mi relación con la HMS y su liderazgo. Puedo apreciar la conexión entre este sueño y otros relativos a figuras de autoridad. Me ponen nervioso, lo cual es bastante comprensible, supongo. Pero, ¿me dice este sueño algo que no sepa ya? No lo creo. De hecho, pienso que los recuerdos conscientes que tengo sobre mi vida, incluso 20 años después, revelan mucho más acerca de los importantes aspectos psicodinámicos implícitos que el sueño en sí.

El Fragmento 2 (los corredores se arremolinan) es, por mucho, más extravagante y no cabe duda de que invita a especular sobre los significados simbólicos. Veamos si en verdad son de utilidad y, de ser así, de qué modo. Lo que está en juego aquí no es el simbolismo onírico en sí. Todos los procesos mentales son simbólicos. Lo que hay que ver es si el simbolismo onírico guarda motivos ocultos que sólo se pueden descubrir mediante la interpretación de los sueños.

Nuestro primer problema estriba en entender el cambio de escena de lo que parece al menos una especie de acto de la escuela de medicina hacia uno que no podría hacerse realidad pese a la persistencia de temas relativos a la escuela de medicina y su personal.

Los maratones no sólo no son actos típicos de un Día de los Egresados, sino que nunca se celebran —hasta donde yo sé— en interiores. Y ni yo ni Kitty Beck, mi compañera de la HMS, hubiéramos pensado en participar en una carrera así, ni siquiera en 1984. También es improbable que se nos hubiera encontrado en un "arrumaco íntimo", una postura en cuclillas con que sustituí la posición habitual de arranque de una carrera. ¿Acaso significa esto último que la carrera es un símbolo disfrazado de algo más? ¿Un motivo sexual oculto, por ejemplo? Quienes gustan de semejantes fórmulas replicarían: "Por supuesto, ¿qué no es de lo más evidente?", pero yo no lo veo así.

Kitty era una psicoanalista, que se casó con Anton

Kris, compañero mío en la escuela de medicina. Anton era hijo de Ernst Kris, uno de los tres apologistas y promotores más fervientes de Freud. Los otros dos eran Heinz Hartmann y Rudolph Loewenstein. Mi sueño podría significar que interpreté la HMS como una carrera muy larga por la verdadera base científica de la psiquiatría. No sostengo una competencia abierta con Kitty ni con su esposo, quienes siguen siendo colegas legítimos y cooperativos, pese a todos mis intentos por descalificar sus teorías. También es cierto que en varios momentos he desistido de tratar de convertir a psicoanalistas ya establecidos, y en cambio he centrado mi atención en estudiantes jóvenes que necesitan, como me pasó a mí, ser advertidos sobre el foso de arena movediza que es el psicoanálisis.

Lo que me perturba no es mi relación con Kitty, con quien mantengo —en la realidad y en la fantasía— una cómoda alianza, ya que, como psiquiatra consultora del Servicio Médico para Estudiantes de Harvard, a menudo recibe a mujeres jóvenes a quienes he conocido por las actividades de mi Seminario William James.

Lo que me fastidia es la absurda situación de un maratón. Trato de lidiar con esta suposición que de alguna manera me impone el proceso onírico pero, a causa de la falla de mi capacidad de pensar, ¡ni siquiera puedo calcular con precisión los tiempos o las distancias! Como es natural, una pista interior mide a lo sumo 400 metros de longitud. Incluso al aire libre, un maratón de más de 40 kilómetros que se corriera en una pista exigiría más de 104 vueltas, noción cuya absurdidad no se me ocurre en el sueño. No "cobro conciencia" del hecho de que estoy durmiendo. En vez de ello, ¡reduzco la distancia de la carrera!

Lo mejor que puede hacer mi pobre cerebro en las limitadas condiciones del sueño es bajar la longitud a entre 10 y 20 kilómetros en lugar de 40. Sé que no lograría correr con facilidad siquiera entre 10 y 20 kilómetros de carrera continua, de modo que trato de llegar a un acuerdo con Kitty para mantenernos juntos, cualquiera que sea su ritmo, convencido de que éste será más llevadero que el mío. Un minuto por vuelta sería aceptable en una pista que midiera 200 metros, y medio minuto por vuelta lo sería en una pista de 100 metros. Pero hay una diferencia del ciento por ciento entre las conjeturas anteriores y las del sueño, de las cuales ni Kitty ni yo parecemos percatarnos.

Así, ¡no es de sorprender que me sienta intranquilo! Mi mente no funciona como es debido y los neurocientíficos de todo el mundo saben ahora la razón. Mi corteza prefrontal dorsolateral queda desactivada al tiempo que se encienden mis sistemas límbico y visual. Sin la corteza prefrontal dorsolateral, estoy tan loco como cualquier pobre paciente que carezca de toda la aportación de dicha estructura.

De modo que me desvío hacia una actividad que me parece más fácil: besar a alguien con dulzura e inocencia. Pero tampoco esto funciona ¡porque introduce en primer plano al inoportuno corro de mujeres hispanas que esperan que las bese! En el pasado, coqueteé con una o dos mujeres latinas. Pero ninguna de ellas era hispana. Las mujeres hispanas daban mucho de qué hablar en la HMS, pero *nunca* me relacioné con alguna, ni siquiera por cuestiones administrativas. ¿Acaso mi sueño lo *sabía?* ¿Y lo temía? ¿Estaba yo evitando intencionalmente a las hispanas porque podría atraerme una de ellas? No se descarta ninguna de estas posibilidades. Demostrar una negación es algo que podemos esperar que haga la ciencia, y la neurociencia no es la excepción a la regla. Así, nunca sabremos con certeza por qué decidí correr unas cuantas vueltas y después detenerme inexplicablemente. La anterior explicación formal me parece bastante atinada y satisfactoria.

Me sentí muy afortunado al enterarme de que nuestro nuevo director era amigo de Ed Evarts. Éste había sido uno de los mentores que más me inspiraron durante los dos años que pasé en el National Institute of Mental Health de Bethesda, Maryland. Fue allí donde Fred Snyder me enseñó técnicas de laboratorio del sueño y donde me convencí de que el dormir y el soñar se podían estudiar científicamente y aportar grandes beneficios a la psiquiatría. Gracias al apoyo de Ed Evarts viajé a Lyon, Francia, para trabajar en los mecanismos cerebrales del sueño MOR con el neurocirujano y neurobiólogo francés Michel Jouvet.

Al punto supe que podría negociar con el nuevo director para que apoyara una carrera dedicada a la investigación de alto riesgo en este terreno inexplorado. Después de todo, él tenía vínculos con Ed Evarts, mi primer profesor en investigación básica del sueño (animal). Hay quien denomina estos vínculos como la red de los ancianos, pero el epíteto devalúa el importante linaje intelectual que propician. En mi caso, fue estimulante saber que el director Tosteson reconocía el futuro de mi trayectoria, puesto que la había iniciado al aplicar la técnica de registro de una sola célula de Evarts al mecanismo del generador pontino de los MOR de Jouvet. Dicho de otro modo, yo quería saber qué neuronas del puente generaban el sueño MOR y propiciaban los sueños.

Cuando tuve el sueño del maratón de Harvard, llevaba yo ocho años trabajando, en la lobreguez de un cuarto trasero y un sótano de un hospital mental estatal, con un pedazo de tejido cerebral, ¡más pequeño que un dedo meñique! Unos colegas que estaban de visita comentaron una vez sobre mi laboratorio: "¿Acaso se supone que esto sea Harvard?" O también: "¿Hiciste *ese* trabajo *aquí?*" Asentí a ambas preguntas y luego les mostré cómo.

Resulta difícil imaginar, aun para mí, cuán inverosímil es en realidad esta historia. Yo era el refugiado apóstata de la teoría psicoanalítica que mantenía bajo su férula a Harvard y a casi todos los demás departamentos de psiquiatría. Pero busqué —y conseguí— el respaldo y la confianza de clínicos con capacitación psicoanalítica, como Jack Ewalt y Elvin Semrad, para una misión que sin duda ellos no comprendían. La mayoría de mis colegas científicos pensaba que mi proyecto fracasaría por razones técnicas: no conseguiríamos hacer registros de las neuronas del tallo cerebral a causa del movimiento de la cabeza; no seríamos capaces de identificar las neuronas en caso de que sí lográramos registrarlas, y no podríamos analizar los datos en forma provechosa. ¿Puede haber algo menos auspicioso?

Pese a todo, yo había visto despiertos y en movimiento a los monos de Ed Evarts mientras se hacían registros de una sola neurona a partir de células de la corteza motora. Y había atestiguado la regularidad cronométrica de los periodos de sueño MOR de los gatos de Jouvet, a los que todo lo que les quedaba por cerebro eran el puente y la médula. Para mí, todo ello significaba que ese pequeño pedazo de tejido cerebral contenía una máquina neuronal de gran fuerza y confiabilidad a la que se denomina el puente.

Por la época en que almorcé con el director Tosteson en 1977, supe que mi intuición había sido atinada. Necesitaba desesperadamente su paciencia y apoyo mientras redondeaba mi versión. Tosteson no sólo era colaborador y admirador de Evarts. Era también un neuropsiquiatra de corazón, porque había estudiado los efectos del elevador del talante litio en las membranas de los eritrocitos. Al margen de lo que Tosteson admirara mis intenciones neurobiológicas, a la vez pensaba que mis ideas respecto de Freud eran un tanto obsesivas.

En 1968 tuve un segundo golpe de buena suerte cuando Bob McCarley se coló en mi laboratorio pese a mis protestas de que, puesto que yo no sabía lo que estaba haciendo, no podía darme el lujo de tener un aprendiz trabajando conmigo. Juntos intentamos sacar registros de las neuronas del tallo cerebral, y al fin, después de tres difíciles años, lo conseguimos. Durante aquel periodo incierto, pensábamos mucho en lo que podríamos encontrar. Al hacerlo, desarrollamos una nueva forma de pensar acerca del proceso cerebral, así como una nueva forma de analizar datos para probar hipótesis acerca de ellos.

Nuestro paradigma diferíria radicalmente del de

Freud. Nosotros buscábamos actividad espontánea, no actividad refleja. Buscábamos un reloj compuesto de neuronas espontáneamente activas, no energía e información externas atrapadas dentro del sistema. Así, encontramos lo que buscábamos y aún más, mucho más. Cuando salimos a buscar aire a la superficie, en 1977, había ocurrido un cambio de paradigma que nos emocionó mucho aun cuando sólo lo entendíamos parcialmente.

Para resumir una muy larga historia, las sondas de nuestros microelectrodos del tallo cerebral del gato revelaron dos grupos de células de gran interés, entre muchas otras de escaso o nulo valor. El primer grupo de neuronas disparaba a muy altas velocidades en el sueño MOR y en rachas anteriores a los movimientos oculares. Muchas de ellas también disparaban con el movimiento durante la vigilia. Se convirtieron en nuestro principal candidato para explicar la función generadora de la fase MOR. Sugerimos que su descarga contribuía a la activación del cerebro durante el dormir, al cierre de las puertas de las aferencias-eferencias y, por encima de todo, a la activación del sistema motor que producía los MOR y las señales internas relacionadas con éstos, o sea, las famosas ondas ponto-genículo-occipitales (PGO) de Jouvet. Esperábamos encontrar tales células y lo logramos con relativa facilidad porque algunas eran bastante grandes. Aunque era positiva la relación de su descarga con los sucesos del sueño MOR, los dos hechos sólo laxamente se acoplaban. Otras células del tallo cerebral tenían un acoplamiento de descarga mucho más preciso con las ondas PGO y con los movimientos oculares del sueño MOR. En este caso sugerimos que desempeñaban una función causal muy específica.

Por dos motivos fue inesperado el descubrimiento más importante que hicimos respecto de las células que se *desactivaban* durante el sueño MOR. Uno fue que no habíamos encontrado este tipo de células en esta u otras partes del cerebro; nadie más lo había hecho tampoco. De modo que carecían de precedentes las células desactivadoras de los MOR del puente. El segundo motivo es que el *locus* y la probable identidad química de las células desactivadoras del MOR habían llevado a Jouvet y sus seguidores, incluidos nosotros, a esperar lo opuesto de lo que encontramos. Se esperaba que las células del rafe que contienen serotonina, una de nuestras poblaciones celulares que desactivan los MOR, *incrementaran* su velocidad de descarga durante el sueño. Lo mismo se esperaba de las células del *locus coeruleus* que contienen norepinefrina; en vez de generar directamente los MOR, como lo predijo Jouvet, nos pareció más bien que estas células desactivadoras de los periodos MOR permitían que éstos se presentaran al cesar su descarga.

Estaba yo al tanto de todo lo anterior cuando creé Escenario Onírico. La historia se cuenta en los catálogos y en la propia exposición. Y también lo sabía cuando almorcé con el director Tosteson aquella mañana de primavera en el Club de Docentes de Harvard, adjunto a la Carpenter Gallery, en que Escenario Onírico atraía a cantidades sin precedente de espectadores. "Por favor, permítame saborear los frutos experimentales de nuestro nuevo paradigma", fue mi mensaje al director Tosteson. Como se mostró tan generoso en su respuesta a mi petición, accedí a colaborar con él en su programa de reformas educativas. Hacia 1984, este esfuerzo tocó a su fin natural. Y ello se refleja en mi sueño. ¿Qué debíamos hacer como *encore*?

El sueño no responde a semejante pregunta. En vez de ello, permanece tercamente varado en el improductivo arremolinamiento previo al maratón. Los siguientes hechos sobresalientes no estuvieron a disposición de mi cerebro-mente soñador:

—Estábamos logrando rápidos avances en nuestra ciencia, la cual dio varios giros decisivos después de 1977. Uno de ellos fue el éxito del programa de activación del generador de los MOR mediante la microinyección de fármacos que imitan o intensifican el efecto de la acetilcolina segregada naturalmente; por fortuna adivinamos que esta sustancia química tomaba las riendas una vez que las células desactivadoras de los MOR la liberaban de la inhibición en que se encontraba. Al conferir a esas neuronas un impulso químico colinérgico, las liberábamos de su cautiverio aminérgico.
—Nuestro descubrimiento de que las aminas biogénicas serotonina y norepinefrina se liberaban de modo selectivo durante la vigilia y se suprimían del mismo modo en los periodos MOR dio a nuestro modelo de interacción recíproca una mayor importancia y nos permitió expandir nuestro horizonte conceptual a la vigilia. De modo intuitivo comprendimos que tenía sentido saber qué características del estado de vigilia, como la

atención, el aprendizaje y la memoria, dependían de la liberación de los mismos neuromoduladores que notamos ausentes en el sueño cuando se debilitaban precisamente estas funciones mentales.
—La sustracción de la neuromodulación aminérgica, junto con el aumento de la liberación colinérgica, indicaba otras formas de búsqueda para estudiar la actividad onírica. Con base en el modelo neurobiológico de los sueños construimos nuestro nuevo modelo de la mente. La hipótesis de la Activación-Síntesis de los sueños evolucionó para transformarse luego en el modelo AIM de la determinación del estado consciente.

Al mismo tiempo estábamos midiendo importantes diferencias entre las conciencias de la vigilia y del sueño en varias esferas.

Aprendimos que la imaginería onírica era marcadamente visuomotora. Esto es, los soñadores se imaginaban desplazándose por el espacio onírico con una claridad de visión que alcanzaba su mayor intensidad durante el sueño MOR. Con frecuencia, los movimientos eran cualitativamente insólitos, como el caso de volar o el de deslizarse sobre una superficie acuosa; a menudo se experimentaban trayectorias circulares o espirales.

Las funciones cognitivas también se distorsionaban. Por ejemplo, era deficiente la orientación respecto del tiempo, el espacio y la persona; los relatos sobre tener pensamientos eran sorprendentemente escasos; y lo más significativo de todo era la marcada merma de la memoria episódica. A lo que me refiero por merma de la memoria "episódica", es que la información autobiográfica a la que podía acceder fácilmente el sujeto durante la vigilia le quedaba inaccesible durante el sueño. En nuestros afanes por explorar más las funciones de la memoria, descubrimos que las asociaciones débiles aumentaban en realidad durante el MOR. Esto confirmaba la caracterización hiperasociativa de la actividad onírica propuesta por muchos observadores desde que David Hartley hizo notar por primera vez esta propiedad a comienzos del siglo XVIII.

Cuando pedimos a los sujetos que calificaran sus relatos de sueños de acuerdo con sus correlatos emocionales, aprendimos que la exaltación, la ansiedad y el enojo eran prominentes, en tanto que sentimientos adquiridos socialmente, como la vergüenza y la culpa, eran poco comunes.

Ahondaré en estos hallazgos cuando hable de otros sueños. Los menciono aquí para establecer la naturaleza y la fuerza del enfoque de la base hacia arriba para distinguirlo claramente de los enfoques psicoanalíticos y del significado personal al pensamiento relativo a la actividad onírica. Utilizamos dicho enfoque para estudiar de modo científico la actividad onírica y subrayar las limitaciones que impone en el esfuerzo interpretativo.

En virtud de que buena parte de las deficiencias cognitivas de la actividad onírica se relacionan con la memoria, nos preguntábamos, como es natural, cuál podría ser el mecanismo de la amnesia durante los sueños. Se sugirieron por sí solas tres posibilidades derivadas de estudios clásicos de la memoria. La primera consistía en nuestro propio descubrimiento de que la serotonina (molécula que los estudios de Eric Kandel sobre el aprendizaje de las serpientes demostraron que era esencial para el aprendizaje) no estaba a disposición del cerebro humano durante los periodos MOR. La segunda fue el hallazgo de que la corteza prefrontal dorsolateral, que era decisiva para la memoria de trabajo de los monos según lo demostró Patricia Goldman-Rakiç, no se activaba durante los MOR. En el caso de la tercera, nos preguntábamos si se alteraba el flujo de información que iba del hipocampo a la corteza. Se ha reconocido que el hipocampo es esencial para la memoria autobiográfica puesto que su eliminación quirúrgica conduce a la amnesia absoluta. El trabajo neurofisiológico reciente de Gyorgi Buszaki ha sugerido que, en los MOR, la información del hipocampo queda vedada a la corteza, la cual, como acabo de explicar, queda privada así de una sustancia química crucial, la serotonina, y se desactiva regionalmente durante el sueño MOR.

Nuestro equipo de investigación, dirigido por Roar Fosse, se esforzó durante largo tiempo por encontrar una forma de mostrar el obvio menoscabo de la memoria dentro de los sueños. Aunque esta característica formal es sólida, no se la reconoce ampliamente. Olvidamos casi todos nuestros sueños. Valiéndome de mi técnica dirigida de búsqueda y de registro en un diario, he acumulado cerca de 350 relatos; aunque algunos de ellos son bastante detallados, he de reconocer que otros, como éste, son apenas parciales. Si aceptamos cinco periodos de MOR por cada noche, a los 70 años debí tener al menos 127 540 sueños. Mi relato escrito comprende menos de dos décimas partes de 1 por ciento.

Es tan pronunciada la amnesia respecto de la actividad onírica que pareciera haber opacado la falla de la memoria dentro de los sueños. El conocimiento del reciente deceso de Norman Geschwind no está a disposición de mi cerebro-mente soñador. En algunos sueños aparecen vivos personajes que en realidad están muertos, y el soñador no se percata de ello. Pensamos que estas fallas de la memoria, la orientación y el pensamiento crítico se relacionan entre sí, al igual que en el *delirium*, y por la misma razón: todo lo origina un cambio en el equilibrio neuromodulador. En el primer caso, el cambio es espontáneo, natural y reversible. En el segundo, es inducido por un fármaco y es artificial y remediable.

En nuestros experimentos con la memoria onírica, pedimos a nuestros sujetos registrar los recuerdos de sus sueños y emprender después su propia búsqueda de las fuentes de los recuerdos en cuestión. Al igual que en mi sueño del maratón de Harvard, resultó fácil encontrar tales fuentes, pero su evaluación crítica reveló cuán incompleta era en el sueño su representación. Se pidió a nuestros voluntarios comparar las características de las fuentes de su memoria onírica con las de su memoria de la vigilia. De los más de 300 relatos recabados, sólo encontramos tres que reprodujeran en sueños los tiempos, lugares, personas y características de la acción a que pudiera acceder fácilmente la mente despierta. Concluimos que los sistemas de la memoria del cerebro en sueño MOR funcionan de modo muy distinto del de la vigilia.

¿Por qué no pudimos predecir lo que después mostrarían las imágenes cerebrales? La primera vez que formulamos nuestro modelo de activación-síntesis de la actividad onírica, propusimos que la imaginería visuomotora de los sueños dependía de una autoactivación selectiva del puente, el cuerpo geniculado lateral y la corteza occipital. También anticipamos que la emoción onírica podía derivarse de la autoactivación de estructuras límbicas del cerebro anterior, de las que ya sospechábamos que podían regular la emoción, sobre todo la ansiedad, emoción onírica prominente en nuestro trabajo inicial. Pero nos quedamos en Babia respecto de las dificultades cognitivas de la mente soñadora.

Sólo a mediados de la década de 1990 lograron los científicos obtener buenas imágenes mediante la tomografía por emisión de positrones (PET) del cerebro humano dormido para contrastarlas con las de la vigilia. Las imágenes por PET operan según una "iluminación" de las estructuras cerebrales que sirve para transmitir, mediante un código cromático, la intensidad de las diferencias del flujo sanguíneo regional que se miden al introducir un rastreador emisor de positrones durante el estado MOR. Por medio de un procedimiento de sustracción, el código cromático puede mostrar la intensidad del flujo sanguíneo en comparación con el de otro estado, que en general es la vigilia. Como tanto la vigilia como el sueño MOR constituyen estados con altos niveles de activación general, resulta difícil distinguirlos si sólo se usan los patrones de ondas cerebrales. En este mismo sentido resulta demasiado burdo e insensible un EEG. Pero el escaneo por PET muestra con claridad tales diferencias.

Asimismo, las áreas del cerebro que se iluminan, muchas de las cuales supimos predecir, son áreas cerebrales que permanecían menos activas en el sueño MOR. Éste es el hallazgo que no supimos prever. Sentíamos que la demodulación aminérgica bastaba para explicar las deficiencias cognitivas de los sueños, como mi incapacidad para calcular la distancia del maratón onírico o para ejercer cualquier clase de conciencia autorreflexiva respecto de lo absurdo de las acciones del sueño.

Nunca adivinamos que el sueño MOR propiciaba una desactivación específica de la sede cortical cerebral de las funciones cognitivas ejecutivas. Por estas últimas me refiero a tareas de control críticas de la mente-cerebro como la memoria de trabajo, el pensamiento dirigido y la conciencia autorreflexiva. La fenomenología onírica intentaba decirnos que prestáramos atención precisamente a estas funciones. Desde hace tiempo se sabe que la corteza prefrontal dorsolateral es la sede de las funciones ejecutivas, por lo que no podemos alegar ignorancia para explicar nuestra incapacidad de predecir este hallazgo.

Aunque avergonzados por no haber sabido hacer esta predicción, quedamos encantados al saber que sí la habían registrado los estudios con imágenes cerebrales. ¿Por qué? Porque esto contribuía a establecer una base objetiva para explicar las deficiencias cognitivas que estaban documentando nuestras sondas psicológicas de la memoria, la orientación y el pensamiento oníricos. En todo esfuerzo de mapeo bidireccional entre el cerebro y nuestra conciencia de su actividad, es necesario seguir cada enfoque sin dejar de prestar atención permanente al otro.

Por fortuna, muchos otros científicos estaban trabajando en los cambios de la función de la memoria durante el sueño. Cuando empezamos a dormir, a menudo experimentamos una reproducción de actividades insólitas de la vigilia, como esquiar, navegar en velero o recoger manzanas, como en el caso de Robert Frost. En la Universidad de Arizona, Jonathan Winson y Bruce McNaughton pudieron mostrar que las neuronas hipocampales que participan en el aprendizaje durante la vigilia se reactivaban durante el sueño. Matt Wilson del Massachusetts Institute of Technology ahondó más en este enfoque, mostrando que ratas que aprendían a conocer un laberinto durante la vigilia lo reaprendían durante el sueño.

Mis colegas Bob Stickgold y Matt Walker han demostrado también que el dormir protege el aprendizaje de una tarea procesal y que incluso puede mejorarlo. Aunque no es clara la relación que guardan todos estos hallazgos con la experiencia consciente de soñar, una inferencia plausible es que la formación de nuevos recuerdos —como puede ser el recuerdo de un sueño en particular— se sacrifica en aras de una incrustación más práctica y útil de material previamente aprendido.

Por la época en que tuve el sueño del maratón de Harvard, ni siquiera sospechaba yo que un día sería posible el registro de imágenes del cerebro humano al dormir. De haberlo sabido, habría botado todo y corrido hasta el escáner. ¿O no? Nos divertíamos tanto activando y desactivando el estado MOR con fármacos que bien pude haberme quedado en casa atendiendo mi asunto. No cabe duda de que resultó provechoso hacerlo.

Las imágenes cerebrales sacaron a flote otro punto fino que se nos había escapado. Si bien postulábamos una dirección del puente al prosencéfalo para explicar los procesos que determinan estados como la neuromodulación y las ondas PGO, no estábamos en posición de decir cuál se presentaba primero en la construcción de las tramas oníricas: la gallina de la imaginería onírica o el huevo de la emoción onírica. Ahora podemos sugerir casi con certeza que el primero en aparecer es el huevo. Esto significa que en los sueños sentimos primero algo de cierta manera y después vemos una imaginería determinada que coincide con ese sentimiento. Sabemos que esta clase de proceso también puede acompañar a las emociones fuertes durante la vigilia. Si nos sentimos angustiados, tristes o enamorados, tendemos a ver y a pensar de modo aprensivo, melancólico o amoroso. También sabemos que el cerebro emocional se activa selectivamente durante el sueño MOR.

Nuestros estudios iniciales acerca de la extravagancia de las tramas de los sueños nos brindaron el primer indicio de que la emoción onírica impulsaba la cognición onírica. La primera coincidía siempre con las características de la trama onírica, por muy disímbolas que fueran entre sí tales características. En la primera escena de mi sueño del maratón, los rostros de los directores Tosteson y Federman concuerdan con el sentimiento de aprehensión ansiosa que tengo hacia ellos, aun cuando aparecen de manera absurda, y cambia varias veces uno por el otro. En el mismo sentido, la sensación de tranquilidad e intimidad que siento con Kitty Beck amalgama la segunda escena pese a las fuerzas centrífugas de un suceso tan improbable como éste y mi incapacidad de razonar sobre él. La ansiedad (primera escena) y el afecto (segunda escena) dan lugar a la seducción juguetona (tercera escena) en que me siento tentado a besar a las mujeres hispanas.

Al examinar el patrón de activación cerebral que revela una PET en el sueño MOR, impresiona descubrir la cercanía que hay entre las estructuras límbicas y el puente, y ello nos lleva a preguntarnos si no será una activación ponto-límbica subcortical la que determine la emoción onírica. También nos preguntamos si las imágenes visuomotoras y las características de la trama corresponden a ellas de la mejor manera en que puede hacerlo el cerebro durmiente, en vista de su aislamiento respecto del mundo exterior (su ancla en la vigilia) y su falta de control cortical (su brújula en la vigilia). Esta hipótesis se hace eco de lo que yo denomino el resalte emocional de los sueños. Freud la hubiera llamado proceso primario y hubiera atribuido su presencia a un relajamiento de la vigilia sobre el ello por parte del ego. Hasta este punto concuerdo con él en cuanto a la naturaleza del proceso. Pero en vez de suponer que sirvan para disfrazar y censurar, nos resulta impresionante la revelación directa de los sentimientos. En todo caso, de estar presentes, el disfraz y la censura son débiles.

Todos los elementos dispares del sueño de la HMS se relacionan con la escena del Día de los Egresados. También reflejan con claridad mi confusión y ambivalencia acerca de la interacción de mis impulsos intempestivos, artísticos y hedonistas con la política y el decoro de la vida institucional. En mi sueño, aparece gente importante con la que represento mis relaciones complejas.

La aparición de símbolos es indiscutible. El maratón es una metáfora de la HMS. Aunque corro en él, nunca sé bien por qué, con quién ni por cuánto tiempo. La bolsa de papel que lleva impresas las caras de los directores representa el aspecto promocional de nuestras vidas profesionales. Con todo, en lugar de disfrazar el sentido, estos símbolos lo revelan. Al igual que en el sueño de Escenario Onírico, la unificación de imágenes dispares y extravagantes se consigue al enlazarlas mediante las reglas del resalte emocional.

Un último comentario sobre la gama de la emoción onírica: desde una perspectiva darwiniana, las emociones de angustia (que genera cautela), exaltación (que engendra afiliación) y enojo (que produce una conducta defensiva u ofensiva) son muy adaptables. Es decir, hay que tener cautela; encontrar una pareja; y ahuyentar a los competidores y depredadores. Tales emociones conforman los bloques de construcción de la supervivencia y la procreación que, según Darwin, son los objetivos gemelos de la vida. Una teoría interesante, postulada en principio por Jouvet, es que el sueño MOR ofrece la oportunidad de ensayar las emociones y conductas de la supervivencia. Hace poco, el científico finlandés Antii Revonsuo se hizo eco de esta idea. A ello, podemos sumar la hipótesis de que las emociones del sueño MOR proporcionan también una estructura organizativa para la memoria, y representan el sorprendente resalte emocional de los sueños.

REFERENCIAS BIBLIOGRÁFICAS

Braun, A. R., T. J. Balkin, N. J. Wesenten, R. E. Carson, M. Varga, P. Baldwin, S. Selbie, G. Belenky y P. Herscovitch, "Regional cerebral blood flow throughout the sleep-wake cycle. An H2(15)O PET study", *Brain*, julio de 1997, 120 (pt. 7): 1173-1197.

Constantinidis, C., G. V. Williams y P. S. Goldman-Rakiç, "A role for inhibition in shaping the temporal flow of information in prefrontal cortex", *Nature Neuroscience*, febrero de 2002, 5(2): 175-180.

Darwin, C., *The Expression of the Emotions in Man and Animals*, Londres, J. Murray, 1872.

Hartley, D., *Observations on Man, His Frame, His Duty, and His Expectations*, Londres, Johnson, 1802.

Hobson, J. A., *El cerebro soñador*, México, Fondo de Cultura Económica, 1994.

"HMS Marathon Dream", *JAH Journal*, vol. 18, 13 de noviembre de 1984.

Jouvet, M., "Essai sur le rèver", *Archives Italiennes de Biologie*, 1973, 111: 564-576.

Jung, M. W., S. I. Wiener y B. L. McNaughton, "Comparison of spatial firing characteristics of units in dorsal and ventral hippocampus of the rat", *Journal of Neuroscience*, diciembre de 1994, 14(12): 7347-7356.

Maquet, P., J. M. Peters, J. Aerts, G. DelFiore, C. Degueldre, A. Luxen y G. Franck, "Functional neuroanatomy of human rapid-eye movement sleep and dreaming", *Nature*, 1996, 383(6596): 163-166.

Nofzinger, E. A., M. A. Mintun, M. Wiseman, D. J. Kupfer y R. Y. Moore, "Forebrain activation in REM sleep: an FDG PET study", *Brain Research*, 3 de octubre de 1997, 770(1-2): 192-201.

"Of Fame and Clay—Dialogues on Mind-Body Interaction", *Annals of the William James Seminar*, Jeffrey Saver y Stephen Denlinger, William James Printers, Boston, 1986, vol. 2, 1982-1986.

Pittenger, C., y E. Kandel, "A genetic switch for long-term memory", *Comptes Rendues dell'Academie des Sciences*, febrero-marzo de 1998, 321(2-3): 91-96.

Revonsuo, A., "The reinterpretation of dreams: an evolutionary hypothesis of the function of dreaming", *Behavioral and Brain Sciences*, diciembre de 2000, 23(6): 877-901.

Saver, J., y S. Denlinger, "Which Doctor Is Not a Witch Doctor?", *Advances*, 1985, 2: 20-30.

Stickgold, R., J. A. Hobson, R. Fosse y M. Fosse (2001), "Sleep, learning and dreams: Off-line memory reprocessing", *Science*, 294, 1052-1057.

Winson, J., *Brain and Psyche: The Biology of the Unconscious*, Garden City, Nueva York, Anchor Press/Doubleday, 1985.

III. CEREBRO DE LANGOSTA
El cerebro visual como sintetizador de imágenes

Estoy en un hotel onírico, en un cuarto de incierta asignación y con un común equipaje Samsonite. La presencia de mis colegas científicos, Ralph Lydic y Barry Peterson, indica que probablemente estamos en una reunión, pero esto no es claro y no puede ser nuestro equipaje (es demasiado corriente) ni nuestra habitación (es demasiado pequeña y hay muchas maletas, pero no muebles). Decido marcharme, pero el equipaje bloquea la puerta. Me siento frustrado.

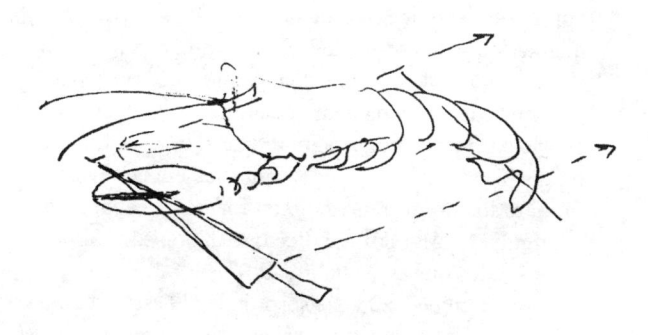

La escena cambia a una mesa con un banquete de tipo buffet, abarrotada de platillos de lo más elaborados. Se me antoja la langosta porque es enorme (mide casi la mitad de un cuerpo humano) y de un color rojo profundo y brillante. La anfitriona (quien en realidad no se ve) está sirviendo y ofrece cortarme un pedazo de langosta. Comienza por rebanar la pinza izquierda (la cual no ofrece resistencia al cuchillo) y sigue cortando en un plano directo por el espacio hasta topar con la cola, que rebana. Los dos pedazos están unidos entre sí —como en un dibujo de secciones cónicas— y me sirve ambos con un solo movimiento milagroso.

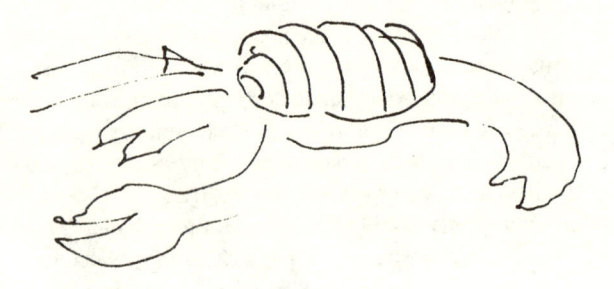

La anfitriona pregunta entonces si se me antoja comer un poco de sesos de langosta. Pienso para mis adentros que los sesos de langosta (aun cuando sean de esa talla colosal) son demasiado pequeños para pasar por una comida completa. Sin embargo, cuando vuelvo a mirar la langosta, noto que el cerebro (que se ha desplazado al centro del lomo) es enorme y está preparado con gran artificio en forma de rebanadas triangulares. Alguien me dice que debo usar palillos chinos (a los que estoy habituado).

Escojo un pedazo y me sorprendo al descubrir que el borde es de color crema y el centro totalmente rojo.

Cada rebanada lleva en su superficie el bajorrelieve de una planta o la forma de un árbol. "¡Qué cosas tan fantásticas pueden hacer con la comida!", exclamo con mi característico entusiasmo gastronómico. Pero me inquieto al darme cuenta de que la langosta no tiene aroma, lo cual me lleva a inferir que tampoco tiene sabor. Puesto que me parece interesante esta característica del sueño, decido despertar y anotarla.

Por la época de este sueño, había empezado a interesarme la extravagancia de los sueños, y me esforzaba por encontrar el modo de caracterizarla. Por ello fui motivado a despertarme y tomar nota de mis experiencias con todo cuidado. Me interesaba en particular la exclusión casi total de los sentidos del gusto y el olfato que se manifestaba en los relatos de sueños.

Cuando noté la falta de aroma del elaborado platillo de langosta del sueño, ¡desperté! ¿Estaba consciente de que soñaba? ¿Estaba lúcido? Probablemente no, pues lo habría registrado en mis notas. Pero si *no* estaba lúcido, ¿cómo pude decidir despertarme? Es obvio que tuve cierta preparación necesaria para alertar a la conciencia de mi sueño de que una langosta sin aroma era de interés científico y esto bastó, si se ha de creer mi relato, para incitar un despertar voluntario.

Este conjunto de cuestiones plantea preguntas importantes sobre el autorregistro y el autoanálisis, y al mismo tiempo ofrece oportunidades de investigación aún no exploradas por los neurocientíficos. Por ejemplo, ¿cómo puedo asegurar que este sueño fue espontáneo y no inducido por una autosugestión previa al sueño? No puedo. Pero como no recuerdo haberme dado ninguna orden con antelación, lo más probable es que estuviera más preparado para notar esta característica que para tener ese sueño en particular. Otra razón para suponer que la hipótesis es correcta es la falta de intuición que imbuye casi todo el relato, sobre todo porque lo acepté como real, a pesar de diversas características inverosímiles como la enorme langosta de concha suave y desproporcionado cerebro.

Como ejemplo de las oportunidades científicas que nos ofrece nuestra capacidad para programar los sueños, consideremos la posibilidad de que me haya vuelto lúcido en él y, en vez de despertar, concentrarme activamente en el asunto del sabor-aroma. ¿Por qué no olfateo en el sueño las rebanadas o por qué no pruebo el platillo entero, o la salsa, para ver si realmente era inodoro? O también pude darle un mordisco para comprobar si mi cerebro soñador era capaz de saborear la langosta.

En realidad, obtener resultados positivos con cualquiera de estos experimentos no hubiera probado nada pues, para alcanzar una lucidez onírica, el cerebro debe adoptar algunas de las características de la vigilia. Tales características bien pueden incluir el gusto y el olfato, modalidades que no suelen estar presentes en los sueños no lúcidos. Un resultado negativo sería más interesante. Si no fuera capaz de oler y probar la langosta, pese a recurrir a conductas oníricas activas como olisquearla y tragarla, tendría que acusarme de autoengañarme a fin de explicar el resultado.

En el capítulo anterior expliqué que la corteza frontal del cerebro humano, de la que se sabe apoya las funciones cognitivas ejecutivas, se puede desactivar selectivamente durante el sueño MOR. Este hecho fisiológico bien puede explicar las deficiencias psicológicas centrales de la conciencia onírica: nuestra incapacidad para razonar, dirigir nuestros pensamientos y tener la introspección de que estamos soñando. Todos creemos estar despiertos cuando soñamos, lo cual es un error. ¿Podemos corregirlo?

La breve respuesta es sí. Pero es necesario contar todo porque la respuesta larga es muy interesante. Todos hemos tenido atisbos de duda en cuanto a la veracidad de nuestros sueños: "Esto es demasiado absurdo para ser cierto", nos decimos. Sin embargo, una nueva acometida de imaginería onírica nos lleva en esos momentos hacia el delirante mar de las creencias falsas. Precisamente con esta chispa de fugaz incredulidad es con la que avivamos el fuego de la lucidez cuando cobramos conciencia de estar soñando aun cuando continúe el sueño.

En el ejemplo de mi sueño de langosta, yo no estaba completamente lúcido, pero sí desperté. Es muy común despertar cuando se alcanza la lucidez, lo cual sugiere que soñar con lucidez podría ocurrir en un estado híbrido, con algunas características del estado de vigilia y con otras de la actividad onírica. Para alguien que desee cultivar esta fascinante disociación de los sueños, es posible aumentar sus posibilidades de lograrlo si prepara su cerebro-mente para estar alerta a la extravagancia de los sueños por la vía de la autosugestión antes de dormir. Mediante un simple diario o una grabadora sobre la mesa de noche, le será posible a usted llevar a cabo este experimento.

Si es usted joven —digamos menor de 40 años (o mejor aún, de 30)— probablemente lo logrará. Como sucede con todos los placeres de la vida, la gente de mayor edad tendrá que esforzarse más. En mi lejana juventud, cuando solía dormir a horas distintas, podía darme cuenta de que estaba soñando, y cambiar a voluntad la trama de mi sueño, o podía despertarme voluntariamente para recordar mejor mi sueño lúcido. Luego podía regresar directamente al sueño, o ir a otro de mi propia invención. Es triste reconocer que he perdido ya dicho talento, junto con muchos otros.

¿Por qué ha de ser diferente la gimnasia mental de cualquier otro ejercicio físico? Se supone que la sabiduría debe aumentar con la edad y, por tanto, debería aumentar (no disminuir) la facilidad para inducir estados alterados de conciencia. Como muchos lo han visto en sus queridos pero caprichosos abuelos, no siempre es así. Por tanto, aprovechemos mientras el sol brilla, y consideremos juntos otras posibilidades experimentales.

¿Cómo puede mantener el cerebro dos estados opuestos al mismo tiempo? ¿Cómo es capaz de estar a la vez despierto y dormido, soñando? No es posible, si consideramos el cerebro como un todo. Sin embargo, si lo consideramos como un ensamble de partes regionales, como lo demuestran los experimentos con el PET, entonces nos costará menos trabajo imaginar qué es lo que ocurre: una parte del cerebro se despierta mientras que el resto permanece dormido. ¿Por qué no? Sabemos que lo hacen las ballenas y los delfines, así, ¿por qué no habríamos de poder nosotros?

Lev Mukhametov demostró que un lado del cerebro de los delfines duerme mientras el resto continúa despierto. Mukhametov era un neurocientífico ruso que antes había trabajado en la fisiología celular del sueño en Pisa, Italia. En la Estación de Biología Marina de Crimea, en el Mar Negro, registró el EEG de delfines en un tanque de contención. Cuando el cerebro izquierdo emitía ondas lentas de alto voltaje, típicas del sueño profundo, el derecho podía emitir un patrón rápido de despertar, de bajo voltaje, y viceversa.

La expresión "dormir con un ojo abierto" lo dice todo. En el proceso de adormecimiento, es posible estar en dos estados al mismo tiempo. ¿Por qué no ha de ocurrir lo mismo en el proceso de despertar? Supongamos que usted se encuentra bajo un escáner mientras su mente está en dos estados a la vez. ¿Qué esperaríamos encontrar? Señales de vigilia en algunas regiones del cerebro y señales de sueño en otras. En el caso de la lucidez onírica, mi predicción es que se reactivaría la corteza frontal desactivada selectivamente, zona que entonces comenzaría a observar, a atender y finalmente a influir sobre lo que hacen el tallo cerebral y el prosencéfalo visuomotor (que aún continúan en estado MOR). Tampoco nos sorprendería ver una disminuida activación del sistema límbico ni observar que la emoción onírica decrece durante los sueños lúcidos. Y afirmo que no me sorprendería, porque los lóbulos frontales y el sistema límbico sostienen una batalla constante por dominar la mente. En esta situación, las sedes de la razón (para los freudianos, el ego y el superego) luchan por recuperar el control de las sedes de la emoción (para los freudianos, el ello). En este caso no es difícil actualizar la importante sensibilidad de Freud a la realidad y la fuerza del sentimiento primordial que competían con la razón y las exigencias sociales.

No es de sorprender que los estados intermedios del cerebro-mente, como el sueño lúcido, sean tan raros y tan frágiles. Tener un cerebro capaz de disociarse libremente no sería útil a la supervivencia de la especie. El hecho de que el cerebro-mente suela concentrarse exclusivamente en un solo estado a la vez es una gran ventaja. El obstáculo económico y social que representa la disociación patológica lo demuestra claramente. Las personas cuya conciencia despierta es expuesta a percepciones oniroides intrusas no pueden competir en la vida. El lema de Darwin: "La supervivencia del más apto", pone en grave riesgo a los enfermos mentales. Charles Darwin fue un gran psicólogo al igual que un gran biólogo. Su principio de los hábitos útiles ha sido adoptado por científicos modernos, quienes se concentran en las ventajas competitivas de estar consciente (Gerald Edelman, Antonio Damasio y Giulio Tononi), así como de ser comunicativo en el sentido lingüístico (Stephen Pinker).

La primera escena de mi sueño de la langosta es un clásico argumento onírico. Aunque salgo de viaje con frecuencia, estoy seguro de que he estado en muchos más hoteles de sueño que de la vida real. ¿Por qué escojo a menudo hoteles como escenarios de mis sueños? No lo sé, pero puedo suponer que tal vez eso tenga que ver con la ansiedad que naturalmente provoca dormir en lugares no familiares. Los hoteles son también escenarios atractivos para las tramas de los sueños porque la ansiedad es una emoción onírica habitual. La ansiedad onírica se suma a la confusión respecto de la ubicación espacial que es prácticamente universal en los sueños. En otras palabras, la extravagancia de los sueños es formalmente compatible con los hoteles como escenarios oníricos.

Los estudios en que hemos estado trabajando en nuestro laboratorio desde 1985 han mostrado que dicha extravagancia se puede reducir a una inestabilidad de la orientación. He aquí los detalles de mi sueño de langosta que apoyan esta hipótesis: no estoy seguro de qué habitación me han asignado; veo equipaje, mas no lo reconozco como propio (¡de hecho, sé que no me pertenece!); la presencia de mis colegas, Ralph Lydic y Barry Peterson (personas reales que aparecen como tales en el sueño), sugiere que asisto a una reunión científica pero, a pesar de su presencia, el hecho no se puede establecer con certeza; me siento confundido por la falta de datos de orientación y decido marcharme, pero no puedo hacerlo porque las maletas bloquean la puerta. Aun cuando la frustración consiguiente casi alcanza la intensidad de una pesadilla, no despierto. En vez de ello, ocurre un cambio radical de escena.

El modo en que descubrimos la esencia de la desorientación en la extravagancia de los sueños es algo ilustrativo. Durante años —incluso siglos— la gente se ha despertado y ha comentado a sus compañeros de cama, miembros de su familia, amigos y sumos sacerdotes: "¡Acabo de tener el sueño más extraño!" A su vez, los psicólogos profesionales han cuantificado el grado de extrañeza o extravagancia como parte de sus escalas de "estado de ensoñación". Pero nadie, antes de nosotros, intentó sacar a luz y analizar esta sólida propiedad formal de los sueños. ¿Cómo podríamos definir y cuantificar la extravagancia onírica para entenderla en términos de una función cerebral alterada?

Freud teorizó que el superficial absurdo de los sueños resultaba del trabajo de protección que desempeñaba el ego mientras la gente dormía a fin de aplicar censura y disfrazar los deseos inaceptables que instigan la actividad onírica cuando el ego libera al ello. Por poco probable que me pareciera esta idea, no teníamos más alternativa que las disparatadas nociones neurológicas del siglo XIX, que Freud ridiculizó por vagas (lo cual era cierto) e inútiles (lo cual era falso). Pero nadie, incluidos Freud y sus predecesores y seguidores, había definido realmente la extravagancia onírica en un sentido psicológico. ¿Qué era? ¿Era sólida? ¿Era analizable?

Nuestra respuesta a todas estas preguntas es un sonoro "sí". A muchos psicólogos se les ha enseñado a pensar que los relatos de sueños se componen sólo de un contenido "manifiesto". Se suponía que este tipo de contenido escondía otro más profundo o "latente", que era la verdad del asunto. Este paradigma contribuyó a retardar el enfoque descriptivo a la extrañeza de los sueños. Es vergonzoso reconocer cuánto tiempo necesitó nuestro laboratorio para ver que esa extravagancia siempre consistía en la incongruencia de la trama (se mezclan cosas que no tienen por qué estar juntas) o en la discontinuidad de la trama (cambian sin previo aviso los momentos, los lugares, las personas y las acciones del sueño). La discontinuidad de los sueños puede ser radical, como cuando las escenas se transforman súbitamente; esta extravagancia se detecta con facilidad por ser tan global y tan burda. La mayoría de la gente concuerda ahora con esto. Aunque sí ocurren cambios de escena, son relativamente raros.

Una vez que nos concentramos en incongruencias y discontinuidades más finas, empezamos a encontrarlas prácticamente en cada línea de los relatos oníricos durante el sueño MOR. Era precisamente esta extravagancia onírica fina lo que buscábamos medir y explicar. Como es sutil, resultaba más difícil detectarla, pero observadores bien preparados lograron hacerlo alcanzando altos niveles de concordancia entre ellos. Puesto que era muy fácil de pasar por alto, a esta extravagancia fina la llamamos microscópica. Llegamos a la conclusión de que el cerebro soñador trastornaba la continuidad del tiempo, el lugar y las personas, y argumentamos que esa inestabilidad microscópica de la orientación era de origen orgánico, como ocurre en el *delirium* clínico. La desorientación de los sueños es normal, no patológica. Ésta fue una píldora amarga para algunos de nuestros colegas. Ellos insistían en que los sueños eran triviales y que estaban tan bien organizados como el contenido mental de la vigilia.

El cambio de escena de mi sueño de langosta, que pasa de una habitación de hotel a un salón de recepciones, tiene algún sentido porque uno de los primeros actos en toda reunión científica es una recepción de bienvenida. No obstante, nuestros estudios sobre el empalme de escenas en los sueños, en que relatos como éste se separan justo en tales cambios de escena, muestran que *no* es probable que observadores desatentos identificaran el plato de langosta de la segunda escena como secuela de la habitación de hotel de la primera, dado lo radical del cambio de tema, emoción y tono. El contexto de la reunión científica que parece unir estas dos escenas está ausente en la segunda. Sólo cuando *sabemos* que la segunda escena es continuación de la primera podemos encontrar explicaciones, que casi seguramente son proyecciones, y no análisis correctos de la causalidad del cerebro-mente.

Entonces, ¿por qué cambian las escenas en los sueños? La fisiología cerebral cambia rápidamente al dormir, y cambia más radicalmente en el sueño MOR. Las rachas de movimiento ocular van y vienen, y con ellas se desatan y amainan tormentas del sistema nervioso autónomo. Una respuesta de sobresalto tras otra se infiere a partir de los grupos de ondas PGO que observamos en estudios con animales. Llamamos episodios fásicos de activación a estas fluctuaciones momentáneas. Los estudios de registros que hemos conducido con el aparato Nightcap sugieren que cada racha de MOR puede generar su propio argumento onírico. Por tanto, puede haber al menos cinco sueños separados, cognitiva y emocionalmente, en cualquier periodo MOR. Hasta donde sabemos, podríamos tener entre 25 y 50 sueños separados cada noche y nunca nos enteraríamos de ello dado que los despertares son tan poco comunes.

A medida que avanza un sueño, con frecuencia nos sorprendemos, incluso nos alarmamos, por el curso de las cosas. En mi caso, me siento ansioso cuando noto el peculiar equipaje, la reducida habitación de hotel y a mis colegas Lydic y Peterson, de pie juntos frente a mí. Y, aunque mi sorpresa es demasiado débil para registrarse como tal, se mantiene allí, soterrada, durante la mayor parte de mi sueño. Por momentos sobresale tanto que me percato de ella y la registro, como el momento en que la escena cambia del cuarto de hotel al salón donde se sirve la langosta.

La neurofisiología nos dice que el cerebro anterior se desactiva en forma radical durante el profundo sueño no MOR. Dicho estado se caracteriza por su inconsciencia y por sus ondas EEG lentas y de alto voltaje. Esto ocurre primordialmente en la primera mitad de la noche, como si fuera una función de recuperación relacionada con el tiempo transcurrido en vigilia. En el escáner por PET, así como en nuestra conciencia, la fase no MOR significa "luces apagadas en el comando central". El cerebro se reactiva progresivamente a lo largo de la noche. Conforme se aligeran las sucesivas etapas no MOR y se alargan y fortalecen las sucesivas etapas de MOR, aumentan las probabilidades de que los sueños se asocien con éstas. En virtud de que dichas etapas ocurren en periodos que duran muchos minutos y horas, los científicos las han denominado sucesos tónicos.

Pero también en el sueño no MOR se presentan breves momentos episódicos "fásicos", que incluyen ondas espigas y complejos K en el EEG. Aunque sus concomitantes psicológicas no se han estudiado bien, se ha supuesto que se relacionan con el aprendizaje. En el sueño MOR, tales sucesos fásicos incluyen los propios movimientos oculares y sus señales asociadas hipotéticas, las ondas PGO, que con tanta facilidad se registran en los animales. Es evidente que el sueño MOR fásico induce en la supuesta sede de la experiencia consciente del prosencéfalo más actividad fisiológica que el estado MOR tónico.

Yo conjeturo que el soñar durante el sueño MOR es constantemente novedoso e impredecible, pues el cerebro ha activado sin inhibiciones su programa de sobresalto. ¿Qué podría significar lo anterior? Tal vez que la sorpresa es un buen modo de llamar la atención, de provocar emociones y de asegurar el aprendizaje. Recuerdo exactamente qué estaba haciendo cuando oí que habían matado al presidente Kennedy. Mi cerebro emocional se activó intensamente cuando supe la noticia. Es verdad que no recuerdo la mayoría de mis sueños, pero esto no significa que mi cerebro no cambie a causa del sueño MOR. Los sueños están llenos de sorpresas y en el sueño MOR abundan los hechos asombrosos.

Consideremos la segunda escena, el banquete de langosta. La extravagancia sigue predominando aun cuando la trama ha cambiado, a tal punto que no se reconoce. La langosta atrae mi atención porque es enorme, "casi de la mitad de una persona", y de color rojo profundo. En mis tiempos, vi langostas enormes que pesaban 1.20 kilogramos, e incluso langostas gigantescas de 2.25 kilogramos, ¡pero jamás una que se acercara siquiera a la mitad del tamaño humano! Ésa tendría que haber pesado al menos 22.5 kilogramos, 10 veces más que la langosta más grande de la vida real. Además, los exoesqueletos de las langostas hervidas *son* rojos, pero su color es, en general, de un anaranjado rojizo, no de un rojo profundo como la de mi sueño. Al dormir, especialmente durante el sueño MOR, mi cerebro autocreativo no está limitado por tales restricciones. Parecería que todo se vale cuando soñamos.

Igualmente, es típico que no se logre identificar a los personajes oníricos (como la anfitriona que me sirve la langosta), o incluso, como en este caso, ¡que no puedan verse siquiera! La trama del sueño necesita de alguien, quien sea, que cumpla esta función. Ese alguien es invisible y lleva a cabo proezas aún más fantásticamente estrafalarias que la langosta misma. Nunca he visto cortar así una langosta, y no espero verlo, excepto en mis sueños. Ni siquiera los cuchillos más afilados cortan con facilidad las pinzas de una langosta, para no hablar del caparazón de la cola, que es aún más duro. En todo caso, ¿por qué habría de querer alguien rebanar así una langosta? Es evidente que me gusta la exhibición de destreza de la anfitriona, puesto que me parece un "movimiento milagroso" cuando me sirve las dos partes unidas de langosta. Este sueño contiene sus dosis de comedia, placer y exaltación. No deja de maravillarme hasta la fecha.

A continuación, la anfitriona inquiere si deseo un poco de sesos de langosta. La pregunta activa un poco mi capacidad de razonamiento, pero no lo suficiente para que yo comprenda que debo estar soñando y tampoco dura lo bastante para impedirme crear una ilusión aún más absurda. Entonces supongo que, como los cerebros de las langostas son muy pequeños, su ofrecimiento es ridículo. No obstante, al igual que la descomunal langosta, en mi sueño su cerebro se vuelve repentinamente gigante, como para adecuarse a las necesidades del ofrecimiento de la invisible anfitriona y mi apetito voraz. El cerebro de la langosta se ha desplazado además hasta el centro de mi campo visual, donde se aprecia que lo han preparado en rebanadas triangulares.

Las posibilidades plásticas del cerebro soñador son al parecer infinitas, como lo revela esta secuencia. "¿Acaso es así como sacan sus ideas los grandes *chefs*?", me pregunto, mientras contemplo cómo han preparado en triángulos las rebanadas de sesos. Un diseño tan elaborado podría aplicarse, supongo, en unos medallones de cola de langosta, pero nunca he visto nada como esto, ni siquiera en los mejores restaurantes del mundo. Mi placer alcanza su punto máximo cuando exclamo: "¡Qué cosas tan fantásticas pueden hacer con la comida!" Para entonces, sigo todavía bajo el influjo de mi alucinación onírica. El influjo se rompe cuando cobro conciencia de que un platillo de langosta, preparado tan artísticamente, debe tener olor, ¡pero no lo tiene! Mi inusitada apreciación de esta discrepancia me lleva a despertar.

Reconocer la creatividad del sueño MOR es importante para el concepto que tenemos de nosotros mismos como seres humanos. Aunque somos autómatas en el sentido de que para sobrevivir debemos comer, dormir y mantener cierta temperatura corporal, es un deleite saber que, al desempeñar todas estas funciones sin tener que pensar en ellas, nuestros cerebros son capaces de los inventos más ingeniosos. Con todo, algunos de estos inventos son desechables.

Según la afirmación del filósofo Owen Flanagan, los sueños son como gabletes* de la mente, meras decoraciones para nuestro deleite, y no columnas que soporten el peso o arcos que amplíen el espacio, los cuales constituyen la verdadera esencia de la arquitectura. En esta analogía, el sueño es el gablete, y el sueño MOR que restaura el equilibrio termal es la columna de soporte. Una vez más, podemos apreciar la evolución del cerebro-mente, en este caso para posibilitar tanto funciones básicas de las labores domésticas como distracciones decorativas. Creo que al difunto Stephen Jay Gould, quien originó la idea del gablete, le hubiera complacido este señalamiento.

Soñar es simplemente delicioso (u horrendo) en el sentido en que toda obra de arte nos deleita u horroriza. Los sueños nos atraen porque hacen resaltar la realidad en forma emocional y apremiante. Aunque he oído decir que "contar un sueño equivale a perder un lector", a mí nunca me lo ha parecido. Me encanta escuchar que otras personas me cuenten sus sueños y compartir los míos con ellas. Nadie puede resistirse a interpretarlos, así como no podemos resistirnos a emitir opiniones sobre los productos culturales. Pero, en tanto que científicos, no llegamos al extremo de ofrecer acertijos que se presten para análisis reduccionistas de los sueños.

---

* Remate formado por dos líneas rectas y ápice agudo, que se ponía en los edificios de estilo ojival (DRAE).

Cuando cambiamos nuestra visión de la interpretación de los sueños, de un paradigma de muchos a uno por otro paradigma de uno a muchos, reconocemos que los procesos artísticos nos son naturales a todos. La vida es corta y el arte duradero. La sociedad y las civilizaciones están construidas sobre la creatividad que acompaña al flujo de la imaginación, que sale a la superficie en nuestros sueños.

La primera escena de mi sueño nunca llega a desarrollar un relato porque no puede establecer ningún marco que sirva de orientación. Mis colegas Lydic y Peterson representan los únicos bloques de construcción. Ambos son fisiólogos que han aportado trabajos importantes a la ciencia de los sueños; además están suficientemente ligados entre sí para explicar la presencia de ambos en la reunión científica de mi sueño. Aun despierto podría inventar argumentos oníricos para darles cabida. Esto es cierto aun cuando no recuerdo haber estado con ambos en una habitación de hotel, en una reunión científica, en mi laboratorio o en cualquier otro lugar. Entonces, ¿por qué aparecen juntos en mi sueño?

Barry Peterson trabajó con Victor Wilson en la Rockefeller University en torno a la relación de las neuronas reticuloespinales con la función vestibular. Lo conocí por conducto de Terry Pivik, quien lo había invitado a presentar su trabajo en una reunión sobre investigación del sueño, en Jackson Hole, Wyoming, a fines de la década de 1960, mucho antes de que yo conociera a Ralph Lydic. Peterson y yo simpatizamos de inmediato y me mantuve en contacto con él durante mucho tiempo después de que se mudó a la Northwestern University de Chicago, donde trabajó sobre integración sensomotriz. Desde un principio, me quedó claro que las técnicas y los paradigmas de Peterson eran muy útiles para nosotros, los científicos del sueño, y él alentó generosamente mi trabajo con Peter Wyzinski en torno a las neuronas reticuloespinales. Estas enormes neuronas del tallo cerebral podían identificarse mediante una invasión antidrómica y podía mostrarse que se activaban durante el sueño MOR. En la transición del sueño no MOR al MOR, se enciende el sistema motor ejecutivo de la parte superior del cerebro y se apaga el canal de salida motor de la médula dorsal. Mientras hacíamos uno de estos experimentos, Wyzinski hizo el accidental descubrimiento de células en el *locus coeruleus* que se desconectan en el estado MOR.

De diversas maneras, Barry Peterson fue un colega mío importante. Me ayudó a ver que los circuitos del tallo cerebral, que nos interesaban a ambos, tenían propiedades de gran interés. A instancias de Barry, releí y conocí más tarde al gran neurocientífico Rafael Lorente de Nò, quien escribió en 1933 su ya clásico ensayo sobre el reflejo vestibular. El hecho de que la posición del ojo, la cabeza y el tronco se integren en el tallo cerebral pontino y el cerebelo, significaba que la activación de dichos circuitos durante el sueño podía contribuir a la sensación de movimiento elaborado y continuo que tenemos al soñar. La misma teoría también podía explicar los imposibles movimientos que a veces realizamos en sueños. Reconocer que la activación de los circuitos visuomotores ocurría cuando el tallo cerebral estaba desconectado del mundo exterior me ayudó a captar su posible importancia en la formación de los sueños.

Identificar al menos algunas de las neuronas que registramos nos ayudó a ganarnos el respeto de muchos de los principales neurocientíficos que permanecían aún dentro de la seguridad del paradigma de acción refleja de Sherrington. Jamás le hubiera pedido a Wyzinski que se trasladara desde el laboratorio de Mircea Steriade, en Quebec, de no haber querido mostrarle que también nosotros podíamos identificar neuronas reticuloespinales mediante la técnica clásica de la invasión antidrómica. Ésta permite que las neuronas de axones largos disparen hacia atrás a cierta distancia del electrodo registrador, y establece, por medio de criterios rigurosos, que la neurona que se está registrando se proyecte hacia el sitio de estimulación.

Con todo, el descubrimiento accidental de Wyzinski de las células que se desconectan durante el estado MOR, en lo que nuestra histología mostraba que era el *locus coeruleus,* fue lo que nos condujo al oro científico. Con base en el descubrimiento casual de las células desconectadas durante el estado MOR, pudimos crear un modelo verosímil para explicar los cambios endógenos en la excitabilidad de las neuronas reticuloespinales y otras células del circuito del reflejo vestíbulo-ocular de Lorente de Nò. Para dejar en claro este punto, hágase usted esta pregunta paradójica:

¿En qué momento deja un reflejo de ser reflejo?

"Nunca", responden los seguidores de Sherrington, y los de Freud les hacen eco.

"En el estado MOR", contestan los neurobiólogos

que saben que los reflejos pueden anularse, ampliarse y hasta revertirse cuando el cerebro cambia de estado.

Tan pronto como oí el golpeteo de las células anómalas de Wyzinski, supe que habíamos encontrado una nueva clase de neurona cerebral, una neurona que se identificó sola por medio de un patrón de descarga lento y regular durante las horas de vigilia. Seguimos a estas células anómalas a lo largo de múltiples ciclos de sueño para asegurarnos de que nuestro electrodo no se hubiera salido del campo eléctrico de la célula.

Por el tiempo en que hicimos este descubrimiento, no sabía yo tanto de neurobiología para caer en la cuenta de que estos lentos patrones de descarga, semejantes a los golpes de un metrónomo, eran típicos de las células que actuaban como marcapasos (es decir, autoexcitadoras) y abastecedoras de neuromoduladores (serotonina y norepinefrina). Lo que sí sabía, gracias al trabajo de Jouvet, era que las neuronas del *locus coeruleus* no debían comportarse como lo hacían si fueran generadoras del estado MOR. En tal caso, tendrían que haber descargado más en el estado MOR, no menos. Sólo cuando vi la ubicación histológica de los registros de esta célula supe que Jouvet y el resto de nosotros sosteníamos la regla inversa: el *locus coeruleus* permitía pero no ejecutaba el estado MOR. Era necesario que estuviera inactivo para que ocurriera el estado MOR. "Eureka" es una palabra poco expresiva para lo que sentí en ese momento.

Como varios otros colegas noveles muy útiles, Ralph Lydic se abrió paso hasta mi laboratorio poco después de que hicimos el hallazgo de la intervención del *locus coeruleus* en la desactivación del estado MOR. Bob McCarley había desarrollado el modelo de interacción recíproca del control de sueño, y nosotros habíamos arrojado el guante onírico a los freudianos con la hipótesis de la activación-síntesis de los sueños. Así que de algún modo Lydic venía al caso, junto con Barry Peterson, en mi onírica habitación de hotel.

Ralph, igual que Barry, era un "verdadero" neurofisiólogo, no un clínico que se hubiera convertido en neurofisiólogo, como McCarley y yo. Sin embargo, Ralph mostraba una sensibilidad y una apreciación poco comunes hacia nuestros esfuerzos interdisciplinarios. Lydic se había capacitado en la Texas Tech University con John Orem, precursor del estudio de los cambios, dependientes del sueño, en las neuronas respiratorias. Antes de llegar a mi laboratorio, Ralph colaboró con Martin Moore-Ede, en Harvard, en una investigación sobre la neuroanatomía del ciclo circadiano en el hipotálamo.

Cuando Lydic se unió a nuestro grupo, acabábamos de confirmar los hallazgos de Dennis McGinty en cuanto a que ¡también en el núcleo dorsal del rafé había células que desconectaban el estado MOR! Como estas neuronas son serotoninérgicas, el hallazgo encajaba perfectamente en el modelo de la interacción recíproca. El cerebro se autoactiva durante el sueño MOR cuando ha pasado el tiempo suficiente para que las neuronas noradrenérgicas del *locus coeruleus* y las neuronas serotoninérgicas del rafe estén totalmente silenciosas (a causa de la inhibición activa, como ahora sabemos). Este paro de actividades permite que las neuronas colinérgicas y glutaminérgicas del tallo cerebral se enciendan y activen el estado MOR impulsando la activación del cerebro anterior, los movimientos oculares y la inhibición del tono muscular que bloquean la salida motora.

Queríamos probar los aspectos matemáticos del modelo, y las diversas células que encendían el estado MOR nos proporcionaron varias buenas curvas de la actividad, pero ni por asomo teníamos suficientes células de desconexión del estado MOR. Ralph tuvo que diseñar un sistema de registro de larga duración de las neuronas del rafe. Su gran destreza y disciplina le redituaron un enorme éxito. Los datos de Lydic sobre las neuronas del rafe nos fortalecieron en forma considerable, y permitieron que el modelo ganara credibilidad en el aspecto teórico. Pero hay que recordar que la interacción recíproca era también un modelo sináptico con numerosas predicciones comprobables mediante herramientas neurofarmacológicas.

El descubrimiento, en 1975, de las células de desconexión del estado MOR en el *locus coeruleus* y los núcleos del rafé desembocó en el modelo de interacción recíproca y todo lo que fluyó de ahí en adelante. A la luz del modelo de interacción recíproca, Lydic dirigió nuestros mejores estudios en torno a las neuronas que emplean serotonina. Igual que Barry, Ralph era un fisiólogo capacitado en la formación clásica. De este modo, *sí* tiene sentido que me encuentre en una reunión científica con este par de colegas, ¡pero sólo en un sueño en que el tiempo se pasa por alto en favor de otros aspectos de asociación importantes!

Cuando tuve este sueño, en 1985, soportaba fuertes ataques de mis colegas científicos en cuanto a la función que desempeñaban las neuronas reticuloespinales en la generación del sueño MOR. Muchos de ellos pensaban que habíamos exagerado el papel de las células gigantes del puente en la generación del sueño MOR. Algunos sostenían, incluso, que la activación del sueño MOR era por entero no específica. Por esta razón, entre Lydic, su futura esposa, la farmacóloga conductista Helen Baghdoyan y yo preparamos una monografía abierta a los comentarios de nuestros colegas de la Behavioral and Brain Sciences, que se publicó en 1986. Este ensayo contribuyó a poner en perspectiva nuestro programa y a recuperar el financiamiento del National Institute of Health.

Por la misma época, mi vida personal era algo caótica. Algunas de las razones de este descubrimiento pueden suponerse si se lee con cuidado el contenido de la segunda escena de mi sueño. Según yo, tres detalles merecen comentarios desde el punto de vista de la memoria prominente en el sentido emocional. Uno es la langosta en sí, otro es el cerebro de ésta y el último es el aspecto gastronómico-culinario.

Siempre me han fascinado las langostas, pues son seres exóticos, hermosos y de excelente sabor. Recuerdo que cuando tenía ocho o 10 años, los vecinos de enfrente, los Allen, comían langosta hervida en las comidas que organizaban en su patio trasero y me ofrecían las pequeñas patas. Constantine Allen era un griego que se había cambiado de nombre. Tenía cinco hijas. Una de ellas, Connie, jugaba conmigo al doctor, y después llegó a ser una buena enfermera. Mis padres decían que no podíamos costearnos una langosta, lo cual sólo acrecentaba mi deseo de comerla. Al crecer, me las ingenié para conseguir langostas y comerlas enteras, no sólo las pequeñas patas.

Mi primera auténtica orgía de langosta fue en Maine, con mi mentor en psicología Page Sharp, quien las adquiría al mayoreo cuando pedía los alimentos para el campamento de verano que organizaba para 180 personas. Sharp, mejor conocido como Cupie por ser muy enamoradizo, me enseñó a esconder langostas para nuestras parrilladas clandestinas al otro lado del lago. De esta manera, sin ser en sentido alguno símbolos sexuales, las langostas están asociadas en mi mente con la sensualidad.

Nunca he comido sesos de langosta, pero sí he comido muchos tipos de sesos, especialmente de ternera o *cervelles au beurre noir*, que preparaban en un pequeño café, cerca del laboratorio de Jouvet en Lyon, Francia. Después de un procedimiento que requería todo un día de trabajo o cuando trabajaba hasta ya entrada la noche, iba al café y pedía un platillo elaborado con el mismísimo objeto de nuestro estudio. Mientras comía los sesos, podía examinar la anatomía de sus partes aún reconocibles y lo hacía sin aspavientos ni remilgos. De modo que sí tiene sentido comer un cerebro de langosta en mi sueño, sobre todo porque pude agrandarlo y embellecerlo con toda libertad.

Comer sesos de langosta cae dentro de la categoría de mi exótica añoranza de todo lo galo. En cuanto al impresionante método de cortar y servir la langosta, mi interés por la representación precisa de una estructura compleja se infiere de la alusión que hago en el sueño a "las secciones cónicas". Como estudiante de la Loomis School (1949-1951), sobresalí en los cursos de dibujo mecánico. Me gustaban sobre todo los proyectos tridimensionales más difíciles, incluidas las secciones cónicas, que estudiamos al final del curso. La mezcla de visualización y formulación matemática geométrica me resultó muy útil cuando Bob McCarley y yo exploramos el cerebro con microelectrodos y tuvimos que hacer mapas que convirtieran las coordenadas cartesianas en coordenadas polares.

Muchos de nuestros colegas neurobiólogos, incluidos Allan Selverstone y Ed Kravitz, trabajaron con cerebros de langosta. En aquellos tiempos, una broma común era decir que ellos extraían el diminuto cerebro de la langosta, pasaban el día estudiando su actividad neuronal y ¡después se comían el resto durante la cena! No tengo idea de si la historia era verdadera o apócrifa, pero siempre me pareció divertida. Otra asociación, que puede ser descabellada, es que muchos fisiólogos de los invertebrados mostraban interés por las neuronas motoras gigantes del tallo cerebral que iniciaban las flexiones de escape en la cola de la langosta. Estas precursoras evolutivas de nuestras propias células reticulares gigantes podrían ayudar a explicar la transición, en mi sueño, de la escena con Barry Peterson a la escena de los sesos de langosta.

Desde que conocí a Page Sharp en 1948 —y sobre todo después de haber viajado a Inglaterra y Francia en 1951—, me apasionaba la buena comida preparada en formas exóticas. En otra vida, acaso haya yo sido *chef*. En mi vida onírica me acerqué lo más posible a esa aspiración. Justo antes del sueño de la langosta, asistí a una cena donde comí un exótico platillo de langosta cruda *(sashimi)* que preparó un amigo mío, el artista japonés Kaji Asò, en el comedor de su salón de té en Symphonie Road (¡de allí los palillos!). A menudo, Kaji nos sorprende preparando partes del cuerpo aún más exóticas que los sesos de langosta. Pese a que las marina durante horas, es difícil masticar su platillo de criadillas de ternera crudas en rebanadas.

Menos audaz pero igualmente artística en el asunto de la preparación y la presentación de la comida era Chantal Rode, nuestra ama de llaves francesa y madre putativa, quien vivió con nosotros 23 años, de 1972 a 1995. ¡Ella es la única persona que hubiera podido elaborar los adornos descritos en mi sueño! Chantal llegó a nosotros por conducto de Jean Didier e Yveline Vincent, nuestros amigos de Burdeos y a quienes menciono en la discusión del análisis del sueño Escenario Onírico. Después de vivir con nosotros, Chantal se convirtió en una muy notable anfitriona de restaurantes, primero en el Museum of Fine Arts y luego en el Harvard Club del centro de la ciudad.

Una cosa es mostrar el modo en que el relato de un sueño puede desecadenar en la mente diversos recuerdos —que revelan partes de las vastas redes asociativas asequibles al cerebro activado— y otra muy diferente asegurar que tales redes hayan aportado en realidad información usada para construir el sueño. En otras palabras, la utilidad de analizar un sueño en psicoterapia puede sacar más provecho de que ciertos elementos del sueño se conecten con muchos aspectos de nuestra experiencia, y no al revés. Lo que quiero decir es que la conexión es de uno a muchos más que de muchos a uno. De muchos a uno solo es el estilo freudiano, lo cual es radicalmente reduccionista por sostener que "el verdadero significado de este sueño es..." La versión interpretativa de muchos a uno nos obliga a aceptar un conjunto de principios psicodinámicos muy limitados y estereotipados. En contraste, el paradigma que va de uno a muchos es abierto y expansionista, aunque no por ello menos determinista. Éste nos dice que, si bien los contenidos oníricos son hiperasociativos, no están sobredeterminados, como insisten los freudianos. Desde mi perspectiva, el sueño de la langosta es una imagen múltiple y esplendorosa, no un símbolo que se deba descifrar de manera reduccionista.

Lo único que he tratado de demostrar aquí es que aun los fragmentos más pequeños de un sueño (primera escena) o los muy exóticos, extravagantes y detallados (segunda escena) pueden servir de puntos de partida para una reconstrucción autobiográfica que tenga sentido psicológico. Esto puede lograrse sin hacer conjeturas sobre el disfraz, la censura o el simbolismo de tipo freudiano. En el sueño de langosta, la langosta es eso y no otra cosa. La langosta del sueño me conduce en muchas direcciones interesantes. Si me atreviera a proponer una interpretación, diría que el sueño de la langosta congrega muchas partes sobresalientes en un sentido emocional de mi vida. Adoro a los animales exóticos, me fascinan sus cerebros y ¡me encanta comer! El sueño muestra cómo se entrelazan todos estos intereses en el fondo del sistema de memoria de mi cerebro.

Existe una conexión más profunda entre la disociación de los estados híbridos y la hiperasociación del estado MOR. Para lograr cualquiera de los dos o ambos, debe haber cierto relajamiento de las restricciones que se imponen habitualmente a las redes cognitivas del cerebro, y es precisamente el sueño lo que lo propicia. Ahora sabemos al menos una buena razón de por qué sucede: el sistema modulador aminérgico, el cual aporta un generoso suministro químico para constreñir el modo de procesamiento del cerebro durante la vigilia, disminuye en el estado no MOR y se desactiva en el MOR.

REFERENCIAS BIBLIOGRÁFICAS

Damasio, A., *The Feeling of What Happens*, Nueva York, Harcourt Brace, 1999.

Darwin, C., *On the Origin of Species*, Washington Square, Nueva York, New York University Press, 1988.

Edelman, Gerald M., *Bright Air, Brilliant Fire: On the Matter of the Mind*, Nueva York, Basic Books, 1992.

Flanagan, Owen J., *Dreaming Souls: Sleep, Dreams, and the Evolution of the Conscious Mind*, Nueva York, Oxford University Press, 2000.

Gould, S. J., "The exaptive excellence of spandrels as a term and prototype", *Proceedings of the National Academy of Sciences*, 30 de septiembre de 1997, 94(20): 10750-10755.

Hobson, J. A., R. Lydic y H. A. Baghdoyan (1986), "Evolving concepts of sleep cycle generation: From brain centers to neuronal populations", *Behavioral and Brain Sciences*, 9: 371-448.

Kruger, L., y T. A. Woolsey, "Rafael Lorente de Nò: 1902-1990", *Journal of Comparative Neurology*, 1º de octubre de 1990, 300(1): 1-4.

Livingstone, M. S., S. F. Schaeffer y E. A. Kravitz, "Biochemistry and ultrastructure of serotonergic nerve endings in the lobster: serotonin an octopamine are contained in different nerve endings", *Journal of Neurobiology*, enero de 1981, 12(1): 27-54.

"Lobster Brain Dream", *JAH Journal*, vol. 19, 22 de junio de 1985.

Lydic, R., R. W. McCarley y J. A. Hobson (1987), "Serotonic neurons and sleep. I. Long-term recordings of dorsal raphé discharge frequency and PGO waves", *Archives Italiennes de Biologie*, 125: 317-343.

Mamelak, A., y J. A. Hobson (1989), "Nightcap: A home-based sleep monitoring system", *Sleep*, 12: 157-166.

Mukhametov, L. M., A. I. Oleksensko e I. G. Poliakova, "Quantitative characteristics of the electrocorticographic sleep stages in bottle-nosed dolphins", *Neirofiziologiia*, 1988, 20(4): 532-538.

Pinker, S., *The Language Instinct: How the Mind Creates Language*, Nueva York, Perennial, 2000.

Tononi, G., y G. M. Edelman, "Consciousness and complexity", *Science*, 4 de diciembre de 1998, 282(5395): 1846-1851.

Wilson, V. J., M. Kato y B. W. Peterson, "Convergence of inputs on Deiters neurones", *Nature*, 24 de septiembre de 1966, 211(56): 1409-1411.

Wyzinsky, P. W., R. W. McCarley y J. A. Hobson (1978), "Discharge properties of pontine reticulospinal neurons during sleep-waking cycle", *Journal of Neurophysiology*, 41(3): 821-834.

IV. CARAVAGGIO
Entra en operación el generador de patrones motor del puente

Un colega llama para sugerir que vayamos a Cambridge a ver las pinturas de Caravaggio expuestas en el museo Fogg, en vez de viajar el fin de semana a Washington, como lo habíamos planeado. Acepto y me descubro montado en una bicicleta rumbo a Cambridge.

De pronto me arrepiento. Habría sido muy agradable pasar un fin de semana en Washington. ¿Cómo, y por qué, cambió los planes mi colega de ese modo tan arbitrario y unilateral?

La bicicleta se desplaza por un sendero angosto encima de una ladera cubierta de hierba, en un cuadrángulo compuesto de edificios universitarios de estilo georgiano. Aunque hay una tendencia a montar junto al margen, la cresta es el mejor camino.

Después de desplazarme por el margen, yo (ahora por mi cuenta) llego a la esquina del cuadrángulo e intento encontrar una salida —por encima de las azoteas y los muros—, mientras me alineo con el nivel superior del margen. No hay salida.

Pienso: "Maldita sea, tendré que recorrer todo el camino de regreso", lo que implica volver a Brookline.

Empero, al dar vuelta en el patio cuadrangular, descubro una senda —que es de hecho un elaborado paseo— que conduce hasta afuera del patio.

Me maravillo ante la laboriosidad y la meticulosidad de los edificios y espacios abiertos de Harvard. El conjunto conforma un exquisito paseo de granito tallado y no de concreto colado.

Mientras rodeo la esquina del paseo, veo a un obrero y a un supervisor que revisa el trabajo. Ambos llevan capuchas de plástico blanco que les cubren la cabeza y los hombros. Supongo que la OSHA exige el uso de tales capuchas para proteger a los trabajadores de las emanaciones industriales tóxicas. El cemento que hay entre las piedras aún está fresco.

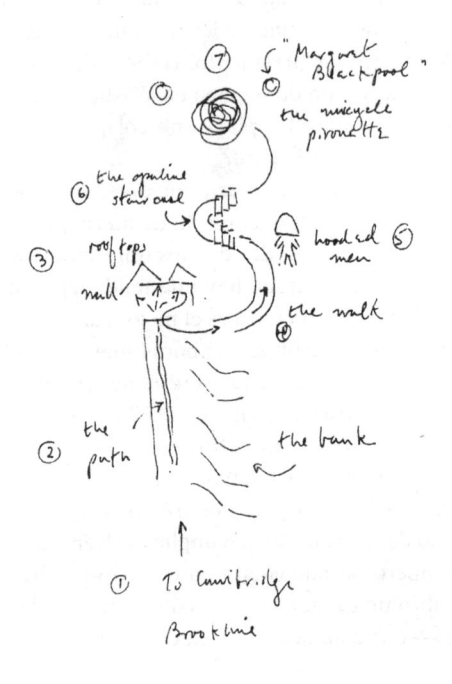

Sigo avanzando y llego hasta la parte superior de una escalera opalina. Cada losa está hecha de *aqua lucite* transparente con vetas blancas visibles en tercera dimensión, como mármol pero de color claro. Vuelvo a maravillarme ante la atención que han puesto a los detalles en Harvard, pero esta vez también oigo a un estudiante leer la descripción de un curso: "Lo mejor de Arte Bizantino 120 es el enfoque arquitectónico que le confiere una escalera opalina instalada ex profeso...", y así por el estilo.

Pienso: "¡A qué extremos llegan con tal de complacer a los estudiantes!"

Pero también me pregunto cómo remontar en bicicleta las escaleras, que forman una S. Se me ocurren dos soluciones: *1)* Cada escalón es una larga rampa diagonal hacia abajo con un tope en un extremo, y *2)* La bicicleta se transforma en monociclo.

Como resultado, permito que la gravedad me conduzca hacia abajo y, gracias a mi suave modo de frenar, ayudado por los topes, desciendo con facilidad.

En la zona plana de abajo, encuentro a dos mujeres que también montan monociclos. Me parece que tal vez sean trabajadoras sociales. Una pregunta: "¿Conoce a Margaret Blackpool?" Le respondo: "Por supuesto", convencido de haber oído el nombre, bastante seguro de que es una trabajadora social, pero incapaz de recordar su aspecto.

Entonces descubro que al pedalear rápidamente hacia atrás, puedo ejecutar una espectacular serie de trayectorias curvas o culebreos. Mis acompañantes me miran con admiración, y exclaman: "Es muy hábil para hacer eso".

Me niego a aceptarlo y comento: "Nunca antes lo había hecho".

Tuve este sueño una noche de martes, pero su recuerdo fue tan intenso que pude elaborar el relato anterior al jueves siguiente, dos días después. Para evocar el recuerdo de este sueño, me quedo tendido en la cama después de despertar, lo que ocurrió entre las seis y las siete de la mañana. En ese momento repasé los detalles del sueño en mi mente despierta.

Como muchos de los sueños que recuerdo se generaron en horas de la mañana, es importante darse cuenta de que no se pueden considerar como típicos de todos mis sueños. ¿Prevalecerían las mismas animación, extravagancia y emociones en sueños tenidos en anteriores horas de la noche? Es probable que no. De hecho, un trabajo reciente de Roar Fosse sugiere que el poder alucinatorio de los sueños aumenta a lo largo de la noche, en tanto que el pensamiento se reduce temprano en la noche y después se mantiene bajo. Así, los sueños muy alucinantes son más típicos de la mentalización del estado MOR de las primeras horas de la mañana.

Todos los sueños de los capítulos precedentes fueron recordados después de despertares espontáneos. ¿Habrían sido tan vívidos y animados si los despertares hubieran sido instrumentales? No hay modo de saberlo. La pregunta anterior merece una respuesta que sólo podrán proporcionar nuevas investigaciones. El hallazgo de Fosse en cuanto a que el perfil emocional de relatos de sueños evocados de modo instrumental contiene mucha más emoción positiva sugiere que estamos en vías de toparnos con una sorpresa. Parece probable que las emociones negativas de ciertos sueños con angustia e ira nos hagan en realidad despertar. De modo que nuestra propia experiencia nos predispone a pensar que la emoción onírica es primordialmente negativa.

Sostener una conversación telefónica constituye un sueño desacostumbrado para mí. Montar en bicicleta y otras formas de movimiento autoimpulsado son mucho más comunes. No identifico al "colega" que telefoneó, lo cual es extraño sobre todo porque la sugerencia de visitar un museo en vez de viajar a Washington indica que se trata de una persona que conozco bien. De hecho, no me viene a la cabeza ningún compañero de profesión que pudiera hacer semejante sugerencia. Aun así, dos personas de aquel momento de mi vida pudieron haberse fusionado en esta situación para invitarme juntas a un museo de arte: Frank Sulloway y Margaret Warner, historiadores de la ciencia ambos. Durante la vigilia hubiera mostrado más enojo contra cualquiera que quisiera cambiar mis planes de viaje con tan poca antelación como lo hizo la persona no identificada que me llamó.

¡Allá vamos en el sueño del paseo en bicicleta! El movimiento en bicicleta persiste hasta el fin del sueño con una sola variante: el momento en que mi bicicleta se transforma en monociclo cuando me encuentro a Margaret Blackpool en la última escena. Para visualizar esta sorprendente trayectoria onírica, consúltese el dibujo, donde se muestra la ruta y se enumeran los hechos que surgen en la trama del sueño.

El paseo en bicicleta pasa de ser fácil y placentero

(aunque un poco peligroso [a lo largo del margen]) (1 y 2) a imposible [quedar atrapado detrás de los edificios] (3) a una liberación mágica por el paseo de granito (4) a la inverosímil o imposible escalera opalina (6) y por último hasta la zona plana de los monociclos (7). Esta secuencia de movimientos, con todas sus discontinuidades e incongruencias, es típica de sueños que tengo relacionados, como éste, con pastiches arquitectónicos imposibles o improbables. Si me dirigiera en bicicleta a Cambridge, como lo he hecho muchas veces en la vigilia, todo sería muy distinto. De modo que mi cerebro debe estar sometido a un desafío continuo para crear las imágenes visuales y las cogniciones asociadas que es necesario integrar con mi permanente sensación de movimiento y mi intenso concepto de un destino. En otras palabras, no se trata de una reproducción de una experiencia de la vigilia. Es más bien una situación novedosa generada por mi cerebro soñador. ¿De dónde surge?

Cuando trabajaba con Helene Porter, por entonces una colega que hacía su posdoctorado en mi laboratorio, me propuse caracterizar el movimiento de los sueños con la misma convicción con que había abordado su extravagancia. Bob McCarley había apreciado anteriormente que todas las oraciones de cada relato onírico del sueño MOR incluían un verbo de movimiento. Ello significaba que la conciencia onírica mantenía una animación muy poderosa y persistente. Y así es, ¿verdad? En los sueños siempre estamos en movimiento. Este hecho obvio es engañosamente sencillo, y nadie lo había investigado antes. Los freudianos y los ex freudianos estaban demasiado ocupados interpretando el contenido onírico (ya fuera como un derivado de los impulsos inconscientes o como manifestación de la actividad de la vigilia) para apreciar este rasgo sorprendentemente marcado y constante de los sueños.

Muchos de nosotros, incluidos los sujetos experimentales de laboratorio, tendemos a ser sedentarios en nuestras vidas despiertas. Uno de nuestros sujetos, el relator de sueños conocido como el Hombre Máquina por su fascinación por las locomotoras, era en realidad un entomólogo profesional del Instituto Smithsoniano. Aun cuando permanecía sentado todo el día a su escritorio en una oficina, nunca soñó al respecto. Y yo, que permanecía en mi consultorio atendiendo pacientes cuando no estaba escudriñando células nerviosas, tampoco soñé nunca con esa parte de mi vida. Lo anterior da al traste con la teoría de que los sueños reflejen la experiencia de la vigilia. Más bien simulan los movimientos que se hacen en ésta, y *no* imitan los periodos de inactividad que son, por mucho, los más comunes. Nunca sueño con sentarme a una mesa, escribir o ponerme a contemplar la inmensidad. En otros escritos y en este mismo capítulo analizo la obvia implicación de este hecho para la teoría de los sueños. Sobre todo en el sueño MOR, pero también, hasta un grado significativo, en el sueño no MOR, el cerebro ha de tener activados sus programas motores.

Los experimentos efectuados para registrar células individuales, promovidos en principio por Edward Evarts, mi mentor en el National Institute of Mental Health, han mostrado que las neuronas de la corteza motora que son esenciales para los movimientos intencionales descargan en grupos durante los MOR. También lo hacen las células cerebrales de otras regiones que apoyan el movimiento, incluidos muchos núcleos subcorticales del cerebro anterior, el cerebelo más caudal y los elementos del reflejo vestíbulo-ocular de Lorente de Nò, las células gigantes del puente, las células del núcleo vestibular y las neuronas del tallo cerebral que ejecutan directamente los MOR.

El cerebro fue construido para moverse y ver. El impulso de moverse y ver, no los deseos inconscientes, es lo que constituye el verdadero contenido latente de los sueños. La memoria procesal estrecha la unión de la experiencia con el movimiento. Es probable que todavía sepa yo montar en bicicleta aun cuando mi deficiente equilibrio y debilidad motora puedan volver peligroso el intento. ¿Cómo lo "recuerdo"? ¡Porque lo practico en sueños! Lo anterior quiere decir que mi cerebro soñador activa, desconectado, sus programas motores en la seguridad de mi cama.

En mi sueño sobre Caravaggio, en bicicleta puedo remontar crestas y descender escaleras, y no me sorprende que mi bicicleta se transforme en monociclo. Si se quiere, llámesele satisfacción de un deseo, pero este deseo es enteramente consciente y placentero. El Hombre Máquina pudo haber sido sedentario en su lugar de trabajo, pero le encantaban los deportes y describió y dibujó muchas de sus extravagantes trayectorias oníricas. Así, jugaba al golf y al tenis, y corría y caminaba, daba una vuelta tras otra en su automóvil, viajaba en un tapete volador y observaba objetos voladores en sus sueños. Cuando yo mismo me sometía a los experimentos de lucidez onírica, también volaba por los aires, y tarde o temprano lograba una flotación ingrávida y sin esfuerzo que era de lo más placentera. No es raro soñar con volar, y todos esos sueños se originan por el mismo motivo: nuestros cerebros-mentes fueron diseñados para concebir incluso movimientos físicamente imposibles.

La mágica transformación arquitectónica de mi sueño con Caravaggio es impresionante: los edificios universitarios georgianos ceden su lugar a azoteas y muros, a un paseo de granito y, por último, a una escalera opalina. Mi racionalización del improbable vuelco de los acontecimientos —que Harvard haría cualquier cosa por sus alumnos— es una explicación *ad hoc* típica de los sueños. Harvard *sí* es bueno para idear y conservar su arquitectura, pero los elaborados detalles de la obra son demasiado exagerados para que los acepte incluso mi cerebro-mente soñador. Atribuyo a un estudiante que pasaba la maravillosa descripción del curso Arte Bizantino 120, el cual queda ilustrado por la escalera opalina. ¿Necesito decir que mi mente despierta sabe que no hay un solo rasgo arquitectónico de Harvard que se haya creado para ilustrar el material de un curso?

Cuando estuvimos dedicados a recopilar relatos de sueños durante los cinco años que pasamos buscando la esencia de lo extravagante de los sueños, prestábamos atención no sólo a las características de la trama onírica, sino también a los pensamientos que parecían inspirar en el soñador la discontinuidad y la incongruencia de cada trama. Llamamos explicación *ad hoc* a la categoría que con más frecuencia era satisfecha por el deficiente pensamiento onírico para indicar que había sido necesario cierto grado de pensamiento cuando el cerebro soñador percibía la extravagancia. Las más de las veces, estas explicaciones *ad hoc* eran tan ilógicas como los hechos perceptivos que se supone explicaran. Entonces sugerimos que el cerebro soñador desperdiciaba una buena inversión cognitiva a cambio de una mala. El poeta y dramaturgo inglés John Dryden planteó lo anterior de esta ingeniosa manera en 1700, año de su muerte:

Soñar es interludio que hace la fantasía.
Cuando duerme la monarca Razón, esta mima despierta,
Compone un popurrí de cosas dispersas.
Una multitud de peones y una corte de reyes.

Nuestras mentes soñadoras remedan la costumbre de la mente despierta de explicarse por qué las cosas son como son. Las explicaciones son tan extravagantes como los hechos del mundo onírico. El punto es que el cerebro posee una organización intrínseca que lo guía, experimenta movimientos y encuentra explicaciones para ellos.

Mi sueño de Caravaggio ejemplifica el fenómeno de la explicación *ad hoc*. En el laboratorio, en un principio incluimos estos fenómenos mentales en la categoría de la extravagancia onírica. Aunque ahora separaríamos lo conceptual de lo perceptivo, aún seguiríamos aceptando que se entrelazan y que ambos comparten el mismo defecto: la pérdida de funciones ejecutivas a causa de la desactivación o subactivación de los lóbulos frontales al dormir.

En el sueño con Caravaggio trato de explicar la

asombrosa arquitectura que contemplo: el muro de granito (cosa posible y, en Harvard, incluso probable) y la escalera opalina con sus contraescalones de *aqua lucite* (detalle claramente imposible, incluso en Harvard) en su conexión con un curso llamado Arte Bizantino 120 (como si tal cosa explicara algo). ¡Ni siquiera los bizantinos llegaron a tener escalones de *aqua lucite*! Con todo, esta explicación parece satisfacer la necesidad de una explicación que tiene mi cerebro soñador. A ello me refiero por *"ad hoc"*.

Tras salir en busca de mi colega en la exposición de Caravaggio en el Museo Fogg y habiendo subido la truculenta escalera onírica, me topo con dos mujeres que son "probablemente trabajadoras sociales". ¿Por qué trabajadoras sociales? ¿Y por qué montan monociclos estas trabajadoras? ¡No tengo la menor idea! ¡Mi mente soñadora no las conocía entonces más que mi mente despierta ahora! Y en verdad que no tengo idea de quién es Margaret Blackpool, aun cuando diga: "Claro que la conozco". Dado que se dirigen a mí como si fuera colega suyo, correspondo con una mentira condescendiente. Esto no es más que una simple y llana confabulación.

La imposibilidad de identificar con certeza a los personajes de los sueños es uno de los aspectos formales clave subyacentes en la extravagancia onírica. El no poder identificar a los personajes, aceptar pruebas inadecuadas por su presencia, su función o su identidad, es resultado del desajuste de los mecanismos ejecutivos corticales. Ni siquiera parezco darme cuenta de que no he llegado, de hecho, a mi destino, que era la exposición de Caravaggio en el Fogg. Tampoco he encontrado a mi colega, que era un "él", no dos "ellas".

En el sueño de la langosta del capítulo anterior, reconocí a mis colegas Ralph Lydic y Barry Peterson. En cambio, en éste no tengo idea de con quién voy a encontrarme en Cambridge, ninguna idea de quién canceló nuestro viaje a Washington y tampoco idea alguna sobre quiénes eran las dos trabajadoras sociales. La desorientación en sueños puede ser personal además de temporal, espacial y funcional.

Nótese que incluso sucumbo a la presión social onírica porque, cuando se me preguntó: "¿Conoce a Margaret Blackpool?", respondí: "Por supuesto". Aun cuando no es más que una descarada mentira, en el sueño resulta sincera. Y actúa en mi favor.

La confabulación resulta útil a un paciente que sufra de la psicosis de Korsakov y que haya borrado su sistema de memoria por beber en exceso. Tales pacientes presentan a menudo un encanto locuaz, ajenos al hecho de que gran parte de su discurso es tan inventado como el de nuestros sueños. Especulamos que la confabulación onírica podría resultar de la capacidad intrínseca del cerebro-mente para crear una narración coherente incluso cuando faltan enormes fragmentos de datos relativos a la orientación. Al igual que en la psicosis de Korsakov, durante el estado MOR el cerebro normal ha alterado las capacidades de su memoria. Entre las causas potenciales de amnesia-confabulación onírica se cuenta la bien reconocida desconexión del hipocampo —que es esencial para construir la memoria narrativa— de la corteza, donde se almacenan los elementos para construirla.

En los sueños abundan las funciones o disfunciones mentales de la alucinación, la desorientación, la pérdida de la memoria y la confabulación. Estas cuatro características de los estados mentales conforman el síndrome mental orgánico. Un síndrome es un conjunto de síntomas que, cuando se aprecian reunidos en un paciente, indican una causa probable al clínico que lo examina. De este modo el síndrome de pérdida de la memoria reciente, la desorientación, la confabulación y la alucinación visual sugieren al médico que su paciente es un alcohólico o drogadicto con una enfermedad orgánica de las regiones cerebrales necesarias para desempeñar las funciones mentales normales. En el sueño MOR, estos mismos sistemas cerebrales se vuelven disfuncionales. Esta disfunción temporal se revierte al despertar, lo que indica que depende del estado. Cuando se aprecia en pacientes notoriamente confusos, el síndrome constituye un *delirium*. Cuando se manifiesta en pacientes crónicos, revela una demencia. Tanto en sus manifestaciones agudas como crónicas, el cerebro está debilitado por los efectos tóxicos de una droga, que por lo común es el alcohol. El alcohol suprime activamente los MOR, y el *delirium tremens* (que algunos pacientes llaman temblores) que sigue a la abstención se asocia con un colosal rebote de los MOR. Respecto de este estado en verdad se puede decir: dejen despierto el soñador y verán una psicosis.

Es irónico que la anterior frase del soñar como psicosis se atribuya al psicoanalista Carl Jung. En su trabajo inicial con Eugène Bleuler, jefe suyo en la Clínica Burghölzli de Zurich, Jung mostraba la cuidadosa curiosidad de un clínico-científico. Pero una vez que se pasó al bando de Sigmund Freud, el gran conquistador vienés, pareció olvidarse del valor de la observación sistemática. Que nadie más notará la semejanza entre la actividad onírica y el síndrome mental orgánico habla de la férula del psicoanálisis sobre la psiquiatría durante casi un siglo.

La base fisiológica del *delirium* de los sueños radica en que ciertas regiones del lóbulo frontal quedan inactivas a medida que el cerebro cierra su propio suministro de las sustancias químicas que usa en la vigilia para asegurar la normalidad de los procesos mentales. Es probable que estas dos causas en apariencia separadas sean una. No obstante, la base fisiológica del *delirium* en el síndrome mental orgánico agudo es la misma: un intenso rebote del sueño MOR después de una supresión prolongada. Suponemos que la fuerza de la fisiología del MOR, realzada ahora por los efectos de una supresión prolongada, es lo que rompe la barrera hacia la vigilia y origina los síntomas. Se trata de una disociación dinámica y desastrosa. En el síndrome orgánico cerebral crónico, el daño a las estructuras del mesencéfalo y el tálamo es permanente e irreversible. Sostengo la hipótesis de que el cerebro de tal paciente no es capaz ya de mantener procesos mentales normales en la vigilia porque se encuentra en un estado híbrido: muchas de las características del estado MOR están mezcladas con las de la vigilia.

Al analizar mi sueño de Caravaggio, me doy cuenta de que estoy en conflicto entre dos propuestas. Aunque en cada caso el proponente permanece sin identificar, al margen de mi diario anoté que al día siguiente almorcé con Frank Sulloway en el restaurante Harvest de Cambridge. Es probable que lo haya mezclado con la exposición, aunque no sé siquiera si hubo tal exposición. Lo que sí recuerdo es que el pintor modernista Frank Stella había dedicado sus Conferencias Norton a Caravaggio, y yo quería asistir porque había oído un poco sobre el pintor pero entonces no tenía idea de su popularidad. Este sueño se relaciona con mi viejo intento de comprender la cultura italiana.

Durante este periodo empezaba yo a tratar a Sulloway porque ambos teníamos similares ideas críticas respecto de Freud. Lo bueno de nuestra amistad colegial era que teníamos estilos, técnicas y conocimientos tan diferentes que podíamos aprender uno del otro al tiempo que compartíamos un profundo interés por el mismo tema: la ciencia de la mente. Por la misma época de este sueño, yo estaba escribiendo *The Dreaming Brain** y Frank acababa de publicar *Freud, Biologist of the Mind*.

Aunque Sulloway no pudo ser quien me invitó a Washington, sí pudo haber sido Margaret Warner, su joven colega historiadora de la ciencia. Margaret era una estudiante de medicina que recluté para trabajar en el laboratorio para los Seminarios William James. Durante el tiempo de nuestra colaboración, visitamos juntos Washington una vez y la pasamos espléndidamente. La trabajadora social *Margaret* Blackpool de la escena del monociclo da credibilidad a mi hipótesis del fin de semana en Washington, pero no creo que

* *El cerebro soñador*, Fondo de Cultura Económica, México, 1994 (trad. de Isabel Vericat; revisión técnica de Héctor Pérez-Rincón).

Margaret Blackpool, el personaje del sueño, fuera un remplazo disfrazado de la otra M.

Un análisis formal como el que he ofrecido aquí tampoco sirve para identificar el almuerzo en Cambridge, ni a las colaboradoras del fin de semana en Washington. No hace falta explicar sus identidades confusas u oscuras. A fin de cuentas, yo *sí sabía* quiénes eran tales personas, y sabía que mis relaciones con ellas era apasionadas, importantes y problemáticas de muchas maneras. En otras palabras, no necesitaba que un sueño borroso me ayudara a eludir el reconocimiento de los conflictos asociados con estas personas. En el sueño, si bien cumplen una función, ésta es relativamente débil en comparación con mi sensación de movimiento y mis sentimientos de miedo, admiración y fascinación durante las escenas alucinatorias de mi paseo en bicicleta. Especular sobre las razones posibles para identificar mal o no identificar a los personajes podría tener el lamentable efecto de oscurecer un aspecto importante: en general, en los sueños no conseguimos acceder a la memoria episódica. En alguna parte de mi cerebro soñador, todos los abundantes datos sobre Frank Sulloway y Margaret Warner permanecen intactos pero inaccesibles para mi conciencia onírica. Tan pronto desperté, no tuve problema alguno para recordar tales datos. De modo que algo que ocurre durante el sueño MOR podría inhabilitar la recuperación de recuerdos.

Tras estudiar intensivamente la extravagancia de los sueños, dirigimos nuestra atención hacia la emoción onírica. En un principio, pensamos que podríamos atraparla en nuestra red de la extravagancia pero, como lo he subrayado, la emoción onírica fue siempre congruente con las tramas de los sueños aun cuando en éstas abundaban la incongruencia y la discontinuidad. Si un sueño está cargado de angustia, la trama refleja de diversas maneras esta sensación. Lo anterior se aprecia en la escena inicial del sueño de la langosta cuando mi confusión respecto de la orientación se asocia con lo que he llamado frustración. Si un sueño es estático, como lo ilustran la segunda parte del sueño de la langosta y la mayor parte del sueño de Caravaggio, la trama refleja consistentemente ese efecto incluso cuando salta de un elemento a otro y de un lugar a otro.

Nos sorprendimos al descubrir que la gama de la emoción onírica se desplazaba radicalmente hacia lo que designamos el lado caliente. Así, ya fuera que los relatos oníricos se hubieran obtenido tras despertares espontáneos o instrumentales, había tres emociones prevalecientes:

—Alegría/Exaltación
—Miedo/Angustia
—Ira

En esta gama de emociones no hubo diferencia notoria entre hombres y mujeres, y ambos sexos presentaron sorprendentemente pocas emociones más moderadas, como tristeza, vergüenza y culpa. La manifestación directa de sentimientos eróticos fue también sorprendentemente baja.

En el sueño de Caravaggio, me siento exaltado, disfrutando del paseo y de mi dominio de la bicicleta aun cuando parece dudoso que pueda continuar. Aunque la ansiedad se cuela de vez en cuando, queda anulada por una acción bien lograda. También hay ira (o al menos irritación), pero ocupa un lugar secundario ante el placer del movimiento.

Ahora que sabemos que las regiones límbicas del cerebro temporal y frontal se activan de modo selectivo durante el sueño MOR, esperamos que haya estudios más detallados que intenten asociar emociones específicas con áreas particulares de este enorme y complejo sistema cerebral. Para contribuir a que esto ocurra, vamos más allá de las PET a las fMRI [imágenes por resonancia magnética funcional] porque esta última técnica nos permitirá crear imágenes en línea, en tiempo real, mientras los sujetos sueñan, o cumplen cualesquiera otras actividades, en el escáner.

Es importante volver a hacer resaltar las significativas ventajas que tienen las MRI sobre las PET y explicar por qué ha sido difícil usar las primeras en estudios del sueño. Con las imágenes de la PET, el investigador puede echar un vistazo, y sólo uno, al patrón de activación regional del cerebro en cada estudio. Además, el sujeto se debe exponer a un isótopo radiactivo para producir esa imagen única. Ello significa que todos los maravillosos estudios del sueño por medio de las PET son nada más "instantáneas", no películas y ni siquiera fotografías con intervalo de tiempo.

Si bien tanto las PET como las MRI presentan grados limitados de resolución espacial, la resolución espacial de las segundas supera por mucho la de las primeras. Con las MRI se puede reunir una sucesión continua de imágenes durante toda una noche de sueño. Esto permite efectuar comparaciones de un segundo a otro de la activación. Eso es el lado positivo. Lo malo es que las MRI dependen de la frecuente inducción de cambios de los campos magnéticos. Para lograr tales cambios, el magneto produce ruidos metálicos, y el ruido resulta tan perturbador para el sueño como los campos son perturbadores para los registros electrográficos usados para objetivar los estados cerebrales.

El sueño de Caravaggio revela mi apreciación de la arquitectura. Me encantan las formas elaboradas y hermosas en los edificios, sobre todo cuando se combinan bien con el paisaje, como ocurre en este sueño. También disfruto de mis propios esfuerzos de aficionado con el diseño arquitectónico. Sobra decir que los experimentos de mi granja de Vermont y mi casa de Brookline son mucho más modestos que estas imágenes oníricas. Aun así, como lo expresó Browning: "La aspiración de un hombre debe rebasar sus límites, pues si no ¿para qué está el cielo?"

Tal vez no sea coincidencia que el mismo día en que tuve este sueño, un albañil de Vermont llamado Karl Armstrong estuviera construyendo un patio ante el porche de mi cocina en Vermont. Para enmarcar el patio iba a usar unas soleras de granito que yo le había tomado a Steve Cahill, mi vecino. El marco de soleras de granito se rellenaría y nivelaría con grava y por último se cubriría con unas piedras planas que mis hijos y yo habíamos traído del lecho de un arroyo en las afueras de Burke Hollow. Me preocupaba si Karl podría seguir mis indicaciones y si usaría mortero.

Empero, el sueño no gira ostensiblemente en torno a Vermont. Bien visto, no parece tener relación con

Vermont. A menudo, los trabajadores de Vermont prestan poca atención a los riesgos laborales. *Nunca* usarían ropa protectora ni cascos de plástico. Marshall Newland, un granjero vecino mío, respiró polvo de heno de cuatro a seis horas diarias y sufrió asma toda la vida antes de morir de insuficiencia pulmonar. Su cuñado Wesley Ward se resbaló al pisar la pintura fresca que acababa de poner en el techo de mi granero y se deslizó hasta la orilla antes de lograr detenerse poco antes de una caída de seis metros de altura. Más tarde, yendo a traer un poco de pintura de otro granero, cayó a través del piso, se fracturó la columna dorsal y no pudo trabajar durante seis meses. Cuando su esposa llegó a contarme todo lo ocurrido, me suplicó encarecidamente que disculpara el incidente y me prometió que él terminaría el trabajo ¡tan pronto se restableciera! "Fue sólo una de esas cosas que a veces pasan", me dijo. ¿No hubo una demanda, ni una compensación por incapacidad ni un casco protector y ni siquiera una cuerda para evitar que Wesley resbalara por el techo? No puedo dejar de pensar que esos individuos que aparecieron en mi sueño tienen algo que ver con los riesgos laborales de Vermont.

En el sueño de Caravaggio, atribuí los espléndidos edificios, escalera y paseos a Harvard. Si bien admiro la arquitectura de Harvard —en especial por su buen mantenimiento—, ¡las creaciones del sueño son mías! No puedo comprender ese hecho porque estoy absorto en su intensidad alucinatoria. He perdido la conciencia autorreflexiva. En este caso, otra vez vale decir "¡ver para creer!"

Se dice que Leonardo da Vinci preguntó: "¿Por qué

el ojo aprecia tal cosa con más claridad en sueños que despierto?" La respuesta del neurocientífico es que el cerebro visual, que es a lo que Leonardo llama ojo, se activa con más intensidad durante el sueño que en la vigilia, y toda esta activación es interna, porque de la retina no emana ninguna información que se derive de la luz. Los datos de la investigación básica del sueño, que muestran enérgicas ráfagas de descargas neuronales en los centros de control del movimiento ocular del tallo cerebral y en los centros de procesamiento visual del cerebro anterior, junto con los datos de las imágenes por escáner de las PET del cerebro humano durante el estado MOR, conforman la base de pruebas de esta afirmación.

Aun así, los datos farmacológicos valen por cuenta propia para dar testimonio de la simulación notablemente convincente que hace el cerebro de la realidad visual a falta de todo estímulo visual del mundo exterior. De este modo, la pregunta de Leonardo, formulada en el siglo XV, presagia varias implicaciones importantes de la moderna investigación del sueño.

Una de ellas es el hecho de que toda la visión depende de formas internas y externas. Ello significa que, en parte, el propio cerebro configura la forma de la visión. Un segundo aspecto es que, cuando se activa lo necesario y se modula adecuadamente, el cerebro puede ver bastante bien por sí solo. En tercer lugar, comprender lo anterior es de interés no sólo para la teoría de los sueños sino para nuestra forma de pensar respecto de todos los procesos visuales internos.

Consideremos nuestra capacidad de visualizar cuando tenemos abiertos los ojos y estamos despiertos. Veo el volcán de la isla de Strómboli escupiendo torrentes de ardiente lava roja, incluso mientras contemplo el apacible mar azul que se extiende frente a mí mientras escribo. La imaginería mental bien puede depender de nuestra capacidad de activar, a voluntad, los centros visuales de nuestros cerebros.

Algunos de nosotros podemos ver objetos por entero integrados en sus escenas visuales, con una claridad convincente. En el caso de individuos susceptibles de ser hipnotizados con facilidad, esta capacidad se denomina alucinosis visual. Semejante capacidad raya en lo patológico aun cuando se encuentra en un extremo de lo normal. Menciono esto porque incluso a los "normales" como yo se les puede inducir a alucinar visualmente si se les priva de dormir. Cuando yo efectuaba registros del sueño que duraban toda la noche en el National Institute of Mental Health a principios de la década de 1960, recibía con regularidad a visitantes completamente alucinatorios que llegaban a la puerta de mi laboratorio entre cuatro y seis de la mañana.

Al discutir lo anterior, nos encontramos en el territorio bien definido por William James, cuya obra maestra de 1912, *Varieties of Religious Experience,* se anticipó a buena parte de lo que hemos descubierto desde entonces. Es difícil discernir la tenue línea que hay entre la capacidad normal y la patológica para alucinar visualmente, pero es ya claro que abstenerse súbitamente de ingerir dosis elevadas de fármacos supresores del MOR, como el alcohol y las anfetaminas, puede desatar una tormenta de imágenes formadas visualmente, todas las cuales se insertan en la escena visual de la vigilia. Como se mencionó, aunque es común en la psicosis orgánica, la alucinosis visual es más bien insólita en enfermedades "funcionales" como la esquizofrenia y las psicosis afectivas, en que predominan las alucinaciones auditivas.

Cuando era yo un aprendiz de psiquiatra sin experiencia, pensaba que, hablándoles, podía sacar a mis pacientes esquizofrénicos de sus alucinaciones. Pero pronto descubrí que no era más fácil imponerles esto que darme cuenta de que yo mismo soñaba al dormir. Pese a breves y fugaces episodios de lucidez durante mi temprana vida experimental, constantemente me engaño, en mi sueños, creyendo que estoy despierto.

Mi amor a las bicicletas y la arquitectura son los principales bloques de construcción de este sueño acerca de mi vida en Harvard, donde mi gusto por la vida académica había aumentado hacía poco. Aproveché mi investigación y mis intereses educativos para establecer relaciones, y mi presencia física en Harvard para estimular y fortalecer al arquitecto que llevo dentro. En el sueño, todos estos temas se revelan, junto con mis sentimientos hacia ellos: hay frustración (acerca de elecciones y direcciones), deleite (por el movimiento), angustia (por el logro), admiración (a los paisajes y edificios) e incluso un cómico exhibicionismo. Todo lo que ocurre en nuestros sueños se inspira en experiencias que hemos tenido en nuestras vidas despiertas y en personas con que nos encontramos en ellas. Las emociones que se enlazan con esas identidades se revelan entre sueños, sobre todas las emociones intensas. No obstante, los sueños son creaciones *de novo* del cerebro soñador.

"Caravaggio Dream", *JAH Journal*, vol. 23, 27 de junio de 1985.

Dream Journal de L. L. Buchanan, verano de 1939 (manuscrito original). Ejemplares disponibles por solicitud.

Dryden, John, *The Fables of John Dryden*, Londres, impreso por T. Bensley para J. Edwards y E. Harding, c. 1797.

Edelman, R., "The Clinician's Guide to the Theory and Practice on NMR Scanning", *Discussions in Neurosciences*, 1984, 1(1): 48.

Evarts, E. V., "Activity of neurons in visual cortex of the cat during sleep with low voltage fast EEG activity", *Journal of Neurophysiology*, 1962, 25: 812-816.

Fosse, R., R. Stickgold y J. A. Hobson (2001), "Brain-mind states: Reciprocal variation in thoughts and hallucinations", *Psychological Science*, 12, 30-36.

——————, R. Stickgold y cols. (2002), "Emotional experience during rapid eye movement sleep in narcolepsy", *Sleep*, 25: 724-732.

James, William, *The varieties of religious experience; a study in human nature; being the Gifford lectures on natural religion delivered at Edinburgh in 1901-1902, by William James*, Nueva York, Longmans, Green, 1902.

Jung, C. G., *Memories, Dreams, Reflections*, Nueva York, Pantheon Books, 1963.

Mazziota, J. C., "PET Scanning: Principles and Applications", *Discussions in Neurosciences*, 1985, 2(1): 47.

Merrit, J. M., R. A. Stickgold, E. F. Pace-Schott, J. Williams y J. A. Hobson (1994), "Emotion profiles in the dreams of young adult men and women", *Consciousness and Cognition*, 3: 46-60.

Porte, H., y J. A. Hobson (1996), "Physical motion in dreams: One measure of three theories", *Journal of Abnormal Psychology*, 105: 329-335.

Sulloway, F. J., *Freud, Biologist of the Mind: Beyond the Psychoanalytic Legend*, Nueva York, Basic Books, 1979.

V. IDILIO ITALIANO
El juego de las escondidas con la dopamina

Conozco y establezco un contacto de carácter sexual con una hermosa italiana llamada Francesca Vivaldi. Tenemos una cita en que no decimos palabra, pero en que todo se sobreentiende en su habitación de hotel (¿o es el camarote de un barco?).

La decoración del pasillo es de lo más moderna (como en la Italia de Milán) y cuando doblo una esquina noto que la pared es una sola pieza de plástico blanco colado, como hoy es común en las instalaciones de baño de una sola pieza. De hecho, la puerta de una de las habitaciones da a una regadera, y allí veo a un muchacho desnudo que se apresura a entrar para evitar la vergüenza. Siento alivio, pues yo también estoy en una búsqueda furtiva. Parece que toda la familia de Francesca anda por esta parte de lo que sea que es este lugar. Se me ocurre que podría pedir indicaciones para dar con su habitación (pues no tengo el número), pero hacerlo podría revelar mi objetivo.

Doy vuelta al final de otro pasillo y así llego a un salón abierto en que veo a mi madre, sus hermanas y otras mujeres poniéndose ropa interior muy elaborada (sostenes con corsés, fajas, pantimedias); parecen bastante pálidas, suaves y surrealistas. Se ríen al verse desvestidas pero, al mismo tiempo, lo hacen despreocupadamente, como si estuvieran alistándose para una importante celebración familiar, como una boda.

Mi padre, vestido de pies a cabeza, sirve ponche de leche y me ofrece un vaso grande. "Como siempre, en su papel de anfitrión organizador", pienso para mis adentros, y lo halago: "¡Este ponche de leche es delicioso!" Dice, o lo da a entender con el pensamiento: "Sí, lo preparó George". Y, en efecto, mi primo George está allí, de pie. Me piden que los ayude a volver a llenar la ponchera de cristal cortado, llevándola hasta la cocina. Es excesivamente pesada y, en broma, finjo esforzarme para levantarla, y pienso: "Él cree que voy a tirarla".

Estaba yo durmiendo en casa, en Brookline, con Joan, mi primera esposa, y tuve un vívido recuerdo del episodio anterior. Como es típico cuando despierto temprano, también estaba seguro de que el episodio recordado ocurrió al menos después de otros 10 minutos en que soñé algo que no podía recordar. El hecho de que tuviera una erección indica que la activación cerebral de sueño MOR impulsó este sueño, pues las erecciones en los hombres y los abultamientos del clítoris en las mujeres son rasgos constantes de la fisiología del sueño MOR, ya sea que el sueño asociado tenga o no un contenido sexual. De acuerdo con esta suposición, el contenido recordado resulta extravagante por sus detalles, implica un cambio de escena a la mitad de su desarrollo, y se caracteriza por una intensa emoción que lo unifica todo el tiempo. En la primera escena, estoy buscando a alguien y lleno de lujuria; en la segunda, aparezco divertido y cariñoso con mis padres.

Al despertar, le conté este sueño a Joan, con quien entonces esperaba tener una verdadera reconciliación y un matrimonio genuinamente abierto. Ella me preguntó si yo estaba teniendo una aventura amorosa en Italia, comentario que reveló su intranquilidad ante esa posibilidad. Si yo no fuera científico, podría pensar incluso que este sueño fue profético. Si bien es cierto que, aun cuando todavía no había tenido una aventura amorosa en Italia, sí estaba intentando tenerla. Más importante aún es el hecho de que, tras el rompimiento de mi matrimonio a fines de 1992, en Italia conocí a Lía Silvestri, la mujer que luego sería mi segunda esposa.

Mi sueño lleno de plástico blanco es típicamente vívido, sobre todo en los terrenos emocional y visuomotor. Con la excepción de "Francesca Vivaldi" (objeto de mi búsqueda, que no aparece), puedo distinguir claramente a todos los demás personajes del sueño y observo con interés los detalles de su forma de vestirse (o desvestirse). La persistencia de una suavidad y una blancura a lo largo de las tres escenas (la pared, el baño de una sola pieza de la primera escena, las elaboradas prendas de ropa interior en la segunda y el ponche de leche en la tercera) es poco común e indica una regla de asociación formal —el color—, que también unifica el contenido.

El punto principal de esta parte de la discusión es reconocer la intensidad y la claridad "surrealista" de la visión onírica. Al designar como "alucinatorias" estas visiones internas, no intento sugerir que soñar sea formalmente idéntico a padecer *delirium:* sólo que reúne todas las propiedades formales de ese estado anormal. El *delirium* es una forma de enfermedad mental que se origina, como en el sueño MOR, a causa de cambios en la química del cerebro.

Es tan vívida la visión de mi sueño (y tan débil mi conciencia autorreflexiva) que supongo que estoy despierto y que vivo en realidad esa increíble escena. Esta credibilidad del pensamiento onírico me lleva a catalogar como delirante la actividad onírica. De haber tenido acceso a mi memoria o a mi capacidad crítica, me habría dado cuenta de que Francesca Vivaldi era un invento de mi imaginación. Asimismo habría comprendido que mi madre y sus hermanas están muertas o muy enfermas, y de que mi padre había superado hace mucho la fase de ponche de leche en su desarrollo. Pero como los sueños de mi paciente iraní ciego, quien veía en sus sueños a su padre, un cartero, en nuestras visiones oníricas pueden aparecer, en todo su esplendor, parientes perdidos o incluso muertos.

En mis sueños, es común que no sepa con certeza dónde me encuentro. Carezco de una orientación espacial. ¿Se trata de un hotel o de un bote? Y la puerta de la habitación se convierte en una ducha, a la que un muchacho desconocido, del que sólo alcanzo a ver la desnudez, corre de improviso. El temor de que me descubran se apodera de mí. Sé que estoy haciendo algo indebido y quiero evitar que me descubra la familia de Francesca, que debe de estar hospedada en esta parte (incertidumbre cognitiva). Resulta que ni siquiera sé hacia dónde me dirijo (más desorientación espacial) y racionalizo el hecho de no pedir indicaciones (explicación *ad hoc*) so pretexto de ser discreto. Como todos sabemos ahora, hay un motivo mucho más sencillo para explicar la extravagancia de los sueños. La inestabilidad del sentido de la orientación es parte de un *delirium* funcional causado por el cambio de equilibrio de los neuromoduladores cerebrales.

Lo único claro es mi motivación: ¡el sexo! Mi intención seductora no está encubierta en absoluto, sino que está tan desnuda como el joven que se precipita hacia la ducha. Cuando tengo sueños sexuales o de seducción, siempre son tan transparentes como éste. Pero el sexo y la seducción no son más comunes en mis sueños que mis fantasías y conductas al respecto durante la vida en vigilia. Si el disfraz y la censura tratan de imponer una hoja de parra psicológica a mi ello, ¡no lo cubren muy bien que digamos!

¿Es correcto definir la búsqueda erótica como una emoción? En nuestros artículos publicados hemos respondido afirmativamente. Y en este sueño, cumple la función tanto de motivo, o fuerza impulsora, como de un estado emocional. Jamás encuentro a Francesca Vivaldi, y la aparición de mis padres transforma mi aventura romántica en una más civilizada búsqueda de una novia, que ellos sí aceptarían. Esta evolución emocional —que va de la depredación sexual mediante la celebración de una boda, a los preparativos de ésta— se ciñe mucho a convenciones que no siempre observo durante la vigilia. Además del erotismo de la segunda escena, tuve emociones de sorpresa, placer y humorismo que sobrepasan por mucho la angustia de la primera escena.

Como puede observarse al analizar la emoción onírica, los sentimientos eróticos son bastante raros en los sueños. Dada la fisiología del estado MOR, es difícil explicar esto. Se podría pensar que la erección en los hombres y el abultamiento del clítoris en las mujeres, que son casi constantes, indican una fuerte excitación sexual, centralmente impulsada. Pero en realidad no es así, lo cual es mala noticia para varias teorías importantes del cerebro-mente.

La primera víctima es, por supuesto, el psicoanálisis. Freud se hizo eco varias veces de la sentencia de Charcot: "La cuestión genital, como siempre". Sin embargo, en las investigaciones modernas sobre el sueño hay pocas pruebas de un papel de los sueños impulsados sexualmente, y aun emperdenidos freudianos se han apartado de este énfasis en la sexualidad.

La teoría de la emoción de James-Lange fenece también bajo la espada de la disociación observada entre la excitación sexual periférica (la erección y todo lo que implica) y la expresión emocional central (angustia, ira, júbilo, pero poco sexo). Aquí, William James, nuestro héroe, comete el colosal error de suponer que la emoción que sentimos es sólo una interpretación de nuestras sensaciones corporales. Al menos en el sueño MOR, nada podría estar más lejos de la verdad.

Finalmente, la escasez de sexo en los sueños resulta decepcionante para el hedonista que busca una satisfacción imaginaria en los suyos. Por supuesto, en ocasiones sí se presentan sueños con contenido sexual, y pueden llegar a un clímax, como sucede en los llamados sueños "húmedos" de los adolescentes y adultos jóvenes. Pero cuando ocurren más adelante en la vida son predominantemente secos y el soñador viejo se despierta a menudo sacudiéndose en vano por alcanzar el evasivo orgasmo. Aunque entrenarse para el sueño lúcido puede servir de antídoto para la frustración sexual de los sueños, ni siquiera esto sustituirá al acto verdadero.

¿Existe un término medio entre la tradicional visión psicoanalítica de la actividad onírica, como satisfacción de un deseo, y la moderna ciencia de los sueños? Tal vez. Si se abandona la noción de disfraz-censura, como lo ha hecho Mark Solms, queda por explicar la conducta onírica de búsqueda que ejemplifica mi pesquisa de Francesca Vivaldi.

De hecho, además de ser animados, la mayor parte de mis sueños son motivados, como si las partes experimentales, sibaritas e investigadoras de mi cerebro mente se activaran mientras duermo. En el sueño del Escenario Onírico con elefantes trato de resolver problemas relativos a una exposición. En el sueño de la langosta emprendo una búsqueda culinaria. En el sueño de Caravaggio deseo admirar la arquitectura desde una bicicleta. Por último, en el caso del sueño con Francesca Vivaldi, busco a la mujer perfecta.

Pero —y es un gran *pero*— la búsqueda de mi sueño no es disimulada, incluso es más bien transparente. Es intensa, pero transparente. Si estos sueños revelan deseos inconscientes, hay algo que se me escapa. Todos los motivos del sueño del idilio italiano son conscientes. Estoy de acuerdo en que las partes dispares se pegan gracias a la motivación. No obstante, yo pregunto, ¿qué más hay de nuevo? ¿Es posible imaginar que el cerebro se active sin que haya algún tipo de organización? Yo no puedo hacerlo.

Psicoanalistas como Mark Solms se esfuerzan por volver al juego cuando éste ya casi ha terminado. Por ejemplo, sostienen que el sueño MOR es generado no sólo por la acetilcolina, como lo hemos mostrado, sino también por la dopamina, el neuromodulador que inicia la motivación y el movimiento. Es verdad que la acetilcolina y la dopamina actúan como comoduladores de los sistemas de recompensa cerebral y motora. Sin embargo, hasta ahora han fracasado los intentos por mostrar las diferencias en la liberación de dopamina durante la vigilia y el estado MOR (y el no MOR, para el caso). Si se demostrara que la liberación de dopamina aumenta durante el estado MOR, recibiríamos el hallazgo con tanto gusto como los psicoanalistas. De cualquier modo, no se descarta que, durante el sueño MOR, la dopamina sea más potente que durante la vigilia, puesto que no compite con la norepinefrina y la serotonina. Tanto en mi vida despierta como entre sueños, siempre ando en busca de algo: vino, mujeres y aventuras. Empero, cuando estoy despierto, mi búsqueda posee algo distintivo de lo que carecen por completo mis sueños: la fuerza del pensamiento, que sirve para guiar y restringir esa máquina compleja que es mi cerebro-mente.

El sueño del idilio italiano arraiga mi sensualidad y sociabilidad en mi temprana vida familiar. Es uno de los pocos sueños que tengo registrados en que aparecen mis padres. Nótese la manera tan fluida en que los integro a ambos a mi mundo europeo, cada vez más romántico. Desde un viaje que hice en 1984 con Francine Fonta, cada vez viajo con más frecuencia a Italia. Todos mis amigos franceses me repetían que si Francia me encantaba, Italia me encantaría aún más, ¡como les ocurre a ellos! Los franceses consideran a Italia, como alguna vez lo pensé yo de Francia, como una cultura romántica en que se experimenta más hondamente la sensualidad de la vida.

En 1985 no conocía yo a nadie parecido a Francesca Vivaldi. Las italianas son más difíciles de seducir que las francesas, quienes parecían saltar a mis brazos. Por supuesto, yo dominaba el francés, en tanto que el italiano lo balbuceaba apenas, pero no es ésa la razón de la comparativa reticencia de las italianas. Las mujeres italianas son más reservadas porque se orientan más que las francesas hacia la familia y la Iglesia.

En mis anteriores viajes a Italia —como uno de 1977, en que estuve en Riolo para comenzar a escribir *The Dreaming Brain*— pasé por Roma. Mi colega Mario Bertini me presentó a Cristiano Violani y más tarde a Fabrizio Doricchi, quienes fueron mis guías, traductores y promotores. La madre de Cristiano, Franca Violani, bien puede ser el prototipo de la Francesca Vivaldi de mi sueño. A pesar de ser yo 10 años menor que ella, sentía una gran atracción por Franca y acababa de recibir una carta suya. Con frecuencia íbamos juntos a su casa de verano en San Felice, donde ella preparaba almuerzos italianos sencillos pero maravillosos, que incluían sus propios *antipasti* caseros. Nos sentábamos a la sombra y conversábamos durante horas. ¿Por qué habría de darle el apellido Vivaldi en mi sueño? Vivaldi es uno de los apellidos más comunes en Italia. También he conocido a varios Vivaldi desde que Ennio Vivaldi, científico chileno de ascendencia italiana, trabajó en mi laboratorio hacia 1980.

El escenario del sueño tampoco concuerda con la Franca Violani de la vida real. Ella hubiera estado mejor en un entorno antiguo, no en la decoración ultramoderna de Milán, y de seguro no habría plástico blanco a la vista. Con todo, Milán es uno de mis primeros puntos de contacto con Italia y con las italianas. En 1975 conocí a Fedora Smirne en el Congreso Internacional de Investigación sobre el Sueño, en Edimburgo, y entre nosotros se formó una amistad muy poética, cómica y casi romántica. Escribíamos quintillas jocosas sobre famosos científicos del sueño, y yo las leía en los banquetes internacionales de las reuniones de investigación del sueño. He aquí una de las dos que recuerdo:

Eugene Aserinsky's piacere (placer)
Was his female assistant's sedere (trasero)
When he wiggled his occhio (ojos)
She cried out "Finocchio" *(gay)*
And that made them both feel godere. (placer)

[A Eugene Aserinsky le causaba placer
El trasero de su amable secretaria
Cuando Eugene la repasaba con los ojos
Ella exclamaba: "Termina ya, Pinocho"
Cosa que a ambos llenaba de placer.]

Mientras trabajaba en el laboratorio de Nathaniel Kleitman en 1953, Eugene Aserinsky descubrió el sueño MOR. Pero como fisiólogo que no tolera errores, desconfió de la idea de la conexión del estado MOR con los sueños. Hace poco, el singular carácter de Aserinsky fue plasmado ingeniosamente en una caricatura de Chip Brown para la revista *Smithsonian*. En 1957, Bill Dement retomó el tema del sueño e inició la era del laboratorio del sueño y la actividad onírica, la cual empezó a decaer en 1975. Nadie hubiera osado atribuirle tonterías sexuales a Eugene Aserinsky. Nadie más que yo, ¡en un sueño!

Otra de las quintillas era sobre Milt Kramer, un colega mío entregado en cuerpo y alma al psicoanálisis, que entonces trabajaba en la Universidad de Cincinnati:

My dream of Milt Kramer's bris	(circuncisión)
Went a little something like this:	(incertidumbre cognitiva)
A choir of castrati	(sopranos fisiológicos)
From the Villa i Tatti	(en Florencia)
Sang "Requiescat in Pace" Penis.	(descanse en paz)

[Mi sueño con un circunciso Milton Kramer
Trataba de algo como el siguiente desastre
Un coro de *castrati* de la Villa i Tatti
Canturreaba: "Pene, 'Requiescat in Pace'".]

Estos versos no hacen justicia a las importantes contribuciones de Kramer a la investigación del sueño. Milt estaba convencido, y aún lo está, de que los sueños tienen significados personales. Siempre convine en ello. Milt creía, además, que el psicoanálisis era el mejor marco teórico que existía para comprenderlos. Esto lo dudo mucho. Tal vez este poema de circuncisión-castración sea mi castigo para Milt por su filiación freudiana. Las palabras se me ocurrieron simplemente. Sabía que Milt era judío, por lo que lo de la *bris* tiene sentido. El resto se lo debo a Fedora y a mi propio amor a la lengua italiana.

¿Qué es el arte y cómo lo crean los artistas? Mi respuesta es que el arte es la representación emocional sobresaliente de la forma. Los artistas lo crean sondeando en el interior de sus sentimientos y su imaginería mientras están despiertos. A veces, según nos cuentan, recurren al mundo de los sueños en busca de inspiración. Esto es especialmente cierto entre los surrealistas, quienes estaban muy influidos por su líder, André Breton, psiquiatra francés. Breton estaba familiarizado con las teorías de Freud. También lo estaban muchos otros artistas de esa corriente, como Paul Klee —quien afirmaba que la creatividad surgía de las mismas fuerzas psíquicas que los sueños— y René Magritte, quien plasmó en sus pinturas las singulares propiedades formales de los sueños.

Lo que intento subrayar es que toda creación onírica es fundamentalmente artística. Esto significa que, al soñar, todos experimentamos algo parecido a la creación artística. Inventamos mundos complejos, los habitamos y les infundimos vida con nuestros sentimientos, pero después, por desgracia, los dejamos atrás. ¿Significa lo anterior que los relatos oníricos sean obras de arte? Claro que no. Si se les embellece, podrían volverse literarios, pero al hacerlo podrían perder su valor para la ciencia. ¿Los relatos de sueños son, entonces, datos científicos? Sí, por supuesto. El primer deber de toda ciencia es la descripción escrupulosa. Pero los relatos son sólo relatos, y nunca serán tan ricamente creadores como los sueños en sí.

Por ello es crucial distinguir entre el soñar como

algo protoartístico y el arte como creación del cerebro-mente en la vigilia, que nos habla de la prominencia emocional de la forma. Lo que quiero decir es que tener más sensibilidad hacia el modo creativo hasta de fenómenos tan comunes como los sueños puede ayudarnos a comprender y responder mejor al arte.

Esta historia tiene otra faceta. Me refiero al uso que se da al dormir y el soñar para promover empresas científicas o artísticas. No existen pruebas sólidas al respecto, y me parecen desalentadoras todas esas endebles pruebas recopiladas sistemáticamente. Sin embargo, no dejan de surgir anécdotas y a mí, en lo personal, el sueño sí me parece un buen modo para incubar ideas, sean artísticas, científicas o aun administrativas. Un ejemplo es la composición de poesía de ocasión, como mis quintillas de Edimburgo.

Mi amigo Duncan Nelson hace cosas parecidas con gran rapidez y eficiencia estando completamente despierto. Recaba información y después se pone al margen del hecho o persona que desea retratar. Esto le permite trabajar los datos que ha recopilado, a los que infunde pasión y expresa con palabras bien escogidas para deleitar por medio de la rima y la razón a quien lo escucha. Yo no puedo hacer lo mismo, pero sí puedo escribir mis poemillas muy inferiores si hago una lista de palabras alusivas al tema y después me voy a dormir. Cuando despierto, el poema se escribe básicamente solo, como mis quintillas de Edimburgo.

Lo que hacen estos dos poemillas es celebrar el voyerismo sexual. Como me gustaría que soñar fuera mejor para simular el sexo, atribuyo ciertos motivos indiscretos a Eugene Aserinsky, el sobrio descubridor del sueño MOR, quien dio la espalda a todo el alboroto posterior que se armó con los sueños. Después paso a burlarme de las teorías sexuales de Freud, vertiéndolas sobre Milton Kramer, decidido defensor de la fe psicoanalítica, y me mofo de su fidelidad a Freud con un coro de eunucos que canta por el descanso eterno de su miembro.

¡El sueño del idilio italiano da entonces un vuelco sorpresivo! Al doblar una esquina, me encuentro con mi familia y no con la de Francesca, como conscientemente lo había temido. Ver a mi madre y a otras mujeres —algunas de las cuales pueden ser hermanas suyas— en el momento de ponerse ropa interior es continuación del asunto de la caza de mujeres, pero de pronto todo queda expurgado. Si se va a celebrar una boda, estar desvestido se justifica socialmente, ¡e incluso mis parientas se sienten cómodas así! "¡En los sueños se inicia la responsabilidad!", escribió el poeta Carl Shapiro.

El 12 de noviembre era la víspera del cumpleaños número 79 de mi madre. Aunque ella ya había perdido sin remedio la razón por la enfermedad de Alzheimer, yo aún estaba decidido a complacerla con obsequios que la emocionaran, como una feliz boda onírica (en vez de mi matrimonio fracasado de la vida real). Mi madre era muy convencional cuando se trataba de amor, matrimonio y sexo, y siempre fue fiel a su marido y a sus hijos. Aunque a mi padre a veces le brillaban los ojos, hasta dónde yo sé, tampoco se apartó nunca del buen camino. A medida que mi madre caía cada vez más profundamente en la demencia del Alzheimer, mi padre visitaba con mayor frecuencia a *Frau* Jenni, su ama de llaves y compañera de alpinismo, en el valle Haslital de los Alpes suizos, en lo alto de Interlaken. Todos sus hijos esperábamos que tuviese una aventura amorosa con ella, pero bien pudo ser nuestra imaginación más que su propia realidad.

En mi madre, bajo la apariencia del decoro maternal, danzaba el espíritu de una niña traviesa, casi pícara. Recuerdo con gran placer cuando participaba, como marimacho, en nuestros primeros juegos de beisbol. Mi madre era indulgente y exhibicionista. Mi fascinación por la anatomía sexual comenzó jugando al doctor a los cinco años con Marilyn Phelps. Recuerdo haberle preguntado a mi madre: "Si a los doctores de verdad les pagan por hacer esto, ¿por qué no todo el mundo estudia medicina?"

Mi madre estaba al tanto de estos primeros juegos inocentes y de mis posteriores y más arriesgados experimentos sexuales. Pero jamás me reprendió o advirtió siquiera acerca de las consecuencias de mis relaciones impulsivas. Tampoco le preocupaba exhibir su propio cuerpo. A mis seis años, me sentaba en la tina frente a ella, con mis pies entre sus piernas, y me sentía intrigado por su vello púbico que parecía ocultar su sexo. ¿Dónde estará?, me preguntaba. Si bien lo de los pechos era más fácil de entender, sobre todo cuando la veía amamantar a mis 10 años a mi hermano Bruce, la estructura de las partes pudendas femeninas rebasó mi comprensión hasta fines de mi adolescencia.

Mi padre era menos directo al tratar estas cuestiones, lo cual puede explicar por qué aparece completamente vestido en el sueño del idilio italiano. Sin embargo, él sabía transmitir muy claramente su actitud de *laissez-faire*, lo cual coincide con el ingenioso encanto de anfitrión que se exagera en mi sueño. Nunca lo vi servir ponche de leche a un gran grupo de gente, pero le gustaba preparar varios tipos de cocteles, que servía a sus huéspedes, junto con bromas y juegos de palabras.

Que mi padre aluda en el sueño a un George como la persona que preparó el ponche de leche podría ser un homenaje a mi primo George Chandler, dueño también de una genuina simpatía como anfitrión. Conocí a George durante mi estancia de 1961 a 1963 en Washington, D. C., cuando vivíamos en el mismo edificio de apartamentos, en Tunlaw Road 3850. De hecho, George, que no tenía hijos, fue quien llevó a mi esposa Joan al Hospital Walter Reed para que diera a luz a nuestro primogénito Ian, mientras yo estaba en Bethesda haciendo un registro de sueño de toda la noche.

Es significativa la falta de confianza de mi padre hacia mí cuando llevo la ponchera en el sueño. Aunque me enseñó muchas cosas y fomentó mi ética de trabajo en los distintos dominios de mi vida profesional, nunca fue capaz de recompensarme con elogios. Esto puede explicar el nerviosismo que hasta la fecha siento ante las figuras de autoridad. La aviesa reacción que tengo es fingir que la ponchera del sueño es pesada, con lo que espero ponerlo aún más nervioso ante la posibilidad de tirarla. Con todo, en lo referente a la experimentación sexual, mi padre, como mi madre, tampoco interfería. "No preguntes, no digas", bien pudo haber sido el lema de ambos.

Puesto que este sueño trata de una amante italiana, se puede enlazar con mi muy intensa y activa relación homosexual con Salvatore Bruno, quien fue mi héroe en el beisbol y mi amante de los 13 a los 15 años cuando cursábamos del séptimo al noveno grados. Esta aventura amorosa floreció, llegó a su límite y terminó justo frente a las narices de mis padres, sin que dijeran palabra al respecto, excepto que también ellos admiraban a Sal. Él era una persona muy especial.

Después de Sal, me relacioné con mi mentor en psicología, Page Sharp, quien me amó y nutrió durante la preparatoria (de los 15 a los 19 años). Conocido por su familia como Cupie (por Cupido, dios del amor), este hombre maravilloso había desarrollado su singular estilo como voluntario en el Cuerpo Médico Francés, de 1915 a 1918. A principios de la década de 1920 administró una plantación de plátanos para la United Fruit Company en Centroamérica. Cuando regresó finalmente a Estados Unidos, hizo un posgrado en psicología educativa con Samuel Orton en Columbia y más tarde se mudó a Hartford, donde abrió un consultorio en una preciosa casona antigua frente a la mansión de Mark Twain. Sharp era un devoto francófilo, así como un experto en el diagnóstico y tratamiento de la dislexia.

Hay muchas cosas que decir de todo lo anterior, pero sigamos centrados en el sexo. Aunque los europeos tienen una actitud más liberal hacia el sexo que los estadunidenses, mis padres, que lo eran tanto como el *pie* de manzana, se mostraron tolerantes ante las muy liberales costumbres sexuales que adopté. A los 18 años, cuando al fin decidí romper con Cupie —en vísperas de mi viaje a Inglaterra y Europa en 1951—, consulté a mi padre sobre la forma de hacerlo. Me dijo simplemente: "Ya encontrarás el modo. Cupie es un muy buen hombre". Sorprendentemente, en este caso expresó una confianza en mí que nada tiene que ver con poncheras oníricas.

Sin duda, los freudianos se impresionarían ante la estructura edípica de mi sueño. Dirían que, en realidad, la búsqueda sexual nada tiene que ver con amantes italianas. Precisarían que ésta es únicamente la cubierta del contenido latente de un anhelo incestuoso por mi madre, anhelo que mi padre reprime eficazmente al encomendarme la difícil tarea de transportar el recipiente con ponche de leche, un símbolo materno que no puede ser más evidente. El problema de este tipo de hipótesis es que yo estoy muy consciente de mi afecto por mi madre, que aparece muy mal disfrazado en el sueño. En cuanto al papel de mi padre, parece más cooperativo que adverso. Siempre se mostró complacido con mis experimentos y, como mi madre, habría quedado contento con el resultado de mi búsqueda.

Dos de los regalos perdurables que nos dejó Freud son el valor de la libre asociación y el concepto de transferencia. Por transferencia se da a entender que tratamos a la gente en nuestra vida actual de acuerdo con expectativas que aprendimos antes, a menudo guiados por nuestros padres. Estos dos bloques de construcción de la psicoterapia psicodinámica no han sido invalidados por nada que la neurociencia moderna haya explorado.

Aun así, en lo que toca al asunto de la asociación, es necesario señalar que ese concepto ha estado en el aire desde principios del siglo XIX cuando David Hartley, padre de la escuela británica del asociacionismo, propuso por primera vez que la memoria se organizaba por categorías. Hoy, los neurocientíficos cognitivos usan el término *red semántica* cuando se refieren a interconexiones de palabras y significados imbricados (de algún modo) en redes neurales interconectadas.

Yo podría hacer sin cesar asociaciones libres con sueños como el de Francesca Vivaldi, pues está poblado de personajes muy importantes para mí, incluidos mis padres. Asimismo, por la extravagante forma en que se presentan, es tentador suponer que mi mente ha recurrido a transformaciones simbólicas o metafóricas de estas personas, que me son históricamente significativas. Las extrañas representaciones de mi madre y sus hermanas (en ropa interior) y mi padre (como proveedor de ponche de leche) se pueden ver como transformaciones defensivas destinadas a disimular mi deseo de acostarme con mi madre y castrar a mi padre.

La alternativa que ofrece la moderna ciencia de los sueños es aceptar que estas representaciones son simbólicas y aun metafóricas, pero no por ello defensivas. Por el contrario, antes que ocultar, revelan detalles de mi relación con mis padres que se pueden explorar fructíferamente mediante un análisis de mi sueño de Francesca Vivaldi.

Hasta aquí todo va bien con el revisionismo freudiano. No parece tan mala la idea de abandonar el disfraz-censura pero conservando el simbolismo y la vieja teoría del sueño. Francamente, creo que eso es lo que la mayoría de los psicoterapeutas psicodinámicos dirían en la actualidad. Pero, un momento, ¿por qué habría de ser mi Francesca Vivaldi un mejor punto para empezar a explorar mis sentimientos hacia mis padres que cualquier otro momento de los recuerdos que tengo de ellos? El hecho de que la presentación sea extravagante no garantiza que las imágenes oníricas posean una calidad especial o privilegiada. Podría llegar yo a los mismos puntos en la red de la memoria que se extiende alrededor de mis padres con sólo recordar los hechos que trae a la mente mi interpretación del relato onírico.

Una respuesta sería que la mente despierta, operando en su modo lineal lógico, no es tan buena como la mente soñadora para establecer asociaciones metafóricamente. Esto coincide con mi aseveración de que la conciencia onírica es más creadora que la despierta. Sin embargo, esta proposición, una variante de la analogía del "Camino Real" de Freud, nunca se ha puesto a prueba en sentido crítico; hasta donde yo sé, ni siquiera ha sido cuestionada por los psicoanalistas. Éstos tienden a suponer que, como Freud lo dijo, ¡debe ser verdad!

Hecha la advertencia anterior, debo confesar que me gusta hablar de los sueños con mi familia, mis colegas y mis pacientes. Considero que los sueños constituyen una forma de comunicación privilegiada entre una parte de mí (llámesele inconsciente si se quiere) y otra (mi conciencia despierta). No cabe duda de que nuestros sueños tratan de decirnos algo sobre la organización de nuestra memoria, de la buena salud de que goza el asociacionismo y que continuarán las discusiones sobre los sueños, ¡digamos lo que digamos los científicos del sueño!

Para quienes creen en las premoniciones o en los

sueños como profecías, mi Francesca Vivaldi es en verdad "grande", pues predice mi destino en forma muy precisa. En 1989, ¡algo en mi interior sabía que me casaría con una italiana! Pero esto queda claro sólo en retrospectiva. Para que una teoría así sea válida, es necesario hacer por anticipado las predicciones, no en retrospectiva, y la proporción de aciertos-yerros debería quedar por encima del azar para sustentar la hipótesis precognitiva. Yo mismo creo que hubo indicios, aun desde 1985, de que en mi camino habría un idilio italiano. Aun así, ese motivo no entrañaba nada inconsciente, misterioso o inaceptable.

De modo que, ¿cuál es mi posición en el asunto de la interpretación de los sueños? ¿Es algo que pueda defenderse científicamente? Si bien no es un caso cerrado, estoy seguro de que decepcionaré a la mayoría de los lectores al decir que todas las pruebas apuntan en contra de una respuesta afirmativa. A medida que transcurre el tiempo y aprendemos cada vez más acerca de cómo funciona el cerebro mientras dormimos, me parece que habremos de concluir que con cualquier enfoque a la interpretación de los sueños, la posibilidad de incurrir en error es mayor aún que los beneficios científicos. Cuando Freud dijo que creía que algún día la física y la química explicarían todos los fenómenos psíquicos, incluidos los sueños, no contaba con que la ciencia remplazaría sus ideas, y parece ser que eso es precisamente lo que está ocurriendo.

¿Significa entonces lo anterior que soñar es un mero epifenómeno? ¿O acaso significa que es mejor olvidar la experiencia consciente de la autoactivación cerebral durante el sueño? Puede ser. Sin embargo, no significa, y la hipótesis de la activación-síntesis no lo sostiene, que los sueños no tengan ningún sentido ni que el soñar no se deba investigar científicamente.

El sueño MOR se ha conservado muy bien en los mamíferos, y sus funciones son claramente decisivas para la vida. Aun así, el soñar, como experiencia consciente, bien puede seguir siendo un epifenómeno. A medida que enfocamos cada vez más el papel que cumple el sueño en el aprendizaje y la memoria, es probable que concibamos la actividad onírica como una clave para reforzar asociaciones remotas, reorganizar los recuerdos y regular el yo psicológico. Pero es probable que no por ello constituya el guardián del sueño ni el "Camino Real" hacia el inconsciente, como sostuvo Freud.

Así pues, resultó que fue en Italia donde encontré lo que buscaba: a Lía Silvestri, mi segunda esposa. Ha habido sensualidad en nuestra relación y nuestro matrimonio. Compartimos una entrega hacia el trabajo enérgico y creador, así como una devoción igualmente fuerte a nuestro matrimonio y familia. Ahora que estoy enfermo y soy más una carga que un compañero creativo, me siento agradecido por los valores que permiten a mi esposa amarme y cuidarme con dignidad y desinterés. No recuerdo haber soñado jamás que pasaría algo así.

REFERENCIAS BIBLIOGRÁFICAS

Aserinsky, E., y N. Kleitman, "Regularly occurring periods of eye motility and concomitant phenomenon during sleep", *Science,* 1953, 118: 273-274.

Brown, C., "The stubborn scientist who unravelled a mystery of the night", *Smithsonian*, octubre de 2003, pp. 92-97.

Dement, W. C., y N. Kleitman, "The relation of eye movements during sleep to dream activity: An objective method for the study of dreaming", *Journal of Experimental Psychology*, 1957, 53(3): 339-346.

Hartley, D., *Observations on Man, His Frame, His Duty, and His Expectations*, Londres, Johnson, 1802.

Hobson, J. A., *Dreaming as Delirium*, Cambridge, The MIT Press, 1999.

"Italian Romance Dream", *JAH Journal*, vol. 23, 12 de noviembre de 1985.

Merritt, J. M., R. A. Stickgold, E. F. Pace-Schott, J. Williams y J. A. Hobson (1994), "Emotion profiles in the dreams of young adult men and women", *Consciousness and Cognition*, 3: 46-60.

Solms, M., *The Neuropsychology of Dreams*, Nueva York, Lawrence Erlbaum Associates, Inc., 1997.

Whitman, R. M., M. Kramer, P. H. Ornstein y B. J. Baldridge, "The Physiology, Psychology, and Utilization of Dreams", *American Journal of Psychiatry*, 1967, 124: 43-58.

VI. ED EVARTS Y MICKEY MANTLE
Embrollo hipocampal

Ed Evarts y Mickey Mantle están conmigo en un cuarto en que acaba de reunirse un comité de dictamen de financiamientos. La atmósfera se siente tensa.

En una escena, Evarts (quien murió hace un año) me pregunta: "¿Te cambió el humor?" (lo que da a entender que no me percibe tan vivaz como siempre). Le respondo: "No, pero me molesta esta llaga de herpes" (a la izquierda de mis labios). Ed retrocede horrorizado, exclamando: "¡No vuelvas a acercarte antes de que te lo atiendan!" Lo que dice me confunde porque no sé de ningún tratamiento eficaz contra el herpes. Pero guardo silencio porque respeto su autoridad y no deseo pasar por ignorante en caso de que haya algún remedio recién descubierto.

Mickey Mantle (quien aparece tan corpulento y apuesto en mi sueño como se veía en su época de esplendor como beisbolista) parece un poco abatido. Trato de animarlo preguntándole qué es lo que le ocurre. Responde: "Evarts dice que el comité archivó mi solicitud de financiamiento". Le externo mi sorpresa diciendo que yo fui uno de los tres dictaminadores y que no me pareció que desmereciera. "¡Así que usted la dictaminó!", exclama indignado Mantle. Entonces empieza a importunar a una secretaria que está intentando infructuosamente lograr que un helicóptero pase por él. Me justifico débilmente, señalando que sólo fui uno de los tres dictaminadores y que Evarts tomó la decisión.

Después considero, pero rechazo, la idea de invitar a Mantle a que se quede a cenar. A mi hijo Ian le sorprendería y encantaría conocerlo. Pero yo apenas lo conozco, además de que se encuentra irritado. Más vale que lo deje partir.

De 1970 a 1990, cada año visité con mi primera familia la casa de Louis y Catherine Kane en Ogunquit, Maine. La noche en que tuve el sueño de Ed Evarts y Mickey Mantle mi sueño fue intranquilo porque acabábamos de disfrutar de la clásica cena del 4 de julio, que siempre incluía un enorme salmón entero (asado a la parrilla por Louise en su porche cubierto) y mucho vino. Como el alcohol suprime el estado MOR, tal vez pasé la noche con una marcada privación de MOR, y que haya dormido hasta bien entrada la mañana pudo haber sido propiciado por el comienzo de un rebote de sueño MOR, que por lo común sigue incluso a una privación breve del estado MOR. Desde tiempos inmemoriales se sabe de la tendencia del cerebro a compensar el sueño perdido. Una buena manera de asegurarse un sueño inmediato y profundo es abstenerse de dormir hasta que prevalezca la presión del rebote.

En los primeros días de la ciencia del sueño MOR, se suponía que si una persona era privada de este estado, también se vería privada de soñar y ello podía ser malo para la mente. La privación de los sueños era un paradigma forjado por una amalgama entre la nueva fisiología del sueño y el psicoanálisis freudiano. Para sus precursores, William Dement y Charles Fisher, que entonces trabajaban en Nueva York, el soñar funcionaba como una válvula de escape de tipo hidráulico de la psique. Si la válvula se cerraba por la privación del estado MOR, era muy probable que sobreviniera una psicosis. Este modelo hidráulico se tomó de Freud.

Por supuesto, resultaba inmoral probar semejante idea con sujetos humanos. La hipótesis operativa era que la privación de los sueños ocasionaría una psicosis. Una psicosis es desagradable, aun cuando sea rápidamente reversible. Y nadie podía saber con certeza que lo fuera. Aun así, había sujetos a los que se privaba del estado MOR, y algunos de ellos sí se volvieron psicóticos. En un famoso ardid publicitario, en una cabina de transmisión se privó del sueño al programador de radio Peter Tripp, y éste se puso cada vez más audiblemente paranoide a medida que avanzaba la privación. El paradigma de la privación de sueños implicaba otro par de problemas más sustanciales:

—Era errónea la suposición de que toda la actividad onírica se relacione con el estado MOR.
—Se omitió incluir controles adecuados mediante despertares del estado no MOR.

Ambos problemas perjudicaban la especificidad de los resultados porque nadie podía estar seguro de haber privado en realidad de soñar a los sujetos, y no podían concluir que el sueño MOR fuera más importante para el equilibrio psíquico que el sueño no MOR.

Con todo, algo quedó en claro a raíz de los experimentos iniciales de privación del sueño: el cerebro daba mucha importancia al sueño. Si se perdían así fuera 30 minutos de cualquier fase del sueño, tendía a haber una retribución.

Los primeros teóricos del sueño pensaban que los sueños eran originados en realidad por una indigestión u otra fuente extracerebral. Nuestros antecesores científicos que se comprometieron con la doctrina de la acción refleja creían que la activación cerebral subyacente en los sueños era la respuesta directa a estímulos que causaban un despertar parcial del dormir. Ahora sabemos que la activación cerebral del sueño MOR ocurre por sí sola y es obstruida, si algo lo hace, por la clase de indigestión que me mantuvo despierto aquella noche en Maine.

Me fue fácil recordar mi sueño con Evarts y Mantle porque dormí en una casa ajena en una mañana de fin de semana. Cualquiera que desee intensificar su capacidad de recordar los sueños notará que ésta aumenta mucho si aplaza la hora de levantarse y se sigue dormitando por las mañanas de fin de semana. El sueño que se presenta en estas condiciones corresponde a la fase I del sueño MOR o a un sueño no MOR muy ligero (al que yo llamo fase I y medio).

Registré de inmediato y en detalle mi sueño porque cuando viajo siempre llevo conmigo mi diario. Si, como en este caso, me veo obligado a permanecer en el interior a causa del clima, entonces dispongo de tiempo para concentrar mi atención y hacer las anotaciones en mi diario justo después del desayuno.

La percepción alucinatoria visual de este sueño era notable. Pude ver con claridad a Ed Evarts y pude describir con detalle a Mickey Mantle. ¡Estaban igual que en 1962! Había también detalles auditivos: si bien las conversaciones son innegablemente extravagantes, se suceden a lo largo de un estrecho camino temático, esto es, el dictamen de los financiamientos. La incongruencia estaba desatada: dado que Evarts y Mantle no tienen por qué estar juntos en un dictamen de financiamientos, mi cerebro se ve forzado a dar explicaciones *ad hoc* para darle cabida a Mantle.

Al hablar conmigo sobre mi humor y el riesgo del herpes, Evarts no se apegó a su estilo característico. No hay que olvidar, tampoco, ¡que Evarts había fallecido antes de 1986! En el sueño no noté esto, ni me extrañó este detalle imposible. Las dos emociones predominantes son típicas de los sueños recordados tras un despertar espontáneo: el miedo (mío ante Evarts, el de Mantle ante el proceso de dictamen de financiamientos) e ira (Mantle se nota claramente ofendido e "irritable"; Evarts me rechaza casi con hostilidad). Menos típicas resultan la tristeza (Mantle, abatido) y la empatía (mi intento por animarlo).

Si suponemos algo acerca de su procedencia fisiológica, parece probable que este sueño derive del sueño no MOR de noche muy avanzada. Hay muy poca actividad motora y ningún cambio de escena, y los sentimientos estaban apagados.

Es fácil ver por qué asocié a Ed Evarts con el proceso de dictamen de los financiamientos. Había oído por ahí que él dictaminó y aprobó la primera solicitud de financiamiento que sometí al National Institute of Health en 1968. Esto ocurrió cinco años después de que trabajé, en 1963, en su laboratorio del mismo instituto. Ese mismo año, yo decidí viajar a Francia para trabajar con Michel Jouvet, con el apoyo y aliento de Ed. Evarts vino a Lyon a principios de 1963 para presentar un ensayo en el simposio sobre la ciencia del sueño, organizado por Jouvet. En esa oportunidad, Evarts presentó la primera hipótesis funcional del sueño que tomaba en cuenta la fisiología celular del cerebro. Dado que Evarts era uno de mis héroes científicos, dediqué *Sleep*, mi libro de 1989, a él y a Fred Snyder, otro de mis mentores del National Institute of Health.

A principios de los sesenta, a los incipientes neurocientíficos como yo nos fue relativamente fácil conseguir apoyo financiero. Yo recibí una beca para trabajar con Jouvet, la cual continuó mientras terminaba mi residencia psiquiátrica y trabajaba medio tiempo en el departamento de psiquiatría de Harvard durante dos años, de 1965 a 1967. Hoy es prácticamente imposible para los científicos en ciernes labrarse una vida profesional parecida. Las becas se acabaron y es mucho más difícil conseguir financiamientos.

Lo anterior no significa que no estuviera yo bajo presión, pues lo estuve. Todos mis mentores eran brillantes y productivos. Mi jefe académico dejó en claro que "publicar o perecer" era la norma imperante. El hecho de haber sido yo capaz de equipar un laboratorio y obtener con relativa facilidad un financiamiento sólo me obligaba a aportar algo original. Yo mismo esperaba que se me ocurriera algo que rompiera los paradigmas.

El National Institute of Mental Health era generoso con los noveles científicos del sueño porque asesores externos consideraban que nuestro incipiente campo era particularmente promisorio, evaluación que ahora parece tan premonitoria como afortunada. No obstante, el tan elogiado sistema de revisión por pares tendía a recompensar los avances lentos y constantes y a recelar de las grandes zancadas al frente, como la que yo quería dar.

Así, durante los primeros 18 años, de 1968 a 1986, me dediqué a la neurofisiología con una intensidad casi maniaca. A menudo, Bob McCarley y yo registrábamos neuronas desde las primeras horas de la mañana hasta las once de la noche, y ni siquiera parábamos a esa hora si las cosas estaban saliendo bien. Uno de los dos podía irse a casa a dormir cuatro horas para regresar después al laboratorio a relevar al otro en los controles del registro con microelectrodos de una sola célula del puente del tallo cerebral. ¡Estos registros duraban a veces hasta 18 horas! A lo largo de este inicial periodo de trabajo, Ed Evarts fue mi inspiración porque, siendo él mismo psiquiatra, había comprendido todo lo que prometía la investigación del sueño. Dijo una vez: "Si no podemos saber qué pasa durante el sueño, ¿cómo podemos esperar resolver los problemas de las principales enfermedades mentales?"

Pese a mi abierta admiración por Evarts, él siempre se mantuvo como una figura distante a la que yo temía tanto como reverenciaba. Esto último se trasluce con claridad en el hecho de que le atribuya un comentario crítico respecto de mi salud mental y física. Cuando Evarts pregunta, en el sueño, si me ha cambiado el humor (lo que *nunca* hubiera hecho en la vida real), recurro a él para hacerme una pregunta acerca de mí mismo. El año de 1986 fue decisivo en el fin de mi primer matrimonio porque Joan, mi esposa, descubrió el alcance y los detalles de mis deslices extramaritales leyendo mis diarios. Así pues, este sueño revela mi preocupación por mí mismo. Si había tenido un cambio de humor (y no lo había tenido), ¡una parte de mí creía que debería o podría tenerlo!

En cuanto a la mancha de herpes, mi mente soñadora la usa para explicar la distancia de Ed. Nunca pude entender por qué se mantenía tan distante. Como es común en muchos casos parecidos, creí que se debía a algo que había mal en mí. De cualquier manera, "No vuelvas a acercarte antes de que te lo atiendan" es un comentario extraño. ¿Habría sido menos contagioso si hubiera estado aplicándome Zovirax (del que no supe sino hasta después de 1994)? ¿Y, de todos modos, por qué habría de contagiarlo a él? ¡Es claro que yo quería acercarme más a él, que a la inversa! Muchas otras personas tenían la misma impresión acerca de Evarts.

No abundan las figuras científicas paternas. El investigador joven que encuentre una puede considerarse afortunado. Pero yo tuve la fortuna de encontrar varias. Dos de ellas, Elwood Henneman y Vernon Mountcastle, eran fisiólogos, no psiquiatras, pero a ambos les fascinaba el sueño. Eludieron el sueño como problema científico porque era riesgoso y porque no encajaba bien en el paradigma de la acción refleja de Sherrington, que guiaba su propio trabajo. Sin embargo, estaban dispuestos, incluso ansiosos, por verme proponer algo arriesgado, y lanzaban vítores si lograba mantenerme a flote.

Mis otros héroes en aquellos primeros días eran David Hubel y Torsten Wiesel, quienes empleaban la misma técnica de registro de una sola célula para descifrar el código que el cerebro utiliza en las etapas iniciales del procesamiento visual. Con el tiempo, obtuvieron un Premio Nobel. Wiesel era un psiquiatra capacitado en Suecia, y no comprendía el concepto de estado que a mí me interesaba. A su vez, Hubel era un neurólogo que se propuso estudiar el sueño pero le pareció demasiado enredado para seguir adelante. Hubel llegó hasta decirme que mi misión era imposible. El National Institute of Mental Health no tardó en empezar a subestimar la investigación de los sueños. En vista del fracaso del modelo uno a uno de cerebro-mente que guió la investigación de los sueños de 1955 a 1975, se agotaron los fondos destinados al estudio del sueño. Los comités que dictaminaban los financiamientos dijeron: "Sigan trabajando en la neurofisiología, pero dejen por la paz lo de los sueños. La investigación de los sueños es un cementerio científico". Esto nos pareció desalentador tras nuestros propios descubrimientos, que en 1975 condujeron al modelo de interacción recíproca y en 1977 a la teoría de la activación-síntesis onírica.

Confío en que el tiempo me dé la razón por no hacer caso de tales pronósticos pesimistas. Visto como un estado de la conciencia basado en el cerebro y corelacionado estadísticamente con el sueño MOR, el soñar se debe estudiar dentro del paradigma del mapeo bidireccional. Hemos mostrado que los sueños *sí* se pueden estudiar científicamente y que su estudio es señal de una nueva era en la ciencia del cerebro-mente.

Tal vez haya algo significativo en el hecho de que tantos de mis partidarios fueran psiquiatras que se convirtieron en fisiólogos. Su experiencia clínica acompaña a los fisiólogos con conocimientos de psiquiatría al revisar con un escáner el cerebro en busca de datos importantes. Buscan cosas que otros científicos rechazan y se fijan en cosas que otros pueden pasar por alto.

La persona que mejor ejemplifica en mi vida este principio del psiquiatra como fisiólogo es Eric Kandel, quien muy al comienzo de su carrera decidió centrarse en el aprendizaje —como algo fundamental para la memoria— y en analizar este proceso en un sistema radicalmente sencillo: la babosa de mar Aplysia. En 1960, Eric y yo estábamos en nuestro primer año de residencia en el Massachusetts Mental Health Center. Recuerdo a Eric guiándonos a un puñado de empecinados a través de la Hipótesis Iónica de Hodgkin y Huxley mientras nuestros mentores psicoanalíticos nos aconsejaban que ¡atendiéramos a nuestros pacientes y nos alejáramos de la biblioteca! Las ponencias de Eric eran mejores que los Seminarios de Investigación de Milton Greenblatt, dedicados a las biografías de sus colegas científicos como manera de discernir los aspectos psicodinámicos que los habían motivado.

Sentíamos estar en la alborada de un nuevo periodo de ilustración, y que rescataríamos al mundo psiquiátrico de su fijación supersticiosa y religiosa en el psicoanálisis. En este sentido, Eric nos reivindicó a todos al obtener un Premio Nobel de Ciencia y Medicina. Empero, Eric sigue trabajando dentro del paradigma de la acción refleja y es, por tanto, rehén de la limitada concepción del cerebro-mente que tanto estorbó a Freud.

Todas estas asociaciones conforman una suerte de psicoanálisis de este sueño. Estas interpretaciones me parecen interesantes, verosímiles y útiles, aun cuando no pueda probar su validez. Con todo, es importante destacar que ni siquiera estas interpretaciones constituyen desciframientos simbólicos, y tampoco tienen que ver con mi inconsciente. El lector sensible habrá notado que disto mucho de suponer que quiera besar a Evarts ¡para explicar el diálogo relativo al herpes! Debo decir que, si bien no me molesta besar a un hombre, la idea de besar a Evarts es anatema para mi mente consciente.

Pero así como es fácil entender la presencia y el comportamiento de Evarts en este sueño, no es tan sencillo cómo viene al caso Mickey Mantle. Comparte dos rasgos históricos con Evarts: la condición de héroe y la ciudad de Washington, D. C. La condición de héroe de Mantle está muy adentro de mi psique. Cuando yo empezaba a investigar el sueño en el National Institute of Mental Health de Washington, D. C., Mantle y Roger Maris trataban de alcanzar la marca de Babe Ruth de 60 cuadrangulares en una sola temporada. Soy seguidor de los Yanquis desde 1941, cuando tenía ocho años y aún estaba viva la leyenda de Lou Gehrig. A Gehrig le decían el Caballo de Hierro porque nunca faltó a un juego. Yo lo admiraba, y aspiraba a ser jugador de beisbol mucho antes de decidirme a asistir a la escuela de medicina. A los ocho años estaba bastante seguro de que, de grande, sería el primera base de los Yanquis.

En este sentido, vivir en Hartford, Connecticut, era un problema para mí porque, aun cuando en un lugar equidistante entre Nueva York y Boston, la mayoría de los habitantes de Nueva Inglaterra suponía que debía ser "fanático" de los Medias Rojas. Pero mi renuencia fue inquebrantable. Los Yanquis eran emocionantes. Además, ganaban. Los Medias Rojas eran aburridos. Y perdían. De pequeño, estas cosas me parecían dignas de tomar en cuenta.

Mickey Mantle apareció en lo profundo de mi mente durante el verano de 1962 cuando yo vivía en Washington y estudiaba con Evarts el sueño en el National Institute of Mental Health. Como lo he mencionado, nuestro primogénito, Ian, nació en el Hospital Walter Reed el 1º de febrero de 1962, mientras yo conducía en Bethesda un registro del sueño de toda la noche. Supuse que a Ian, quien ya tenía 24 años al momento del sueño, le hubiera gustado conocer a Mickey Mantle, pese a ser un fiel seguidor de los Medias Rojas (hasta aquí llegó la tradición familiar).

Recuerdo vivamente que me levantaba cada mañana de aquel largo y caluroso verano de Washington, D. C., y corría hasta la puerta de nuestro departamento en Tunlaw Road para recoger mi ejemplar de *The Washington Post* y leer acerca de los cuadrangulares del día anterior. En septiembre, a medida que se calentaba la carrera, incluso viajé a Nueva York, y vi a Roger Maris batear dos cuadrangulares en el Yankee Stadium, en un solo juego contra los Tigres de Detroit. Ambos fueron tremendos estacazos, al segundo piso del jardín derecho. Como mucha gente, yo deseaba que Mantle rompiera el récord, y lo lamenté cuando no lo logró. Pero estuvo bien que Maris lo hiciera, porque también era Yanqui.

El hábito que tiene la memoria a largo plazo de

establecer asociaciones por la proximidad temporal y espacial es la mejor forma de explicar la presencia de Mantle en una reunión del comité de dictamen de financiamientos. En este caso, Ed Evarts y Mickey Mantle aparecen asociados dada su coincidencia temporal y espacial en mi memoria de largo plazo. El tiempo y el espacio son importantes.

Muchos neurobiólogos que aspiran a una teoría de la memoria, de la base hacia arriba, intercambian ese término con el de aprendizaje. No hay duda de que el aprendizaje se relaciona con la memoria, pero no se debe confundir con ella. El aprendizaje es plasticidad basada en la experiencia. El aprendizaje acata las leyes reflejas del condicionamiento pavloviano y operante.

Pavlov mostró que el acoplamiento temporal de un estímulo neutral, como una campana, con otro que hiciera las veces de recompensa intrínseca, como alimento, podía conferir a la sola campana la capacidad de inducir salivación. A su vez, Skinner mostró que reforzar cualquier conducta con una recompensa aumenta la tendencia a que se produzca esa conducta. Se han hecho grandes avances para entender la base neurofisiológica del aprendizaje. Un espectacular ejemplo reciente es el análisis celular y molecular que hizo Kandel del condicionamiento pavloviano en el caracol. Se ha demostrado que este condicionamiento pavloviano del reflejo del caracol altera la excitabilidad de las células nerviosas que regulan el reflejo. Es más: Kandel ha mostrado que las neuronas de serotonina se deben estimular para que se produzca el aprendizaje. Esto es notable, en virtud de que en el sueño MOR, cuando la memoria se encuentra alterada tan radicalmente, no hay serotonina disponible.

En cambio, la memoria es el recuerdo consciente de experiencias pasadas. Es indiscutible que en las experiencias que recordamos interviene el aprendizaje, así como es indudable que el recuerdo consciente de experiencias aprendidas puede obedecer a algunas leyes del condicionamiento. No obstante, el aprendizaje, en especial en un caracol, no se puede equiparar a la memoria humana. Mientras recuerdo mi experiencia con Evarts, puedo verlo e imaginarlo en una gran variedad de situaciones. Estas imágenes y los sentimientos que se les asocian son los elementos mentales del recuerdo que tengo de él. No creo que los caracoles lo hagan del mismo modo.

Yo hablaba con Evarts, sobre todo de ciencia, en su oficina del Edificio 10 del National Institute of Mental Health. Recuerdo haber presenciado su dolor ante los coqueteos de su esposa en una reunión de investigación sobre el sueño, celebrada en un motel de Alexandria, Virginia. También recuerdo haberme topado con él en muchas de las primeras reuniones de la Society for Neuroscience. Para entonces, él se había separado de su esposa, vivía solo en un departamento pobremente amueblado y estaba aprendiendo a hablar y a escribir en japonés. También nadaba mucho. Y dejó de almorzar. A menudo me acompañaba a un restaurante, donde hablábamos mientras yo comía.

Los anteriores son los recuerdos conscientes que tengo de Ed. Los neurocientíficos cognitivos dirían que los adquirí durante la vigilia, mientras mi hipocampo y mi corteza trabajaban al unísono. Los recuerdos están distribuidos ahora en mi corteza cerebral. Entonces, ¿por qué no estaban a mi disposición cuando soñé con Ed en 1986? Él ya había muerto, y mi cerebro soñador no lo sabía. Cuando estoy despierto, no tengo dificultad para evocar estos recuerdos. Lo difícil es detenerlos. Una vez que se abren las puertas, mi mente queda inundada por recuerdos de Evarts.

Mis colegas, incluidos Bob Stickgold y Gyorgi Buszaki, me dicen que durante el sueño MOR sólo puedo tener acceso a fragmentos de los recuerdos que tengo de Evarts porque mi hipocampo y mi corteza no están trabajando juntos. En el sueño MOR, sufro una amnesia "interna" durante la cual quedo desconectado de mis abundantes recuerdos de historias relativas a Evarts. En vez de ello, Ed aparece apenas como un actor secundario y distorsionado, que invita a la interpretación simbólica.

Pero así como nos hemos inclinado a cuestionar otras ideas preconcebidas sobre la actividad onírica, rechacemos también ésta y aboquémonos al significado de la aparición de Ed en mi sueño. ¿Sirve de algo sugerir que, por muy desorientado que sea mi sueño con Mickey Mantle, sí tiene una coherencia si los recuerdos remotos se almacenan por categorías? En el verano de 1962 en Washington, D. C., estaban ocurriendo varias cosas importantes. Ian, mi hijo, iba creciendo poco a poco. Yo hacía con Evarts mis pininos en la investigación básica del sueño, y Mickey Mantle trataba de superar el récord de cuadrangulares de Babe Ruth. Ahora, en 1986, tengo un hijo de 24 años al que le encanta el beisbol. Aunque llevo una satisfactoria vida científica, todavía conservo la necesidad de tener héroes o al menos defensores de mi causa. Aun el gran Mickey Mantle puede ser rechazado, decepcionado y desdeñado.

Nótese que la definición que doy de memoria como evocación consciente de experiencias pasadas entraña varias implicaciones significativas. Una es que la memoria depende de la narrativa, y ésta depende del lenguaje. Lo que los neurocientíficos cognitivos llaman memoria episódica sólo se puede deducir de lo que los sujetos nos dicen que recuerdan. Ello significa que, por definición, no se puede decir que tenga memoria un ser incapaz de ofrecer verbalmente un relato de su experiencia interna. Sé que esto me lo cuestionarán esos neurocientíficos cognitivos que aluden a la memoria procesal como el almacén de la conducta adquirida, que puede traerse o no traerse a la conciencia. Lo que les respondo es que simplemente sustituyan el concepto de *memoria procesal* por el de *aprendizaje procesal*. Al hacerlo así, lo único que perdemos es la ilusión de que estamos estudiando la memoria cuando lo que estamos estudiando en realidad es el aprendizaje.

Lo innegablemente cierto es que el aprendizaje y la memoria, así como la conciencia, dependen delicadamente de los estados. Cuando estoy despierto, puedo aprender. Cuando duermo, no puedo hacerlo, y tampoco puedo recordar tan bien como cuando uso mi memoria de la vigilia. Es probable que los cambios cerebrales subyacentes en estas notables diferencias ayuden a comprender el modo en que se regulan.

En la necesidad de mi cerebro soñador por establecer alguna semejanza con un orden de orientación, es la ciencia, no el beisbol, la que lleva las riendas. Ello es, sin duda, cierto también respecto de mi vida, pues me entregué a la ciencia y abandoné el beisbol. Pero ni el beisbol ni los Yanquis de Nueva York han dejado de interesarme, y esto podría contribuir a explicar por qué apareció Mickey Mantle en mi sueño, 24 años después de su asociación temporal y espacial con Evarts. También podría dar cuenta de por qué Evarts "archivó" (que no es la forma normal de designar la denegación de un financiamiento) la solicitud de Mantle (¿su esfuerzo por alcanzar el récord de bateo?). Que vea yo a Mantle abatido, ¿expresa acaso mi comprensión de su fracaso de 1962? Y el comentario que le hago sobre mi dictamen de su beca, ¿es mi forma de decirle que de cualquier modo sigo admirándolo?

En todo esto vuelvo a lindar con lo psicoanalítico. La solicitud de un financiamiento por parte de Mantle es su desplazamiento de su aspiración al récord de cuadrangulares. Asimismo, mi búsqueda de financiamientos desplaza un deseo infantil de ser famoso como jugador de los Yanquis por un deseo adulto de ser famoso como científico. Semejantes interpretaciones especulativas pueden tomarse con cierta cautela sin debilitar su enfoque formalista ni su deseo de transparencia para interpretar el significado de un sueño.

Entre los aspectos más interesantes de la presencia de Mantle en mi sueño están su calidad de superestrella y mi ambivalencia en cuanto a invitarlo a quedarse a cenar en mi casa. La única persona que conozco que tiene helicópteros a su disposición para apartarla de sus funciones como científico es Gerald Edelman, inmunólogo que se convirtió en neurocientífico, obtuvo un Premio Nobel y ha escrito ampliamente en torno a la base cerebral de la conciencia. Es obvio que Mantle estaba ansioso por marcharse, o bien yo estaba ansioso por librarme de él. Pese al atractivo de presentárselo a mi hijo Ian, tuve buen juicio al decidir no invitarlo a casa.

Todavía me siento tan inseguro sobre cómo tratar a las figuras de autoridad, ya sean científicas o populares, como temeroso de las críticas o el rechazo. Si la memoria de largo plazo es tan misteriosamente precisa al asociar a Evarts con Mantle en mi archivo de 1962, ¿por qué es tan deficiente la memoria de corto plazo para poner a prueba en la realidad mi trama onírica de 1986? ¿Por qué no reconocí, de inmediato, que Evarts ya no estaba vivo (¡¿mucho menos para fraternizar con Mickey Mantle en una reunión del comité de financiamientos?!)? Tan pronto desperté, supe que esto era lo que estaba pasando. Podría decir que me resultó inconveniente que hubiera muerto Evarts cuando mi carrera profesional estaba en crisis, como me ocurría durante aquel año, ¡a causa de que el National Institute of Mental Health me había rechazado por primera vez una renovación de financiamiento! Recibí ese apoyo financiero por primera vez en 1968, y se renovó cada tres años hasta que fue "archivado" en 1986. ¡Eso bien puede provocar emoción!

Cuando recurro a mi mente despierta para pensar —con su muy diferente forma de capacidad de memoria— acerca de mi mente soñadora, puedo reconocer algunas importantes asociaciones espaciotemporales que sirven para codificar en mi cerebro mi propia experiencia. Así como revela mis predilecciones personales, esta clase de reconocimiento sugiere reglas más generales —y posiblemente universales— sobre cómo funciona la mente. La revelación de un resalte emocional reivindica el énfasis de Freud en los sentimientos y, a la vez, pone de cabeza su modelo sobre los sueños.

REFERENCIAS BIBLIOGRÁFICAS

Buzsaki, G., "Memory consolidation during sleep: a neurophysiological perspective", *Journal of Sleep Research*, 1998, 7 suple. 1: 17-23.

Dement, W., "The effect of dream deprivation", *Science*, 10 de junio de 1960, 131: 1705-1707.

"Ed Evarts and Mickey Mantle Dream", *JAH Journal*, vol. 23, 5 de julio de 1986.

Edelman, Gerald M., *Bright Air, Brilliant Fire: On the Matter of the Mind*, Nueva York, Basic Books, 1992.

Hobson, J. A., R. W. McCarley, R. T. Pivik y R. Freedman (1974), "Selective firing by cat pontine brain stem neurons in desynchronized sleep", *Journal of Neurophysiology*, 37: 497-511.

————, R. W. McCarley, R. T. Pivik y R. Freedman (1974), "Time course of discharge rate changes by cat pontine brain stem neurons during sleep cycle", *Journal of Neurophysiology*, 37: 1297-1309.

Hubel, D. H., "Single unit activity in striate cortex of unrestrained cats", *Journal of Physiology*, 2 de septiembre de 1959, 147: 226-238.

McCarley, R. W., y J. A. Hobson (1975), "Discharge patterns of cat pontine brain stem neurons during desynchronized sleep", *Journal of Neurophysiology*, 38: 751-766.

Pavlov, I. P., *Conditioned Reflexes: An Investigation of the Physiological Activity of the Cerebral Cortex*, Nueva York, Dover Publications, 1960.

Pittenger, C., y E. Kandel, "A genetic switch for long-term memory", *Comptes Rendues dell'Academie des Sciences*, febrero-marzo de 1998, 321(2-3): 91-96.

Skinner, B. F., *The Behavior of Organisms: An Experimental Analysis*, Nueva York, Appleton-Century-Crofts, 1966.

Stickgold, R., J. A. Hobson, R. Fosse y M. Fosse (2001), "Sleep, learning and dreams: Off-line memory reprocessing", *Science*, 294, 1052-1057.

VII. CATANDO VINOS POR EL BICENTENARIO
El cerebro se estimula con sus propios jugos

Asisto en Washington a una recepción presidida por el cónsul o embajador francés para conmemorar el 200 aniversario de la Independencia de Estados Unidos. Es una reunión enorme que se celebra en el ala sur del Capitolio (la Cámara de Representantes). Mucha gente espera el inicio de la ceremonia.

De repente, a mi izquierda, mi viejo amigo Skip Schreiber (de mis días en Wesleyan) es alzado en vilo entre la multitud como si fuera a pronunciar un discurso en su calidad de *Maître des Chais,* o *Chef des Caves.* Sorprendido, le lanzo en un agudo tono de voz: "¿Eres el chef entrante o el saliente?"

Skip, tan atractivo, rubio y jovial como la última vez que lo vi en 1954 cuando tenía 21 años, sonríe malicioso y hace una señal con el pulgar por encima del hombro izquierdo. Este ademán indica claramente que va de salida y que ya va llegando su relevo, a espaldas suyas a la izquierda.

El nuevo chef es un desconocido muy alto, de piel reluciente y apuesto. De inmediato anuncia que, para conmemorar la ocasión, nos ofrecerá un vino de 1779. Me emociona la perspectiva de catar algo de una cosecha tan antigua, y maniobro sin demora para asegurarme un lugar ventajoso cuando empiece a servirlo.

En mi mente —pero con claridad— puedo ver una botella que mide 1.80 metros de alto y 60 centímetros de ancho —tan alta como una persona—, y alcanzo a ver que la etiqueta está escrita a mano y es apenas legible. Tal vez la puso a añejar el propio George Washington.

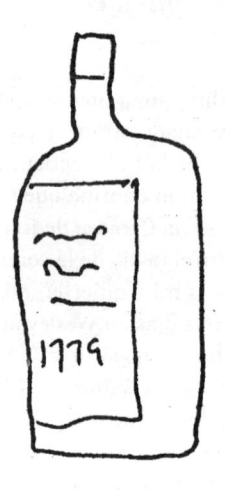

A mi derecha, sobre una mesa hay una botella de tamaño perfectamente ordinario, de color verde con una tapa de plomo de color rojo brillante. Me digo: "Eso nunca alcanzará para esta muchedumbre".

Un día de entre semana, mientras dormía en casa, desperté a las 5:30 de la mañana con un recuerdo detallado de este sueño, notable por el modo en que integra elementos dispares y por su gran extravagancia. Lo emocionalmente sobresaliente de este sueño es mi afición a las celebraciones enormes.

Los siguientes antecedentes parecen importantes para la construcción de la trama. Dos semanas antes, había yo visitado Washington, el Capitolio y las Cámaras con mi hijo Ian. Por la noche cenamos en L'Escargot, un restaurante francés, con Alice Denney y miembros de su delegación de arte de vanguardia. Los camareros —que en realidad no aparecen en mi sueño— ¡andaban en patines! Adquirí dos grandes botellas de vino blanco para nuestros invitados. Era más que suficiente.

El sábado anterior al sueño, habíamos cenado en casa de Stanley y Judy Rapaport, amigos y colegas de profesión. Compré dos botellas de Gigondas (en Plain Old Pierson's, en Wisconsin Avenue), que nuestros anfitriones no sirvieron. En Pierson's vi también una gigantesca botella de vino de Burdeos que costaba sólo 99 dólares, y que me tentó.

Varios días antes del sueño, había ido a Nueva York para una presentación televisada en un programa matutino. En el estudio me encontré con R. S., con quien desayuné. Ella tenía una granja y deseaba vivir en el sur de Francia. Este encuentro estimuló mis fantasías y recuerdos sobre ese país.

Más tarde, después de una reunión con mi editor, fui al Museo de Arte Moderno a ver unas obras de Paul Klee, pero me desvié hacia una serie de grabados de Odilon Redon, llamada la "Germinación en el sueño", y las fotografías de Jacques Henri Lartigue, que conjuntaban muchos de mis temas favoritos: los franceses, la cama, las mujeres, los cafés, el vino, la poesía y el amor. Lloré ante los evocativos recuerdos que plasmaba Lartigue. Anhelé estar con R. S. y compartir con ella esa sensibilidad en un amor no oculto.

R. S. vivía en Washington. Creí que nos veríamos allá, pero ella no apareció para almorzar conmigo. De modo que fui solo al restaurante Brasserie, toda vez que no pude encontrar a Lili Armstrong, otra vieja amiga, y pedí ostiones (con una copa de Chardonnay) y paté de pato (con una copa de Borgoña).

Por la noche, antes del sueño, pasando de la cocina a la alacena de nuestro hogar en Brookline, vi la botella de dos litros de Pichon Longueville (cosecha de 1980) que me había llevado mi amigo francés Jean Didier Vincent, y pensé: "Sería muy buena idea llevarla a la fiesta por los 50 años de Kate Kimmich", que sería como dentro de una semana. Mi esposa y yo habíamos hablado sobre cómo llegar allí. Yo quería causar sensación en la fiesta de "disfraces elegantes".

La alucinosis vívida y rica en detalles genera un argumento complejo y de lo más inverosímil para una celebración francesa de la Independencia de Estados Unidos en el Capitolio de Washington. Es razonable atribuir a experiencias recientes fragmentos de todos estos elementos, incluido el vino. No obstante, se entremezclan en lo que es nada menos que una síntesis creativa que no se puede explicar por simple asociacionismo. La escena de este sueño es mayor que la suma de sus partes, como si estuviera al servicio de una emoción festiva hiperbólica, que lo galvaniza. Mis percepciones y sentimientos fueron tan vívidos y convincentes que ni por un instante dudé de que fueran verdad. Mi errónea creencia en la veracidad de este sueño me convenció de que estaba despierto. No sospeché que estaba soñando, ni siquiera cuando me di cuenta de que el vino no alcanzaría.

Estamos tan acostumbrados a la teoría de los sueños de Freud que llamamos "residuos del día" a todas estas semillas oníricas experimentales. Sin embargo, la idea de Freud —que cada sueño acopla la experiencia del mismo día con un deseo inconsciente— es errónea en sus dos supuestos. Es más probable que las semillas de la memoria se planten muchos días antes de un sueño, y tampoco son inconscientes los deseos con que se acoplan. También se pueden acoplar con miedos, no deseos. Michel Jouvet, quien viaja por todo el mundo y lleva un diario de sueños, dice que los hechos nuevos locales no aparecen en sus sueños sino hasta que ha transcurrido cerca de una semana de su llegada a un lugar nuevo. A su vez, Tore Nielsen, científico canadiense de los sueños, dice que, si bien se pueden incluir hechos del mismo día, la máxima incorporación de los recuerdos en los sueños se presenta seis días después de los hechos que siembran cada sueño.

La inestabilidad de la orientación onírica aparece de modo asombroso en mi sueño. Mi rica experiencia del bicentenario —que nunca incluyó escenas como éstas— se trasplanta a Washington (inconstancia de lugar), donde se aparece nada menos que Skip Schreiber (inconstancia de persona). Su aparición era de lo más inverosímil. Asimismo se entremezclan los tiempos (sucesos de 1955, 1976 y 1989 ocurren simultáneamente).

Es claro que mi memoria es deficiente. Si funcionara como es normal, de inmediato reconocería la improbable fusión de tiempos, lugares y personas. En la vigilia, me preguntaría: ¿exactamente, dónde me encuentro? ¿Qué día es hoy? ¿Y cómo es posible que esté aquí Skip Schreiber?, sobre todo porque él está como en 1954. Las asociaciones que hago y que resultan emocionalmente sobresalientes son tan intensas como deficiente es mi memoria, y creo que sabemos la razón: conforme decae la influencia de la corteza prefrontal dorsolateral, aumenta la activación del lóbulo límbico y llega al punto de dominar la cognición.

La diferencia entre el aprendizaje, que no requiere de la conciencia, y la memoria, que sí lo hace, tiende a sugerir que el lenguaje o la capacidad para formar un pensamiento proposicional es un parteaguas en la evolución cerebral. Es probable que esto se limite a la mente humana, aun cuando los primates superiores poseen cierta capacidad para descifrar símbolos lingüísticos. Nuestra capacidad de enmarcar la experiencia en forma narrativa va más allá del mero relato de hechos. Es intrínsecamente mítica, ya que somos incapaces de referir relatos completamente precisos sobre nosotros mismos y, en cambio, elaboramos nuestros recuerdos según nuestra propia imagen.

Ni siquiera la creación de mitos logra describir bien lo que puede lograr la conciencia. Al parecer, no es innata la formación de argumentos. Nuestro desarrollo neurocognitivo entre la edad del aprendizaje de la lengua (3-5 años) y la edad de la literatura de ficción adulta (15-30 años) conforma esta notoria capacidad, que la actividad onírica muestra que es tan universal como admirable. La conciencia onírica toma fragmentos de la experiencia y los amalgama de modo inconsútil en argumentos totalmente creíbles y convincentes, así como congruentes, de los que somos guionistas, directores y proyeccionistas.

Nuestra capacidad protoartística para crear argumentos con un significado acerca de nosotros mismos es hondamente natural y sumamente útil. La orientación en cuanto al tiempo, el lugar y la persona es sólo una pequeña parte de lo que el cerebro debe calcular para propiciar una conducta efectiva durante la vigilia. También necesitamos que una visión de muy largo alcance de nosotros mismos nos impulse a emprender acciones específicas, oriente nuestra conducta y nos ayude a tomar decisiones trascendentes en la vida.

Por la época en que tuve el sueño de la cata de vinos por el bicentenario, mis facultades de investigación en el estudio de la neurociencia estaban tensadas al máximo. En mi mundo personal empezaban a aparecer fisuras. Había personas importantes que pronto me abandonarían. En medio de todo, la historia sobre mí mismo que se expresó en mi sueño, en forma de argumento, impulsaba y conformaba mi conciencia. En contraste con la explicación freudiana de la mente en términos del hábito perverso del disfraz-censura, ahora consideramos que los sueños sirven para revelar, no para ocultar, la realidad personal de cada quien. Aunque el modo de representación de la conciencia onírica difiere del de la vigilia, el significado de la representación es al menos tan claro como cuando estamos despiertos.

Para renovar el cerebro-mente estableciendo eslabones débiles pero sobresalientes en lo emocional, el cerebro abandona su ancla en la orientación del tiempo, el lugar y la persona, así como su brújula de la función ejecutiva. Estos eslabones guían nuestras acciones a largo plazo.

Un comentario sobre la confabulación: los psiquiatras y neurólogos usan esta palabra para describir la tendencia de los pacientes que sufren una pérdida de la memoria reciente a inventar historias sobre sí mismos que son patentemente falsas. Una persona que padezca una psicosis de Korsakov podrá no saber la fecha del día ni ser capaz de decir dónde se encuentra, pero rellenará los vacíos inventando cuentos. Éstas no son mentiras conscientes, como no lo son los cuentos que inventamos sobre nosotros mismos en sueños. Por definición, estos cuentos oníricos son confabulaciones.

La capacidad para la psicosis es universal, y se manifiesta en los sueños de la fase MOR. Mi punto es afín a la idea de Freud sobre la universalidad de la neurosis, idea que derivó en parte de su teoría de los sueños. La semejanza entre mi idea y la de Freud está en marcado contraste con nuestras distintas interpretaciones del contenido. Según yo, los sueños son reveladores y dignos de interés clínico porque muestran, genéricamente, el modo en que funcionan nuestras mentes y el modo en que se expresan nuestras psicologías individuales también en forma genérica además de constante.

En mi sueño de la cata de vinos por el bicentenario abundan las pruebas de pensamiento defectuoso. Cuando no consigo explicar el papel de Skip Schreiber, invoco a un sustituto, quien convence a mi cerebro soñador de que el que se encarga de ese evento nacional es el principal sumiller de todo el país. Como si necesitara probarlo, veo "en mi mente, pero con claridad", una botella de vino de 1.80 metros de alto y 60 centímetros de ancho que "tal vez ¡el propio George Washington puso a añejar en 1779!" Es obvio que Skip Schreiber está archivado en el módulo de celebraciones en mi memoria. Su aparición adquiere así un sentido emocional, aun cuando sea cognitivamente imposible.

De este modo, al principio de ver para creer podemos añadir el principio de sentir para creer. De hecho, incluso podemos postular que nuestras creencias son producto no sólo de nuestras percepciones sino además de nuestros sentimientos. Si me hace sentir bien la existencia de Santa Claus (o de Dios o de la alineación astrológica) y veo lo que me parece prueba de dicha existencia (los regalos de Navidad, el universo y el carácter), puedo creer en tales agentes con una convicción tan poderosa como mis convicciones científicas.

La mayor parte de nuestra conducta es religiosa. Apenas importa que seamos creyentes verdaderos o ateos. Es un hecho que no existe suficiente conocimiento para basar nuestra visión del mundo por entero en la ciencia. Nos zambullimos en el mar ignoto de la experiencia y creemos lo suficiente en nosotros para superar desastres imprevistos. Creer es necesario para intentar cualquier cosa fuera de lo común. Y la triste verdad es que la religión organizada desalienta las conductas que se salen de lo común, a fin de que la mayoría de los creyentes no intente ataques trascendentales, que estremezcan los paradigmas, contra las ideas inculcadas.

La creencia rige en los sueños de nuestros prójimos humanos más racionales y ateos. Esto es así porque, despojados de las estructuras correctivas del espacio-tiempo externo y la guía interna de la autorreflexión, las percepciones y los sentimientos de nuestros sueños nos convencen, falsamente, de que estamos despiertos. Aun cuando se puede controlar mejor la tendencia a creer que es real lo que se ve y se siente cuando se está completamente despierto, la tendencia siempre está allí.

En otras palabras, ni siquiera los ateos pueden evitar la tendencia a creer en algo. Creen en un constructo ilusorio como el "yo", la realidad sensual externa que perciben o el descubrimiento científico que, a fin de cuentas, proporciona sólo información en extremo limitada acerca de los procesos de la vida. "Hemos de creer" es un imperativo categórico que viene junto con nuestro limitado territorio cerebral.

Hay quien considera como narcisismo sano la reflexión en torno a los sueños propios o su interpretación. Empero, el narcisismo no siempre es sano y, en todo caso, "narcisismo sano" no capta tan bien ciertos manantiales de energía y entusiasmo como el término "hipomanía". "Hipo" significa justo por debajo del nivel de manía, y "manía" denota delirios psicóticos de grandeza y un desentendimiento de las convenciones sociales.

Mi cerebro es capaz de intensificar mi sentido del placer y de disminuir mi umbral de recompensa. El sueño de la cata de vinos por el bicentenario demuestra esta faceta de mí mismo. ¿Cómo es que ocurre? ¿Por qué algunos sueños están llenos de una sensación de exaltación, alegría y felicidad que llegan a la grandiosidad? No se puede atribuir a la liberación de norepinefrina o serotonina, porque ésta queda bloqueada en el estado MOR. Es necesaria más investigación en torno a la coliberación de acetilcolina durante el estado MOR, de la cual sabemos que es abundante, y de dopamina, la molécula que la ciencia del cerebro ha señalado como causante de placer y exaltación.

A Mark Solms, neuropsicólogo de filiación psicoanalítica, le gusta la hipótesis de la dopamina porque lo ayuda a mantener la noción freudiana de la satisfacción del deseo. A mí me gusta porque muchos de mis sueños poseen una calidad sibarítica. Con todo, hasta ahora siguen siendo débiles las pruebas en pro de esta idea, y sólidas las que apuntan en su contra.

En 1987, habían transcurrido ya más de 10 años de la celebración del bicentenario de la Independencia de Estados Unidos. Por diversos motivos, la conmemoración me resultó sobresaliente en lo emocional. En 1973, Joan, mi primera esposa, se fue a trabajar para la celebración bicentenaria de Boston. Nuestro tercer vástago, Julia, nació en diciembre de 1972, y necesitábamos que alguien nos ayudara a cuidarla y se encargara de la casa. A invitación de Jean Didier Vincent, científico colega mío de Burdeos, fui a Francia y comencé una larga serie de proyectos artísticos. Allí mismo recluté a Chantal Rode, muchacha francesa que había trabajado con los Vincent, para que regresara a Boston con nosotros como ama de llaves. Se quedó con nosotros en esa calidad ¡durante 23 años!

Lo que intento mostrar es que el bicentenario, Francia y el vino se entrelazan estrechamente en mi cerebro en lo emocional. Por aquella época conocíamos a Roger Establie, cónsul francés en Boston, y a su esposa Suzanne, pero nunca nos relacionamos con su colega en Washington. Que el escenario principal del sueño sea el Capitolio de Estados Unidos se debe atribuir a otras asociaciones. La sede principal de la celebración del bicentenario fue Washington y, como lo mencioné, hacía poco había visitado la ciudad y sostenido reuniones con los Rapaport, mis amigos de la escuela de medicina, y con Alice Denney, otra experta en celebraciones, cuyas fiestas para el mundo del arte eran legendarias. La aparición del ala sur del Capitolio refleja mi visita entonces reciente al edificio con Ian.

Conocí a Alice Denney en una fiesta a principios del otoño de 1961, cuando acababa de mudarme a Washington, D. C., para una estancia en el National Institute of Mental Health. Nos gustaba bailar juntos y de ese modo entablamos una estimulante amistad que duró 40 años. Alice trabajaba entonces con Adeline Breeskin, fundadora y directora del Museo de Arte Moderno de Washington. Por sus funciones, conocía a muchas luminarias jóvenes del arte estadunidense, que entonces se encontraba en la cúspide del expresionismo abstracto y el arte pop. Los domingos por la mañana, tras las inauguraciones, los *happenings* y otras manifestaciones de la década de 1960, Alice organizaba reuniones para artistas y seguidores del mundo del arte en su casa al noroeste de Washington; nosotros podíamos llegar caminando desde nuestro departamento de Tunlaw Road.

Es importante mencionar estos hechos porque aportaron mucho a la ciudad de Washington que yo conocía cuando acababa de iniciarme en la investigación del sueño y la actividad onírica. En pocas palabras, Alice Denney resultó un antídoto potente y bienvenido para el Washington soso y burocrático, famoso por sus dependencias gubernamentales. A mi parecer, ella era aliada de John F. Kennedy, nuestro joven presidente, quien entonces estaba en sus célebres mil días de retórica y ataque a las convenciones.

Gracias a Alice conocí a Claus Oldenberg (famoso por sus hamburguesas blandas), Larry Poons (y sus lunares pintados que danzaban) y Robert Indian (cuya gráfica 5 se me quedó grabada en la mente). Por ello parecía posible una combinación de arte y ciencia, y esto era particularmente cierto en el caso de la obra autopsicoanalítica de Jim Dine. La forma en que Dine se adueñaba y burlaba del paradigma psicoanalítico en sus famosos *happenings* era señal de una decadencia que nos pasaba inadvertida en esa época.

También por conducto de Alice conocí a los grandes pintores coloristas Jules Olitski y Robert Natkin. Al ver que aprecié de inmediato su obra, Natkin reaccionó vendiéndome uno de los cuadros de su serie Apolo, por muy poco dinero. Y eso no fue todo. Me llevó, además, la pintura a Washington, D. C., tras haberla enrollado y cargado consigo en una camioneta del aeropuerto. Después fuimos juntos a la ferretería Hecht's de Wisconsin Avenue a comprar madera para un bastidor y luego le fijamos el lienzo en el piso de mi departamento de Tunlaw Road. La pintura ha agraciado mi vida desde entonces.

Es innegable que el mito de Apolo está presente en el sueño de la cata de vinos por el bicentenario. Pero también lo está mi faceta dionisiaca. Me gusta tenderme al sol, y por eso voy a Sicilia. Pero a la vez quiero trabajar a la sombra, por lo que permanezco en interiores y escribo. Personas como Alice Denney y Bob

Natkin no aparecen retratadas en este sueño. Aun así, están presentes, tras bambalinas, asesorándome sobre el argumento de mi sueño.

Sólo podemos hacer suposiciones acerca de la base cerebral de la grandiosidad del sueño MOR y la hipomanía del estado de vigilia. Sabemos que los centros de la emoción del lóbulo límbico se activan durante el estado MOR. También sabemos que entre dichos centros se incluye la amígdala, que regula el miedo, además de las áreas frontales profundas adyacentes al hipotálamo, que pueden regular la ira (muy común en los sueños), la exaltación (que es muy marcada en éste) y el sexo (más al respecto después). Una razón por la que mucha gente cae en el consumo de las anfetaminas y la cocaína es porque esas drogas la "levantan". Producen este efecto por su capacidad para simular o estimular la liberación de dopamina. Como la liberación de dopamina no sufre menoscabo durante el estado MOR, podría cumplir una función en dar un empujoncito al equilibrio químico del cerebro en dirección de la exaltación y la hipomanía, especialmente porque la liberación de serotonina y norepinefrina se anula durante el estado MOR.

Como en mi sueño con Mickey Mantle, a este otro sueño se ha fusionado un personaje principal, Skip Schreiber, miembro de mi fraternidad estudiantil en Wesleyan, ¡donde lo vi por última vez en 1954! ¿Cómo explicar su aparición? En mi memoria, Skip Schreiber se asocia con la elegancia formal, así como con cenar y beber. Siempre se vestía bien para cenar y jugaba brillantemente al *bridge* a la par que bebía martinis antes de pasar al comedor de nuestra fraternidad. Skip tenía un poco de pavo real, como lo era el que decidió hacer de *Mâitre des Chaises* en mi sueño. ¿Por qué se transforma el papel de *Mâitre des Chaises*? ¿Acaso porque Skip Schreiber está fuera de papel? Puede ser. Es cierto que su sustituto no identificado es más compatible con esta función. Y es el personaje nuevo quien nos ofrece al padre de todos los vinos, ¡el George Washington, cosecha de 1779!

Si bien conocí varios buenos vinos franceses cuando viví como estudiante de intercambio en Inglaterra en 1951 y 1952, en Wesleyan bebíamos poco vino. El hábito —y el interés— por el vino me empezó en serio cuando asistía a la escuela de medicina en Boston. El gusto se me intensificó 10 años más tarde, en Lyon, donde trabajaba con Michel Jouvet. Para entonces me había acostumbrado —si bien no era adicto— a los vinos Beaujolais, de Borgoña y del Valle del Ródano. Más adelante, entre 1973 y 1984, aprendí mucho en Burdeos acerca de los grandes tintos de Médoc, los blancos de La Grave y los deliciosos postres del Sauternais. Así, aun cuando no puedo asociar directamente el vino con Skip Schreiber, puedo distinguir una conexión con el exhibicionismo, el gusto por lo pomposo y la dedicación a las ceremonias que compartíamos ambos.

Como lo mencioné en mi análisis de mi sueño con Mickey Mantle, el alcohol es, de hecho, un potente supresor del estado MOR. En Lyon, donde a menudo bebíamos vino en el almuerzo y la cena, bromeábamos acerca del efecto del Beaujolais. Este efecto era causado por beber demasiado de cualquier vino, y se caracterizaba por un sueño deficiente al inicio de la noche, cuando el alcohol amílico y el aldehído, productos de la degradación del alcohol, afectaban adversamente el cerebro. Más adelante durante la noche, al eliminarse las toxinas, el cerebro privado de sueño se sobreactivaba y los rebotes del estado MOR se presentaban acompañados por sueños de lo más extravagantes, como éste, que aun cuando no fue originado por el vino, es acerca de él.

Cuando el consumo de alcohol se torna aún más excesivo, puede conducir a interrupciones más graves del sueño. Las resacas relacionadas con la abstinencia se pueden tratar sólo mediante la ingestión de más alcohol, como en el conocido remedio del clavo que saca otro clavo. En última instancia, la supresión del sueño puede llegar a ser tan grave que produzca una privación crónica del estado MOR y, como se mencionó antes, un verdadero *delirium* —en este caso, *delirium tremens*—, que representa un rebote tan intenso del estado MOR que irrumpe en la vigilia.

Recuerdo haber tratado simultáneamente hasta seis casos de *delirium tremens* en el quinto pabellón cuando fui interno del Bellevue Psychiatric Hospital durante el verano de 1959. Para mantener con vida a estas personas, usábamos compresas de hielo a fin de abatir temperaturas corporales que amenazaban con rebasar los 41°C. Los pacientes despotricaban y desvariaban, veían insectos arrastrándose por las paredes y se estremecían con tanta violencia en sus camas que nos veíamos obligados a atarlos con correas para evitar que se lastimaran.

Ahora que sabemos, a partir de estudios de privación extrema en animales, que el sueño MOR está al servicio de la regulación de la temperatura, podemos entender mejor la grave inestabilidad de la temperatura de nuestros pacientes con *delirium tremens*. Tan pronto lográbamos evitar que la fiebre cociera el cerebro (lo que ocurre cerca de los 42°C), debíamos retirar de prisa las compresas de hielo para impedir que la temperatura corporal descendiera hasta los niveles de una hipotermia igualmente peligrosa. Tal vez sea significativo que el sueño MOR sea el único estado cerebral de los mamíferos en que se abandona la regulación activa de la temperatura. Al dormir, la temperatura se regula en forma conductual. Esto quiere decir que sencillamente no entramos en estado MOR cuando la temperatura ambiente es demasiado caliente o fría.

La grandiosidad constituye sin duda otro de los temas de este sueño del bicentenario. ¡Nunca hay suficiente vino! Yo necesito dos botellas de vino, no sólo una. Espero beber de las dos botellas de Gigondas, no dárselas nada más a los Rapaport; me siento tentado de comprar una botella gigante en Pierson's; y ya tengo en casa una botella de dos litros de Pichon Longueville, obsequio de Jean Didier Vincent. ¡Pero nunca alcanza el vino! Y mi sueño lo demuestra. Veo una botella del tamaño de una persona y es de una cosecha increíble, 1779, que lleva una etiqueta manuscrita, quizás del puño y letra ¡del mismísimo George Washington! ¡Con todo, me preocupa que ni siquiera ésta sea suficiente!

Mi sensación de insuficiencia vinícola y mi necesidad de que haya más y más se reflejan en la hiperactividad de aquellos días. Estuve en Washington, D. C., con Ian durante una semana, y a la semana siguiente fui a

Nueva York para aparecer en televisión y ese fin de semana estaba a punto de conducir hasta Norwalk para una fiesta de 50 años. Durante este periodo, mi vida onírica era tan hipomaniaca como mi vida en estado de vigilia.

Si hubiera analizado entonces el sueño del vino, tal vez me habría quedado atrapado allí. Pero no quería quedarme. Me estaba divirtiendo mucho. Además, me las estaba arreglando —a duras penas— para mantener funcionando mi laboratorio, unida a mi familia y bien encauzada mi creatividad. Digo que a duras penas porque para entonces era claro que mi esposa Joan estaba descontenta conmigo y mi colega, Bob McCarely, debía seguir su propio camino.

Soy desmesurado en mi búsqueda de reconocimiento, de celebraciones y de interacción social. El vino es el lubricante de muchos de los procesos que fomento. Me encantan las fiestas. Siempre he sido así y siempre lo seré. La combinación de conocimientos prácticos, independencia y jactancia estadunidenses con la sensualidad, la comida y la bebida francesas ha sido desde siempre uno de los principales factores integradores de mi vida. Es obvio que mi cerebro se inclina en dirección de la energía, el placer y la exaltación en grandes dosis. ¿Quiere decir lo anterior que mi hipotálamo es hiperactivo? ¿O que en estado de vigilia mi cerebro está empapado de dopamina? Los hallazgos de la investigación del sueño y la actividad onírica apoyan sólo indirectamente tales hipótesis. Por fortuna, en virtud de que soy muy sensible a la toxicidad del alcohol, no corro el riesgo de ingerir una sobredosis de esa clase de jugo.

REFERENCIAS BIBLIOGRÁFICAS

"Bicentennial Wine Tasting Dream", *JAH Journal*, vol. 26, 11 de marzo de 1987.

Braun, A. R., T. J. Balkin, N. J. Wesenten, R. E. Carson, M. Varga, P. Baldwin, S. Selbie, G. Belenky y P. Herscovitch, "Regional cerebral blood flow throughout the sleep-wake cycle. An H2(15)O PET study", *Brain*, julio de 1997, 120 (pt. 7): 1173-1197.

Gross, M., y cols., "Sleep Disturbances and Hallucination in the Acute Alcoholic Psychoses", manuscrito inédito, colección del autor.

Maquet, P., J. M. Peters, J. Aerts, G. DelFiore, C. Degueldre, A. Luxen y G. Franck, "Functional neuroanatomy of human rapid-eye movement and dreaming", *Nature*, 1996, 383(6596): 163-166.

Nielsen, T. A., "A review of mentation in REM and NREM sleep: 'covert' REM sleep as a possible reconciliation of two opposing models", *Behavioral and Brain Sciences*, diciembre de 2000, 23(6): 851-866.

Nofzinger, E. A., M. A. Mintun, M. Wiseman, D. J. Kupfer y R. Y. Moore, "Forebrain activation in REM sleep: an FDG PET study", *Brain Research*, 3 de octubre de 1997, 770(1-2): 192-201.

Pinker, S., *The Language Instinct: How the Mind Creates Language*, Nueva York, Perennial, 2000.

VIII. CLAVADOS PELIGROSOS
La asombrosa importancia del sistema vestibular

Estoy a un lado y detrás de un enorme puente de ferrocarril que mide unos 30 metros de altura. Está construido con tablones y corre paralelo al océano. Sobre la parte superior del puente revientan unas elevadas olas. Entonces descubro que hay personas que se lanzan de clavado en cada ola que revienta. Se zambullen, patalean y hacen toda clase de maniobras y giros. Pienso: "Dios mío, ¡qué peligroso! Su sincronización debe ser perfecta". Para amortiguar la caída, deben dar contra la ola antes de que se repliegue por la playa hacia el mar.

La escena cambia súbitamente hacia alguien que lanza un sedal a la izquierda de la playa. Ha atrapado una trucha de 60 o 90 centímetros. Le grito: "¡Peter (Thompson)! ¡Mira eso!" El pez es colocado en una tina de plástico y empieza a nadar enérgicamente en círculos hasta que semeja un brillante anillo en movimiento y casi desaparece.

El pescador deposita su presa en una cuenca parecida a un estanque de la playa, y aquélla se aleja a una velocidad vertiginosa. "Jamás volverá a atraparlo", lamento.

La escena cambia de nuevo, y avisto un grupo de pescadores, diminutos y distantes. Algunos están en la playa junto a la orilla del mar, lanzando sus sedales. Otros están al borde de un cañón submarino, bajo la superficie del agua pero claramente visibles. También ellos lanzan anzuelos.

Pienso que eso es maravilloso. No portan visores ni equipo de buceo.

Estaba yo dormido en casa, y me desperté a las siete de la mañana porque necesitaba orinar. El escenario descrito es típico de circunstancias en que tengo recuerdos ricos y vívidos de mis sueños. Sin embargo, no es habitual que duerma por intervalos, con muchos despertares parciales, por lo que en parte pude haber tenido una privación parcial del estado MOR. Esto explicaría que lo haya puesto en el papel como un sueño "intenso, breve, asombrosamente alucinoide".

También podría ser significativo que hubiera estado leyendo una biografía de Salvador Dalí, el pintor surrealista cuyas obras me fascinan desde hace mucho.

Me parece que la imaginería de Dalí es la más convincentemente alucinoide de todos los surrealistas, y el capítulo que había estado leyendo subrayaba el tratamiento que Dalí daba al mar. La ambigüedad de sus figuras en las playas, la transparencia de la superficie de su pintura y el episodio de una conferencia que dio en Londres, vestido de buzo, son importantes para comprender la extravagancia de este sueño. Sea que nos guste o no, debemos reconocer que Dalí celebraba la extravagancia de los sueños tanto en su vida como en su obra.

Si bien estoy a salvo en tierra firme, la visión del sueño deja entrever una escena peligrosa e inverosímil. Aunque es cierto que los puentes de ferrocarril corren a veces cerca del mar, no es normal que estén cimentados en la arena. Y puesto que los muchachos siempre serán muchachos, en ocasiones se lanzan desde las alturas más arriesgadas sobre aguas de profundidades inciertas. Empero, al lanzarse hacia olas que revientan en la playa, los clavadistas de mi sueño acometen algo mucho más peligroso. En vista de ello, el puente de ferrocarril de mi sueño desafía la realidad. Así como un oleaje de la magnitud que soñé derribaría cualquier puente de verdad, arrojarse hacia olas que se repliegan con rapidez no tardaría en dejar expuestos a los clavadistas. Con todo, la alucinante intensidad de esta imagen gráfica da pie a un temor sólo simbólico. "Dios mío, ¡qué peligroso!", exclamo. La endeble lógica del sueño sirve para explicar esta anomalía. "Su sincronización debe ser perfecta" es un ejemplo excelente de lo que denomino explicación *ad hoc*. Este tipo de explicaciones son las respuestas cognitivas, a menudo débiles, que damos a la imaginería onírica que nos parece inverosímil.

Además de que esta primera escena es tan vívida como una marina de Dalí, también está animada en una forma que una pintura sólo puede sugerir mediante una multiplicidad de imágenes. Las olas de mi sueño se estrellan contra el puente, y los clavadistas se lanzan contra las crestas de las olas rompientes. Mi cerebro debe encontrarse en un estado de actividad motora y visual, y la combinación propicia lo que llamo alucinaciones visuomotoras. A veces soy yo el que se mueve. En otras, como en este caso, son los personajes del sueño. Estos clavadistas no sólo desafían a la muerte, sino que lo hacen con elegancia mediante los clavados, patadas y giros que adornan sus zambullidas.

Al hablar de la neurociencia moderna, he subrayado el importante papel que cumplen los núcleos vestibulares del tallo cerebral en la generación del movimiento ocular del sueño MOR. Conocer mejor este sistema ya de por sí tan estudiado puede ayudarnos a apreciar la imaginería visuomotora de los sueños, que tan bien ilustra mi sueño de los clavados peligrosos. Empecemos por la hipótesis de la activación-síntesis y remontémonos a la neurociencia básica. En 1977, Robert McCarley y yo postulamos que todo el movimiento onírico y en especial las espectaculares trayectorias de los clavadistas, los acróbatas de circo y los pilotos de avión aficionados, así como toda clase de personas que efectuaran giros oníricos, se derivaban, en parte, de una activación desviada del sistema vestibular.

Durante la vigilia, la labor del sistema vestibular

consiste en rastrear cada detalle de la posición siempre cambiante del cuerpo en el espacio, e integrar los datos con la posición de la cabeza y los ojos. Todo esto se lleva a cabo tan sin esfuerzo y de modo tan inconsciente que lo damos por descontado, si es que lo reconocemos siquiera. No obstante, como lo sabe quienquiera que haya padecido una enfermedad motora, el sistema vestibular es una parte muy delicada e importante de los "bienes raíces" del cerebro. Si navegamos en barco en aguas turbulentas o nos subimos a un juego mecánico giratorio, es fácil que alteremos este sistema, al grado de la náusea y el vómito. Y si alguna vez alguien llega a tener la mala fortuna de que lo aqueje una laberintitis de Menière, como mi suegra, o de padecer un infarto del tallo cerebral, como me ocurrió hace poco, sabrá que el sistema se puede trastornar de tal modo que el mundo exterior parece girar aun cuando éste (y la persona) permanezca perfectamente inmóvil.

Cuando el cerebro entra en sueño MOR, las neuronas de sus núcleos vestibulares empiezan a disparar en rachas rítmicas de gran velocidad que se asocian con los movimientos oculares, del mismo modo que lo hacen en la vigilia. Esta activación se da en el circuito que Rafael Lorente de Nò describió por primera vez en 1933 para explicar el reflejo vestíbulo-ocular (RVO). Lo anterior significa que cada vez que la cabeza se mueve, los ojos efectúan un ajuste reflejo en un intento por mantener estable el campo visual. Empero, la activación del sistema vestibular durante el sueño no es en absoluto refleja, porque en el nervio vestibular no surge un estímulo relacionado con la excitación, y este nervio conduce los impulsos relativos a la posición de la cabeza hacia el oído medio durante la vigilia.

Una buena manera de apreciar qué ocurre en el cerebro cuando soñamos es concentrarse en la activación desviada del sistema vestibular durante el sueño MOR. Ayuda a aclarar el problema relativo a qué es lo que constituye el estímulo del sueño, y nos da una comprensión inmediata del concepto de movimiento ficticio. Por último, proporciona un andamiaje sólido para desarrollar la teoría de la activación de abajo hacia arriba de los sueños que estoy proponiendo. Por teoría "de abajo hacia arriba" me refiero al razonamiento que procede de la base (fisiología cerebral) hacia arriba (la psicología de los sueños). Esto es lo que Freud intentó hacer, sin lograrlo a causa de sus limitados conocimientos.

Si el cerebro se estimula por sí solo durante el sueño en una forma que se parezca, así sea remotamente, a su activación impulsada por estímulos de la vigilia, el resultado es una convincente sensación de movimiento del yo o de los objetos oníricos en el espacio del sueño. A esto me refiero cuando hablo de movimiento ficticio. Es la ilusión de movimiento causado por la activación de las estructuras cerebrales asociadas con el movimiento verdadero durante la vigilia. Ya hemos considerado esta idea al pensar en la visión onírica (que atribuimos a una activación semejante a la vigilia del cerebro anterior visual en el estado MOR) y la emoción onírica (que atribuimos a la activación durante el estado MOR del sistema límbico de la amígdala y la corteza asociada del lóbulo temporal).

Hasta ahora, la única prueba de activación vestibular en el sueño humano es la activación selectiva reve-

207

lada por una tomografía por emisión de positrones (PET) del puente. Es de esperar que la mejor resolución temporal de las imágenes por resonancia magnética funcional (fMRI) muestre la activación selectiva del sistema vestibular y el cerebelo durante las rachas oculares del estado MOR.

Entonces, ¿por qué algunos sueños, como éste, son tan animados y dinámicos, en tanto que otros son tan estáticos, como mi sueño con Mickey Mantle? La respuesta obvia es que la activación vestibular al dormir es sumamente variable. Una hipótesis más específica es que la intensidad del movimiento percibido se debería correlacionar con la intensidad del movimiento ocular registrado. Este experimento se puede llevar a cabo con la tecnología ya existente. El sistema de registro doméstico Nightcap lleva un detector del movimiento del párpado que es extremadamente sensible al movimiento ocular del sueño MOR.

Lo que estamos haciendo es repasar el viejo paradigma psicofisiológico según el cual existe una correlación de uno a uno entre una característica del estado mental y su supuesta base fisiológica. Con todo, nuestra hipótesis es mucho menos exigente que la relación de la dirección de la mirada alucinada en el sueño con la dirección del movimiento ocular registrado en el electrooculograma.

Ya hemos respondido a nuestras interrogantes mecanicistas. ¿Y qué hay de la función? Como lo haría Greg Louganis, ¿acaso repaso yo en mi cerebro mi repertorio de clavados? No he ejecutado ninguno de esos clavados en 30 años, pero tampoco he jugado al beisbol, ¡y todavía sé cómo hacerlo! Al menos mi cerebro conoce todos los movimientos, incluso si mi decrépito cuerpo no obedece sus instrucciones. Volvemos a encontrar la atractiva idea de que circuitos cerebrales tan cuidadosamente afinados por una práctica de temprano aprendizaje procesal se mantienen frescos gracias a una reactivación nocturna. Es una buena manera de aprovechar "fuera del tiempo" del sueño. ¡Podemos aprovecharlo dirigiendo programas cerebrales para lograr una conducta integrada!

Tan pronto concluye una racha de movimiento ocular, comienza otra, y mi visión onírica desplaza su mirada del centro a la izquierda de la escena, donde veo al pescador atrapar en el oleaje una trucha de 60 o 90 centímetros de largo. Sin ninguna explicación de su presencia, dirijo una exclamación de sorpresa a mi viejo amigo Peter Thompson: "¡Peter! ¡Mira eso!"

La sorpresa es una sensación muy común en los sueños. Colegas míos han debatido si eso se debe considerar siquiera como emoción. No es de extrañar que nos sorprendamos tan a menudo entre sueños, cuando ocurren tantas cosas tan inverosímiles e inesperadas. Pero, ¿acaso no podría ser del modo contrario? Es decir, que tal vez el cerebro soñador esté neurofisiológicamente dispuesto a generar respuestas de sobresalto y por tanto debe dar cuenta de ellas en el nivel de la experiencia consciente. Creo que esta hipótesis, que Adrian Morrison propuso por primera vez en la Universidad de Pennsylvania, se debería tomar más en serio.

Lo que sentimos cuando nos sobresaltamos es sorpresa. Nos sobresaltamos al procesar un estímulo inesperado. "¡Ay, me asustaste!" o "Casi se me sale el corazón" es lo que diríamos. Esta normal respuesta de sobresalto es regulada por los mismos circuitos de reflejos neuronales del tallo cerebral que se activan espontáneamente durante el sueño MOR. Lo anterior significa que, en el estado MOR, el cerebro-mente se sobresalta repetidas veces —es decir, se sorprende— por su propia activación automática. Estando tendido en cama en la mañana del 19 de mayo de 1987, me sorprendía una y otra vez porque en mi sueño reaccionaba subjetivamente a repetidos reflejos de sobresalto que emanaban de mi tallo cerebral. De haber estado despierta mi esposa, pudo haberme visto sacudiéndome y haber oído un grito apagado cuando me dirigí a Peter entre sueños. Y es muy probable que hubiera percibido las rachas de MOR detrás de mis párpados. A las 7:11 de una mañana de mayo ya hay luz suficiente para apreciar los MOR al menos durante hora y media.

El pescador que aparece entre el oleaje en mi sueño consigue atrapar una trucha de entre 60 y 90 centímetros. Una vez que la trucha es depositada en la tina, aparece incluso más animada que los propios clavadistas. Pero esta vez el movimiento es circular, en vez de parabólico. El pez gira con tanta rapidez en la tina que casi desaparece como "un brillante anillo en movimiento". Los investigadores del dormir y del soñar han supuesto que el movimiento circular es otro resultado de la activación vestibular del tallo cerebral. La parte vestibular del cerebro es la que normalmente rastrea la posición del cuerpo en el espacio, y esta región constituye el núcleo del proceso de generación del estado MOR.

El daño que sufrió mi propio tallo cerebral por un

infarto, ocurrido el 1º de febrero de 2001 en Mónaco, se centró en el sistema vestibular, por lo que aún tengo problemas de equilibrio. También puede ser parte del motivo por el que dejé de soñar durante tanto tiempo una vez que caí enfermo. En el sueño de los clavados peligrosos, el pez onírico sigue moviéndose con rapidez después de ser depositado en la cuenca parecida a un estanque, y se aleja a toda prisa, para mi gran desencanto. Ignoro por qué a veces me muevo yo y otras el pez. Pero lo seguro es que en ambos casos se han puesto en marcha los programas motores de mi cerebro, y parece probable que aporten un importante estímulo formativo a sueños animados como éste.

En la última escena me aproximo a la visón surrealista de Dalí al ver a unos diminutos pescadores bajo el agua en una playa lejana. Aun cuando la distancia es tan inverosímil como imposible la inmersión, en mi sueño no me cuesta trabajo aceptar ambas ilusiones. Estoy vagamente consciente de que esta experiencia no puede ser verídica cuando exclamo asombrado: "sin visores ni equipo de buceo", pero ello no me hace cuestionar lo que percibo. También en este caso, hay que ver para creer, como el propio Dalí lo reconocía con tanta claridad. Si se pinta algo imposible que parezca real, *es* real o incluso más que real. ¡Eso es precisamente a lo que nos referimos con la palabra *surrealista*!

Todos estos temas oníricos se relacionan con mi gusto por la gastronomía y el exhibicionismo tan bien mostrado por el sueño de la cata de vinos por el bicentenario. Me encantaba visitar Pied-à-Mer, la casa que Roger Prouty tenía en Orleans. A Roger, más que al mismo Skip Schreiber, le fascinaba disfrazarse. Tenía un armario repleto de atuendos que también prestaba a sus invitados. Ejemplo típico de ello es la noche en que Peter Thompson y yo preparamos nuestro ceviche de robalo.

Después de todo un día de correr por la playa, de conducir un jeep, de surfear con el cuerpo y de jugar juegos extravagantes que Roger inventaba, a todos nos gustaba reunirnos en el pequeño sauna, asarnos hasta quedar bien cocidos, ducharnos y preparar juntos la cena. Bebíamos martinis y otras fuertes bebidas supresoras del estado MOR, payaseábamos alrededor del bar y comíamos suntuosamente, disfrazados, la velada entera como la persona —o el papel— que habíamos decidido interpretar. Después de la cena, representábamos escenas tan imaginativas como las de mis sueños, pero con un carácter sexual más atrevido, y que al mismo tiempo eran objeto de más censura. Conscientemente, yo me sentía incómodo ante la invitación de rebasar los límites socialmente aceptables del decoro. ¡Este tipo de intervención de la conciencia nunca ensombrece la puerta de mis sueños!

El Cape Cod y las islas, en especial Martha's Vineyard, representaron para mí algo más que un patio de juegos pasados mis 20 y 30 años. En Edgartown, Massachusetts, conocí a Joan Harlowe, mi primera esposa, en una "cita a ciegas" que concertamos el 4 de julio de 1953, año en que Eugene Aserinsky descubrió el sueño MOR en Chicago. Dado que ambos éramos hijos de la Recesión y el puritanismo, Joan y yo nos mantuvimos vírgenes hasta poco antes de casarnos en 1956. Joan adoraba la playa, y accedió a arreglarse elegantemente conmigo para que pudiéramos colarnos en el Edgartown Yacht Club, donde bebimos cocteles y brandy por 2.50 dólares y bailamos con la música viva de Lester Larin hasta la una de la mañana. Después abordamos el autobús-calabaza de Cenicienta que nos llevó de vuelta al Harbor View Hotel, donde asumimos nuestros deberes más modestos, de camarera, ella, y de botones, yo.

Joan y yo participábamos en las extravagancias oniroides en casa de Roger en Pied-à-Mer, porque eran voyeuristas y en general inocentes. Lo más atrevido a que llegábamos era a pintarnos los cuerpos y a representar cuadros inspirados en el Marqués de Sade. La revolución sexual estaba a punto de estallar alrededor de todos, y la experimentación estaba a la vuelta de la esquina.

Cuando tuve el sueño de los clavados peligrosos, también era inminente mi participación en la Red MacArthur de la Mente y el Cuerpo. Regresar a Edgartown con ese grupo 35 años después y volver —como huésped— al Harbor View Hotel fue una suerte de transformación proustiana para mí. Y pescar un pez de un tamaño sin precedente —pese a la náusea del mareo en alta mar— fue un sueño hecho realidad.

Es interesante que en nuestros sueños nunca sintamos náusea o vértigo cuando se activan nuestros circuitos vestibulares, pero no así nuestros laberintos. Al dormir, no experimentamos un desajuste entre el mundo exterior y la representación interna de éste porque sólo disponemos de la segunda para trabajar a partir de ella. Así, liberados de la mano controladora de la realidad, corremos libres mientras se despliegan exuberantemente nuestros clavados, peces y cuadros oníricos.

Siempre quise yo ser acróbata de circo o clavadista de trampolín y plataforma. Siendo niño de entre ocho y 10 años, mi padre me ayudó a construir una especie de trampolín de madera en un campo próximo a nuestra casa de West Hartford, Connecticut. También me compré un ejemplar de *The Tumbler's Manual*, que incluía unos dibujos muy bien logrados de acrobacias que podían ejecutarse en el suelo o desde el trampolín. ¡Esto sí que era peligroso! Mi divertido grupo de cómplices de la infancia y yo pudimos habernos roto el cuello. Nunca permitiría yo que mis mellizos hicieran semejantes piruetas. ¡Un montón de paja era lo único que había para amortiguar la caída mientras ejecutábamos saltos mortales! Mi dominio del salto mortal con carrera fue un logro muy satisfactorio para mi orgullo y mi naturaleza exhibicionista durante toda mi adolescencia.

La playa (como la langosta del otro sueño) quedaba fuera del alcance de pobretones como nosotros. Asimismo, a menudo se nos prohibía ir a la piscina de la ciudad, con todo y su trampolín, a causa de la epidemia de poliomielitis que seguía siendo una amenaza para los jóvenes a comienzos de los cuarenta. Así, tuve que conformarme con el trampolín improvisado sin nunca pensar siquiera que era mucho más probable que me rompiera el cuello dando volteretas en un campo que contraer polio por nadar en una piscina. También solíamos colocar trapecios en los árboles. Y yo me enorgullecía de poder quedar colgado boca abajo sostenido con los dedos de los pies, los talones y las rodillas mientras nos columpiábamos. Me sentía en una película de Fellini. Me encantaban los aspectos acrobáticos de la vida e incluso de la ciencia. No me sentía feliz si no estaba en el límite entre la ignorancia y el conocimiento.

Cuando me mudé a Loomis, tampoco allí había piscina, así que nunca pude lanzarme unos buenos clavados. Pero sí pude hacerlo en Little Tuckahoe, en casa de mi novia Blannie Dew, en el campo de Connecticut cerca de Torrington. Autodidacto, aprendí a hacer diferentes tipos de saltos mortales y clavados hacia adelante y hacia atrás. En toda aquella arriesgada experimentación, sólo una vez me golpeé la cabeza contra el trampolín. ¿Almacenaba mi cerebro todos los programas motores que ejecutaban mis osados clavadistas en sueños? ¿Esperaban allí almacenados, para revelarse en un momento de ficticia gloria en un sueño, 40 años después? ¿Estaba yo reforzando este temprano aprendizaje motor por si acaso volviera a necesitarlo? Puede ser. Se sabe que las habilidades motoras recién adquiridas se consolidan e incluso mejoran durante el sueño.

También pescar me atraía mucho, pero no atrapé un pez grande hasta varios años después de este sueño. Nunca intenté pescar de pie en la corriente. De cualquier modo, varias veces observé a otros hacerlo, en casa de Roger Prouty en Nauset Beach, en Orleans. De hecho, a menudo visité el lugar acompañado de Peter Thompson, mi compañero pescador del sueño. En una ocasión, un diestro pescador nos obsequió un robalo de gran tamaño. Como experimento culinario, despellejamos el pescado, marinamos en jugo de limón los filetes, y los comimos crudos como ceviche.

¿Y qué decir de los pescadores sumergidos, sin

visores ni equipo de buceo? Contener la respiración y nadar bajo el agua largos trechos fueron otras dos de mis hazañas acuáticas de la adolescencia. En mis buenos tiempos, podía recorrer bajo el agua tres tramos sucesivos de 20 metros sin salir a la superficie. Así como mis vueltas de campana, este truco me distinguía de mis compañeros. Harry Houdini era mi inspiración. ¡Una mente soñadora como la mía no descarta la pesca bajo el agua: ni siquiera la pesca submarina entre el oleaje!

En lo que respecta al exhibicionismo, Dalí y Fellini eran mi fuente de inspiración. Siempre he admirado el extraordinario talento de Dalí como pintor y leyendo supe de la atención que llamaba con su provocativo comportamiento público. Algo había de ofensivo, vulgar y aun repugnante en el narcisista exhibicionismo de Dalí, ¡pero vaya que era un pintor extraordinario! Y yo pude apreciar los fuertes vínculos que había entre su peculiar filosofía paranoide-erótica y su poderosa imaginación pictórica.

El hecho de que yo leyera la biografía de Dalí por la época en que tuve el sueño de los clavados peligrosos parece significativo, por diversas razones. Para empezar, despertó la faceta de acróbata que yo llevaba dentro. También me ayudó a crear un pez mágico. Y generó a los pescadores submarinos de la escena final. Por todo ello, este sueño se puede considerar como un homenaje a Dalí, aun cuando el pintor no aparezca en él.

Para un psicoanalista freudiano ortodoxo, estos peligrosos clavados podrían representar símbolos de algo más; por ejemplo, de actividad sexual. Y de esto podría tratarse la "gran trucha". Mi censor se despierta y traduce mi impulso sexual (el contenido latente) a imaginería onírica disfrazada (el contenido manifiesto). Se ha sostenido que esta clase de razonamiento es una caricatura de la teoría de Freud o que nadie piensa ya en estos términos. Aun así, el nudo del disfraz-censura sigue latiendo en el corazón de preguntas como: "¿Qué evocan los clavados?" y "¿Qué cree que represente en realidad el pez?" Mis respuestas a tales preguntas pueden parecer prosaicas: un clavado hace pensar en un clavado (y piruetas afines) y el pez hace pensar en un pez (y escenas parecidas alusivas a la pesca). Así de sencillo. Al utilizar la herramienta filosófica para dar explicaciones complejas cuando bastarían las sencillas, la síntesis de la activación debe prevalecer sobre el disfraz-censura.

¿Y que diría un seguidor de Jung? Que mi ánima es un pájaro que se eleva, o un espíritu que desafía a la muerte, y que mi sombra es el miedo a la destrucción, el temor a ser apresado y privado de mi libertad trascendental. Hasta aquí, lo anterior no está tan mal. Empero, cuando Jung va más allá y postula un inconsciente colectivo (como en un universal deseo de volar) o un repunte arquetípico (como en el surgimiento del chamanismo), pienso que es hora de despedirme de él. Freud rechazó a Jung por su misticismo. Si bien prefiero por mucho la teoría de los sueños de Jung a la de Freud, resulta alarmante la extrema postura anticientífica del primero. Como científico, es preferible Freud.

Sabemos que los generadores de patrones motores del tallo cerebral se activan durante el sueño MOR y que estos generadores motores activan los sistemas que regulan nuestro sentido de posición en el espacio. El movimiento, incluso el que es insólito, predomina durante la noche. Su orden de moverse incluye volar y girar. Si *este* proceso universal constituye el "inconsciente colectivo", que así sea, ¡pero esto no es lo que Jung tenía en mente cuando acuñó el término! Aun cuando superficialmente es más compatible con la activación-síntesis, la teoría de los sueños de Jung resulta menos atractiva que las ahora absurdas teorías de Freud, porque al menos éste estaba tácitamente consciente de la importancia de la neurofisiología. Jung asistió a la escuela de medicina y fue un asociacionista experimental durante su residencia psiquiátrica con Eugène Bleuler en la Clínica Burghölzli de Zurich. Sin embargo, Jung era un espiritualista místico en toda la extensión de la palabra. Es justo que estos rasgos le ganen la admiración de los artistas, pero son incompatibles con la ciencia.

Al decir que mis sueños amplifican y despliegan claramente temas importantes de mi vida, concuerdo con analistas contemporáneos del contenido de los sueños, como William Domhoff, quien minimiza las diferencias entre las conciencias de la vigilia y del sueño para insistir en la continuidad de rasgos individuales que entrecrucen sus límites. Mis sueños no prueban la hipótesis de Domhoff, pero son sin duda congruentes con ella.

Hay muchas razones para esperar que Domhoff tenga razón con su hipótesis de que cada quien sueña su propio sueño y que nuestros sueños reflejan nuestras preocupaciones del estado de vigilia. Aun así, tenemos buenas razones para mostrarnos escépticos. Por ejemplo, necesitamos saber si un grupo de jueces independientes sería capaz de separar, digamos, 100 sueños de 10 soñadores en 10 lotes distintos sin saber cuáles sueños corresponden a qué soñadores. También cabe preguntarse si incluso los mismos soñadores podrían reconocer los relatos como propios si se disimulara su procedencia y hubieran transcurrido varios años desde la recolección de esos sueños.

Sé que mis sueños son míos porque veo los relatos escritos de mi propia mano en mis diarios, pero, no obstante, a veces me asombro al llegar a la conclusión de haber tenido este o aquel sueño. Este asombro surge porque carezco de todo recuerdo consciente de haber tenido ese sueño en particular. ¿Sería yo capaz de identificar 10 de mis propios sueños si los relatos se mezclaran con 90 relatos oníricos de otras nueve personas? Para evitar que los jueces agruparan los sueños por su estilo literario, habría que eliminar los nombres específicos de las personas, los lugares y las acciones, y se tendría que uniformar el estilo de escritura.

Si estos experimentos fracasaran —y bien podría ocurrir—, ¿dónde quedaría la hipótesis de Domhoff? Saldría por la ventana, como todas las demás. Aun así seguiría siendo psicológicamente útil asociarla con los sueños. Pero entonces cualquier sueño —mío o de alguien más— sería tan buen punto de partida como cualquier otro. Aunque ninguno de nosotros quiera creerlo, aun así podría ser verdad.

Otro motivo para mostrar escepticismo ante los argumentos de Domhoff es que él niega que haya diferencias formales entre las conciencias de la vigilia y de los sueños. Según Domhoff, la visión onírica es la misma que la imaginería mental de la vigilia. Pero la creencia delirante constante de que se está despierto cuando en realidad se duerme, contrasta con una pregunta que sólo muy rara vez se formula durante la vigilia: ¿acaso estoy soñando? La extravagancia, en particular la transformación mágica de los sueños, es casi cualitativamente distintiva. *"Transmogrification"* es el maravilloso nombre que dio Martin Seligman a lo que llamamos cambios de identidad de los personajes u objetos de los sueños. Una cuerda se convierte en una serpiente, un hombre pasa a ser una mujer y una habitación de hotel se transforma en otra. El acentuado menoscabo de la memoria episódica restringe el acceso onírico a hechos a los que se puede acceder fácilmente durante la vigilia. Ante diferencias tan conspicuas como las que proporciona la revolución de las neuroimágenes, la vigilia y los sueños parecen ser estados muy distintos.

Tal vez Domhoff no recuerde sus propios sueños. Apoyarse en los relatos de otros, sobre todo de estudiantes, no es buen sustituto del enfoque de testigo experto u observador capacitado que adoptamos, sobre todo a la hora de diseñar experimentos piloto, porque muchos estudiantes son malos al relatar cualquier aspecto de su vida mental. En cambio, teniendo a mano nuestros datos piloto, podemos crear sondeos afirmativos para que nuestros sujetos ingenuos los apliquen en relatos escritos centrados en una u otra característica formal de los sueños.

No existe una diferencia necesariamente exclusiva entre la conclusión de que los sueños reflejen la conciencia de la vigilia y que la actividad onírica sea formalmente muy distinta de la vigilia. A fin de cuentas, la base de datos biográficos es la misma para cada quien en estado de vigilia o cuando soñamos. No obstante, sugerir que la actividad onírica es tan trivial como la vigilia resulta retrógrado con respecto a la neurociencia cognitiva. Cuando mi cerebro-mente se activa con fuerza temprano por la mañana, como una recuperación posterior a la privación del sueño MOR, muchas veces sintetiza argumentos espectaculares como los de los clavados peligrosos. Entonces cumplo muchos de mis anhelos de toda la vida: bucear, ser acróbata, desafiar a la muerte, pescar, nadar y desplazarme velozmente, y ser un pintor —como Dalí— que llega a los extremos de la imaginación. Sólo la neurociencia puede aspirar a explicar estas predisposiciones.

REFERENCIAS BIBLIOGRÁFICAS

Bowker, R. M., y A. R. Morrison, "The startle reflex and PGO spikes", *Brain Research*, 30 de enero de 1976, 102(1): 185-190.

"Dangerous Diving Dream", *JAH Journal*, vol. 29, 19 de mayo de 1987.

Domhoff, G. W., "The scientific study of dreams: neural networks, cognitive development, and content analysis", Washington, D. C., American Psychological Association, 2003.

Etherington-Smith, Meredith, *The Persistence of Memory: A Biography of Dalí*, Nueva York, Random House, 1992.

Hobson, J. A., "Sleep and dream suppression following a

lateral medullary infarct: a first-person account", *Consciousness and Cognition*, 11(3): 377-390.

Hobson, J. A., y R. W. McCarley (1977), "The brain as a dream state generator: an activation-synthesis hypothesis of the dream process", *American Journal of Psychiatry*, 134(12): 1335-1348.

Lorente de Nò, R., "Vestibulo-Ocular Reflex", *Archives of Neurology and Psychiatry*, 1933, 30: 245-291.

IX. LA BALLENA DIVIDIDA
El miedo y la amígdala

Voy caminando con mi hijo Ian hacia un declive que conduce a un campo más bajo. Descubro unas formas vagamente jorobadas y digo: "Oh, ahí están los toros". Entonces se me ocurre que tal vez no sea prudente cruzar justo por ahí la cerca y el campo, pero al mismo tiempo me tranquilizo. "Oh, creo que está bien", pienso. Cargo (¿cargamos?) un poste de cerca muy pesado y peculiar que se compone de un tronco de cedro normal y una base cilíndrica de plástico. En ese instante (o después), comprendo que el singular objeto debe ser fuerte por encima de la tierra (el tronco) y resistente a la putrefacción por debajo (el cilindro de plástico).

La corta pendiente se ha transformado de pronto en un largo e inclinado despeñadero que desemboca precipitadamente en el agua, allá abajo. Durante un rato descendemos con cuidado de roca en roca, pero la cuesta se vuelve cada vez más peligrosa. Decido arrojar al mar el poste, y cae indefinidamente antes de llegar a la superficie. De pronto me doy cuenta de que puede lastimar a alguien en la playa que está abajo. Sin embargo, en vez de gente, lo que hay es algo que parece un enorme esqueleto de ballena, que pende verticalmente y está partido por la mitad. Cerca de allí observo una cabaña parecida a una madriguera elaborada con trozos de grasa de ballena.

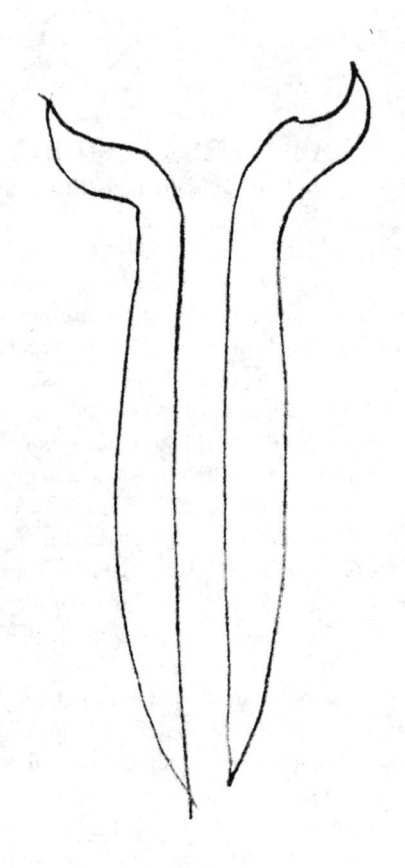

Me doy cuenta de que debemos regresar, y me pregunto si seremos capaces de ascender por la escarpada pendiente. Al mirar hacia abajo, descubro un maravilloso tobogán en que unos pingüinos juegan jubilosamente. Una gran ave hace desplantes encima de las rocas, sacudiéndose el agua de las alas.

Dormí en casa con mi esposa Joan en la víspera de un seminario en torno a la fisiología de los sueños que impartí en el St. Luke's Hospital de la ciudad de Nueva York, durante un invierno de hace casi dos décadas. Desperté a las 5:40 de la mañana con un recuerdo fresco del sueño antes transcrito. Este despertar temprano pudo obedecer a mi expectativa ante el seminario, pero el contenido no se relaciona con él de ninguna manera evidente. Como garabateé el último párrafo del relato en una carta de invitación al seminario, supongo haberlo redactado en el Aeropuerto Internacional Logan de Boston o bien en el avión, rumbo a Nueva York.

La orientación espacial y el tono emocional de cada una de las tres primeras escenas pronto se establece. Estoy con mi hijo Ian en la ladera de una colina, como las que hay en nuestra granja de Vermont, pero esto no se especifica como tal. Lo anterior es típico de los paisajes oníricos: reúnen las características formales de lugares específicos, pero a menudo cambian en sus detalles; es como si "paisaje campestre" fuera una categoría mental genérica. Esto abre la red asociativa para incorporar los toros, apenas entrevistos pero claramente amenazadores, y los postes híbridos: para contener mejor a los toros. Mi invención onírica de un poste de cerca revestido de plástico es a la vez incongruente y creativa. Eso *podría* hacerse. Diez años más tarde, y sin tener recuerdo alguno de este sueño, decidí instalar una cerca de vinilo en el lindero anterior de mi jardín de Brookline. Nunca se pudrirá.

El miedo se interpone después en mi camino del proyecto del poste de cerca onírico. La pendiente se vuelve cada vez más pronunciada y se transforma en una ladera montañosa costera como las de Big Sur, en California. Por tanto, decido arrojar al mar el pesado poste de cerca, pero casi de inmediato lamento mi decisión. La intensidad alucinoide del despeñadero y el miedo a caer se han apoderado de mi capacidad para razonar o aplicar mi buen juicio. La erosión del pensamiento debida a la alucinación es un rasgo típico de muchos sueños. Igual que en las enfermedades mentales, nos vemos impedidos de pensar con claridad si estamos viendo cosas.

A medida que avanza el sueño, aumenta la intensidad emocional. Lo que suscita las imágenes de la ballena dividida y la madriguera de grasa no sólo es el miedo a caer y el temor de lastimar a alguien, sino una previsión más apremiante de cierta violencia. Aunque no es común ver ballenas varadas en la playa, sí las he visto. Pero nunca he visto un esqueleto de ballena partido perfectamente a la mitad, a todo lo largo. La madriguera de grasa de ballena es una incongruencia magníficamente condensada. En las guerras, se cavan madrigueras como protección en las playas. Lo que necesita esta ballena (y el resto de ellas) es protección. Como soñador atemorizado, quizás yo mismo la necesite. Si bien la grasa de ballena se podría emplear para revestir las paredes de una madriguera (y ello podría brindar cierta protección), se trata de una arquitectura de lo más insólita. Mi cerebro-mente se ha activado de tal forma que precisa integrar la preocupación por la violencia con las ballenas varadas. Y es justo eso lo que hace.

Como mi cognición va de mal en peor en el sueño,

decido que el descenso es demasiado arriesgado. Recupero la capacidad de razonar al mismo tiempo que se reduce la sensación de vértigo, así como la amenaza de caer. Lo anterior se debe a la disminución espontánea del proceso de activación vestibular de mi tallo cerebral (lo que trae como consecuencia que aminore el vértigo), el declive en la activación de la amígdala (lo que hace que se reduzca el miedo) y la recuperación parcial de la corteza prefrontal dorsolateral (lo que redunda en un incremento de la capacidad para pensar de modo racional). Mi sueño necesita un animal benigno, y los pingüinos juguetones encajan en este cambio de emoción. La percepción del precipicio también se modifica y se transforma en una caída de agua a fin de conferir congruencia a mi ánimo en rápido cambio y a los animales presentes.

Una semana después de registrar este sueño, lo utilicé como punto de partida de un modelo especulativo que se puede visualizar con facilidad. La figura siguiente ilustra la secuencia de escenas de este sueño y muestra lo que creo que ocurre en mi cerebro.

Un modelo secuencial del sueño de la ballena dividida

Primer suceso
Activación

> Los centros del tallo cerebral activan los sistemas vestibular y límbico, los cuales generan sensaciones de enlace de realimentación positiva de vértigo y angustia.

a)

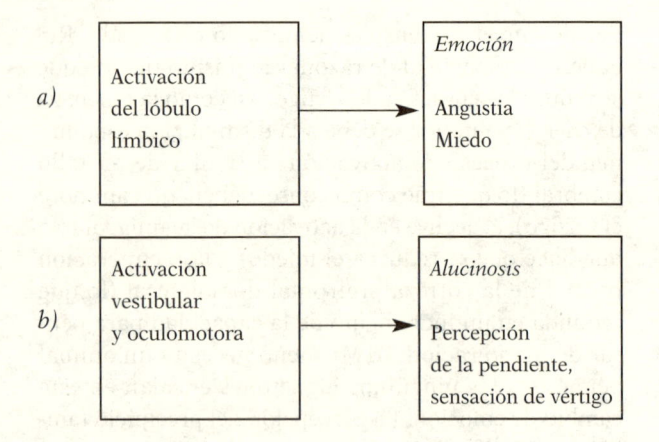

| Activación del lóbulo límbico | → | *Emoción*
Angustia
Miedo |

b)

| Activación vestibular y oculomotora | → | *Alucinosis*
Percepción de la pendiente, sensación de vértigo |

Segundo suceso
Síntesis

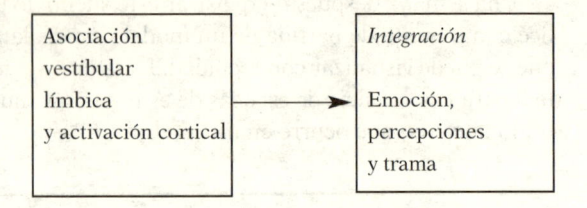

| Asociación vestibular límbica y activación cortical | → | *Integración*
Emoción, percepciones y trama |

Construcción de la trama mediante la activación de la corteza de asociación:

> Estoy en la ladera de una colina (como las que hay en mi granja de Vermont).
> Con mi hijo Ian (a menudo estamos juntos en un lugar así).

La cerca y los toros son congruentes con la suposición anterior.

También lo es el poste de cerca (pero no su hechura).

Las redes hipocampales y corticales activan y emiten datos relativos a la orientación familiar. La sensación de peligro continúa cuando vemos a los toros. Es mejor no proseguir.

Posibles fuentes de la memoria:

Ganado en Vermont.
Ganado en Arizona.

Tercer suceso

Los temas se intensifican mediante una realimentación positiva y estímulos provenientes del tallo cerebral que se aceleran cada vez más. Explico el poste de la cerca de modo casi racional con una lógica onírica *ad hoc* como si estuviera compuesto de un tronco de cedro (para darle fuerza) y un tubo de plástico (para que resista la putrefacción).

Cuarto suceso
Segunda escena

La angustia es más intensa, la colina más escarpada. Como los supuestos de orientación ya no coinciden con los datos, la escena cambia a un despeñadero junto al mar y yo arrojo a éste el poste de la cerca por ser innecesario (e incongruente). Mi hijo ya no está presente (discontinuidad).

Posibles fuentes de la memoria:

> Me interesan las cercas y acabo de estar en Arizona buscando cercas, ganado, etcétera.

Quinto suceso

El despeñadero se vuelve cada vez más peligroso.

Elaboración cognitiva:

> Pienso que me equivoqué al arrojar el poste.
> Puedo herir a alguien en la playa. Siento angustia ante la agresión.
> La trama parece requerir ahora algún tipo de violencia relacionada con el mar.

Sexto suceso
Tercera escena

Aparece la ballena dividida.
Aparece la madriguera de grasa.

Estos aspectos satisfacen la necesidad emocional de violencia, pero a la vez me exoneran. De hecho, soy yo quien está en peligro.

Posibles fuentes de la memoria:

> Laderas escarpadas.
> Big Sur en California un año antes.
> La montaña Kitt en Arizona dos semanas atrás.

Visita al Peabody Museum de Salem el fin de semana previo, donde vi una exposición sobre la caza de ballenas.
El corte de la grasa de ballena me impresionó a nivel visceral.

Séptimo suceso

Elaboración cognitiva:

Decido regresar.

La angustia cede por sí sola o mi procesamiento cognitivo la ha desviado o contenido.

Octavo suceso
Cuarta escena

Veo la caída de agua y los pingüinos que saltan por allí.

Este animal es congruente con el Pacífico sur, el Peabody Museum y la resolución de la trama. Todo está bien, incluso es humorístico.

En 1965 compré una granja lechera abandonada en Vermont y desde entonces he invertido muchísimo dinero y tiempo en arreglarla. Durante todos estos años, mi aliado más constante ha sido Ian Hobson, mi hijo y compañero del sueño de la ballena dividida. Ian es un naturalista aficionado. Aunque lo primero por lo que se sintió atraído fueron las vacas, ahora admira toda clase de animales, incluidos las ballenas y los pingüinos. Ambos compartimos nuestro amor a la naturaleza. Y con frecuencia recorremos juntos los campos y bosques de nuestra propiedad en Vermont.

Mi interés por las cercas podría derivarse de que mantengo más de kilómetro y medio de una cerca con alambre de púas en mi granja. Si bien me impresionan los conocimientos prácticos de los lugareños de Vermont para instalar estas estructuras, mantener tensos los alambres y remplazar los postes, una parte de mí busca un sistema mejor. ¡De allí vino el poste de cedro revestido de plástico! Para un freudiano, este poste podría pasar por un falo con condón, pero yo no lo creo. Aunque comparte una función protectora con el falo/condón, va más allá de esa función, inventando una nueva manera de instalar cercas.

Muchos colegas míos sostienen la hipótesis de que los sueños sirven para resolver problemas e incluso para idear dispositivos, experimentos y conceptos nuevos. Robert Louis Stevenson abrevaba en su vida onírica cuando no encontraba una solución inventiva para la trama de uno de sus cuentos. Reconoció que el recurso de "ingerir un preparado químico" para transformar al benigno doctor Jekyll en el malvado señor Hyde le fue sugerido por los duendecillos oníricos. En la Inglaterra del siglo xix, era natural suponer que pequeños seres como enanos, espíritus y duendes eran los intermediarios de experiencias evanescentes como los sueños. En esta función, tan sólo cumplían el equivalente cultural local de agentes externos como los íncubos y súcubos que visitaban a los durmientes de la Europa continental y que provocaban pesadillas o bonitos sueños.

Todavía desconocemos por qué algunos sueños son buenos (el doctor Jekyll) y espantosos otros (el señor Hyde), pero no es mala idea "ingerir un preparado químico". Esto indica que los sueños de una persona, y aun su personalidad, poseen una base neuroquímica. Justo antes de este sueño, mi esposa Lia, que es neuróloga, acababa de hablarme de un paciente que afirmaba que el fármaco psicoactivo que tomaba le había cambiado la conducta. La expectativa de tener un cambio de conducta era, por supuesto, la razón por la que en primera instancia tomaba el fármaco en cuestión. Pero al margen de que el fármaco mitigara o no su depresión diurna, el paciente informó que de noche se convierte en un monstruo, que ataca a su amada esposa mientras ella duerme. Al oír algo así, el psicoanalista que llevamos dentro chasquea la lengua y dice: "Tiene el deseo inconsciente de lastimar (o incluso de matar) a su esposa".

Pero, ¿es justa esta explicación? ¿O debemos considerar otras opciones? A riesgo de plantear problemas delicados para la jurisprudencia, debemos preguntar si el cambio químico que se da en el cerebro de este paciente no es el agente de todos estos procesos deseables y desagradables. Examinemos la situación para tratar de resolver los problemas.

Los postes de las cercas *sí* se pudren. Como ya no quedan vacas en mi dehesa de Vermont, las hileras de cercas, antes ordenadas y bien tensas, se encuentran ahora en un estado deplorable. ¿Debo cambiarlas (a un costo considerable) o debo esperar a que aparezca un romántico granjero en ciernes y lo haga por mí? Llevo en la cabeza preguntas así. Además, sé que duran más los postes tratados a base de presión, porque la cerca de mi corral, tratada de esa manera, sigue siendo sólida tras 10 años de exposición a los elementos.

Por la época en que tuve el sueño, la cerca de la dehesa se estaba viniendo abajo, y aún teníamos vacas que cuidar en ella. De modo que, a su debido tiempo, a mi cerebro soñador se le ocurrió un remedio inventivo: revestir con plástico los extremos afilados de los bastos postes de cedro. Hasta donde recuerdo, nunca tuve esta idea en la conciencia de la vigilia, por lo que sí califica como un novedoso producto creativo de mis sueños. Empero, ahora que me encuentro despierto, puedo aventurar una evaluación crítica de dicha idea: cosa que estaba fuera de mi alcance durante el propio sueño.

Para empezar, ¿cómo se podría aplicar semejante revestimiento plástico? ¿Sumergiendo los extremos afilados de los postes de cedro en una gran olla de resina epóxica? Lo he hecho con latas de cinco galones de creosota y no he visto un aumento notable en la longevidad de los postes. Si bien esto se podría hacer, mi mente soñadora nunca se pregunta cómo hacerlo. Mi mente soñadora tampoco se pregunta si semejante remedio funcionaría siquiera.

¿Cómo se mantendría en el suelo un poste así? Una de las ventajas de un poste de cedro basto es que se conserva al menos durante cinco años. ¿Tendría la misma solidez una punta de plástico? Nuestra conciencia de la vigilia no carece de motivos para sospechar. Después de todo, el plástico es resbaloso, y tal vez no se mantendrían fijos estos postes a prueba de putrefacción. A la luz del día nos diríamos: "Intentémoslo".

Y podríamos emprender el experimento de revestir de plástico unas cuantas puntas y ver qué pasa. Pero nuestros cerebros soñadores no piensan del mismo modo. Quizás no pueden y al mismo tiempo ser tan libres en sus creaciones.

¿Atraparía el revestimiento plástico la humedad en que medran los microorganismos que causan la putrefacción, por lo que, al quedar empapados por lluvia o nieve derretida, los postes se degradarían y saldrían de sus fundas de plástico? Tampoco sé la respuesta a esta pregunta, pero al menos puedo planteármela durante la vigilia. Al soñar, carezco de sentido crítico y de advertencia del estado de cierta putrefacción de mi propio cerebro.

Tras analizar unos cuantos intentos sistemáticos por probar la hipótesis de la solución de problemas —esto es, la idea de que los sueños resuelvan los problemas de nuestra vida vigil—, la única conclusión posible es que las pruebas son abrumadoras. En este campo abundan las anécdotas. Así, se dice que la imagen de Kekule, en que una serpiente representa la estructura anular del benceno, se le presentó mientras dormitaba en un tranvía. También se supone que a Otto Loewi se le ocurrió en un sueño el experimento de la perfusión cardiaca cruzada de dos ranas, que sacó a la luz la neurotransmisión química. Loewi sostiene incluso que tuvo este sueño creador una noche y que, como no conseguía recordarlo, se propuso volver a tenerlo. Y así lo hizo. Ahora sabemos que la sustancia química que desaceleró el corazón de la rana receptora fue la acetilcolina liberada por el corazón de su rana donadora, estimulada eléctricamente. Mi laboratorio estableció que la acetilcolina regula la actividad de los sueños y es por ello el preparado onírico más potente que podamos imaginar.

Nos encanta este tipo de relatos sobre la invención en sueños porque así nos sentimos cómodamente racionales ante rotundas pruebas en contrario. Al soñar, somos tan locos como cabras. Si al hacerlo obtenemos alguna clase de bonificación creadora, bienvenida sea.

En cuanto a los toros, es *cierto* que en ocasiones nos topamos con alguno. Cuando Marshall Newland, vecino nuestro, permite que embarcen sus vacas y vaquillas, su toro semental pasa de los cuartos traseros de una vaca a los de la siguiente y es capaz de atender al rebaño entero en unos cuantos días. También en este caso, es el sexo el que asoma su fea cabeza, pero insisto en que los toros no aparecen en este sueño como sustitutos o símbolos. Se trata de animales cuya amenaza hacia Ian y yo constituye una respuesta perceptiva real, apropiada en el sentido asociativo e intensa hacia el miedo a estar en un espacio abierto. Inician además la secuencia de animales que va de las jorobas (toros) al esqueleto de la ballena cuando la escena campestre cede ante el despeñadero costero desde el que yo arrojo el poste de la cerca. De todos modos, a menudo he estado frente a reses y acababa de regresar de Tucson, donde vi muchísimos novillos en engorda e hice dibujos minuciosos de las cercas usadas para contenerlos.

Andaba yo pensando en ballenas porque Joan, mi primera esposa, y yo habíamos visitado el Peabody Museum la semana anterior. Pasé media hora en una excelente muestra sobre la caza de ballenas, y me impresionaron en particular unos métodos de corte y derretimiento de grasa de ballenas, muy bien documentados. Cuando tenía ocho años, me vi obligado a guardar cama una semana por una varicela especialmente virulenta. Para pasar el tiempo, leí la edición de la Random House de *Moby Dick* de Herman Melville, con ilustraciones de Rockwell Kent. En esa temprana etapa de la vida, no tuve ni idea del significado alegórico de la novela, pero la disfruté totalmente como un relato de aventuras, que documentaba las técnicas y la cultura de la caza de ballenas. Quise impresionar a mi madre, ávida lectora ella misma: con sus 600 páginas, era el libro más largo que hubiese yo leído hasta entonces, y nunca he olvidado las imágenes.

¿Se anticipó Herman Melville a Freud, como sostenían muchos de mis profesores en Wesleyan? ¿Fue el capitán Ahab la víctima inconsciente de un deseo de muerte que culminó al ahogarse, sumergiéndose con la gran ballena blanca? ¿Representaba su amputación una amenaza para su masculinidad, que sólo podía revertirse mediante la venganza de la captura de Moby Dick?

Quienquiera que haya sido estudiante universitario en un colegio de humanidades en la década de 1950 llenó incontables exámenes con especulaciones relativas a preguntas como éstas. Así como nos fascinan las anécdotas que versan sobre la creatividad desbordada durante los sueños, aceptamos el freudismo ramplón de la interpretación literaria. Nos encantan las historias lindas y las aceptamos con facilidad. Leí *Moby Dick* sin tener una mínima idea del subtexto putativo. Y me considero bastante tolerante hacia el ejercicio intelectual aportado por la aplicación de conceptos psicoanalíticos a la literatura. Pero todo ello tiene poco que ver con la neurociencia.

En este punto, retomo mi anterior pregunta relativa a la jurisprudencia. ¿Puede la actividad onírica, con su propia serie de sustancias químicas cerebrales, transformar de noche a un bondadoso doctor Jekyll en el sanguinario señor Hyde? Y, de ser así, ¿a quién se puede culpar? Unos cuantos jueces han empezado a preguntárselo. ¿Una persona es legal o moralmente responsable de sus pensamientos, sentimientos y acciones mientras está dormida? La mayoría de nosotros aceptamos nuestra vida onírica como prueba de fuertes deseos prohibidos.

Esa aceptación resulta de lo más fácil si nuestros argumentos oníricos están contenidos dentro de nuestras cabezas. Pero, ¿qué hay del paciente que empieza a golpear a su esposa mientras está dormido? ¿Acaso no le asistiría el derecho a preguntar a su neurólogo si el fármaco que está tomando no lo ha convertido, involuntariamente, en un monstruo? ¿Y qué podemos decir de pacientes con un trastorno de la conducta en el sueño MOR, que ponen en práctica sueños a veces violentos? Uno aporrea a su esposa con la mano izquierda mientras imagina estar dando una vuelta pronunciada en un camino de su sueño. Otro se lesiona al lanzarse de la cama hacia una alberca onírica. ¿Son responsables de sus actos estas personas? ¿O se debe considerar que sufren una insania temporal y, por tanto, serán perdonadas y atendidas? Hasta aquí no es difícil responder a estas preguntas retóricas. Los pacientes con automatismos cerebrales, como la epilepsia o la esquizofrenia, sobre los que no tienen dominio alguno, merecen nuestra comprensión y el tratamiento pertinente. Y otras personas, en particular las esposas, deben ser protegidas de ellos.

No obstante, una vez que se admita en los juzgados una "defensa hípnica", la situación se tornará considerablemente más turbia y mucho más preocupante. Piénsese en el caso del joven canadiense que se entregó a la policía cuando por los medios informativos se enteró de que había asesinado a sus suegros. Se preguntó si sería posible que él fuera el asesino y que pudiera haber cometido el crimen estando dormido. El juez, el jurado y los peritos médicos dijeron que sí, que era posible que una persona pudiera abandonar su cama, conducir casi 50 kilómetros a altas horas de la madrugada, asesinar a sus suegros y regresar conduciendo a casa sin estar despierto de verdad. El veredicto fue: inocente por un trastorno del sueño. ¿Le parece a usted que ese veredicto abusa de su credulidad? ¡Pues tenga cuidado! La jurisprudencia se basa en antecedentes; una de sus hijas podría casarse con un sonámbulo; y usted mismo podría tener que ingerir un preparado químico que transforme su propio ser.

En el caso del canadiense había un motivo evidente. Los suegros sentían que el sonámbulo/asesino no era un buen partido para su hija. Después de que ella de todos modos se casó con él, los padres no ocultaron su disgusto. Los sentimientos heridos se enardecieron, y empeoraron cuando el sospechoso perdió su empleo, con lo que su amor propio sufrió un fuerte golpe justo una semana antes del asesinato. Aun así, mucha gente tiene motivos no menos poderosos y no por ello comete asesinatos. ¿Qué salió mal en este caso? Aunque no lo sabemos en realidad, los expertos que registraron en sus laboratorios el sueño del sospechoso declararon ante el juez y el jurado que el acusado presentaba estados disociativos en que estaba en parte despierto y en parte dormido, como alguien hipnotizado.

A los sujetos que presentan estados disociativos se les llama "sonámbulos" —lo que literalmente significa que caminan dormidos— desde la época de Pierre Janet, aparente sucesor de Jean Martin Charcot en el hospital de la Salpêtrière por el tiempo de la famosa visita de Sigmund Freud. Y no hay duda de que los sonámbulos clásicos presentan ciertamente disociación. Según se me decía, entre los nueve y 11 años yo solía levantarme de la cama, bajar las escaleras, abrir la puerta principal y orinar en un jardín de rosas. ¿Tenía algún motivo? Sí: necesitaba orinar. ¿Sabía yo lo que hacía? No: me encontraba en un estado disociado en que mezclaba elementos de la vigilia con otros del sueño.

El vínculo histórico entre el sueño y la disociación se rompió cuando Freud puso el acento en la motivación y pasó por alto el proceso de disociación en sí. Ahora la historia, ha dado la vuelta completa y puede verse que el sueño, por su propia naturaleza, aporta el terreno fisiológico para una amplia gama de conductas motivadas pero carentes de control. ¿Cómo procederá el sistema jurídico ante esta nueva forma de ver las cosas? La respuesta es buena noticia para los abogados, cualquiera que sea el veredicto práctico final. ¿Acaso las víctimas de conductas disociativas nocivas demandarán por daños a las compañías fabricantes de fármacos que alteran la conducta o a los médicos que los prescriben? Al parecer, esto será inevitable.

Nos encaminamos hacia una nueva concepción del inconsciente. La teoría de que los estados disociativos son causados sólo por la presión de los deseos inconscientes es el meollo de la teoría de Freud. Los sueños, y toda conducta neurótica, se debían entender de la misma manera: como deformaciones de la experiencia consciente originadas por la erupción de ideas e impulsos reprimidos. Janet y Charcot no quedaron tan convencidos con esta propuesta de Freud. Aun cuando convenían en la fuerza de los impulsos reprimidos, sobre todo los de carácter sexual, buscaron, sin éxito, un sustrato neurológico para los síntomas que observaban.

Ahora contamos con él. El cerebro cambia de estado tan drásticamente durante el sueño que no siempre somos las mismas personas en sueños que durante la vigilia. En este punto lo crucial es el concepto de estado, y de él trata toda la moderna investigación del sueño. Ahora sabemos que es natural, normal y fisiológico tener experiencias disociativas al quedarnos dormidos, al despertar de un sueño profundo y al despertar tras haber estado soñando. Se trata de un hecho verdaderamente revolucionario, que apenas empieza a arraigar en la mente psiquiátrica moderna.

Al comienzo del sueño, con frecuencia nos encontramos despiertos y dormidos a la vez. La situación más impresionante —y peligrosa— que mejor sirve para ejemplificar este punto es la de quedarse dormido al volante de un vehículo. Estos lapsos potencialmente fatales van precedidos a menudo por suspensiones de la conciencia despierta denominados "hipnosis del camino". Este término alude a la miríada de estados hipnoides, incluida la propia hipnosis formal, que ilustran la capacidad del cerebro-mente para estar y no estar al mismo tiempo.

Cuando se hacen más exigentes las demandas del sueño, tendemos a tener ilusiones visuales, y aun francas alucinaciones, mientras nos esforzamos por mantenernos despiertos. Hasta ahora, la psicofisiología ha prestado poca atención a estos estados limítrofes, porque el registro EEG superficial no es lo bastante sensible para objetivar los cambios de la función cerebral subyacentes a ellos. Las tomografías por emisión de positrones (PET) y las imágenes por resonancia magnética (MRI) sirven para explicar la neurología dinámica de estos estados. De cualquier modo, ya sabemos que los lapsos de la atención y la generación perceptiva endógena sí ocurren cuando el EEG oscila entre la vigilia y la fase I del sueño.

Aquí no se trata de descalificar el papel que cumplen los motivos en los actos no deseados, sino más bien de subrayar la importancia de los cambios en la fisiología cerebral que aportan los sustratos necesarios para la conducta disociativa.

Otro ejemplo pertinente para entender la aventura criminal de nuestro joven canadiense es la dificultad de pasar al estado de vigilia una vez que se ha establecido el dormir. Todos hemos experimentado lo que los científicos cognitivos llaman fenómenos de arrastre de otros estados. Estamos despiertos en un sentido conductual; muy bien. Piénsese en nuestra capacidad para afeitarnos, lavarnos los dientes y bañarnos cuando suena el despertador a las cinco de la mañana, indicándonos la necesidad de levantarnos temprano. Empero, nuestra mente sigue aún nebulosa, a menudo durante varios minutos, puesto que nuestro cerebro sigue instalado parcialmente en el sueño. El mismo proceso ocurre, incluso con más fuerza, al comienzo de la noche. Si nos llama un amigo que está en un apuro, un paciente o la naturaleza misma, con frecuencia nos resulta bastante difícil reaccionar porque estamos profundamente dormidos. En tales estados disociativos, el EEG puede mostrar que nuestro cerebro superior sigue aún profundamente dormido en tanto que, por inferencia, nuestra conducta semejante a la de la vigilia es totalmente gobernada por el cerebro inferior, que permanece más alerta. Este sonambulismo en toda la extensión de la palabra, que se conoce porque en él se camina dormido, establece con absoluta claridad nuestro punto: una parte de nosotros está despierta y la otra sigue profundamente dormida.

Este tipo de disociaciones abiertas y totales son tan comunes en la temprana adolescencia que exigen ser consideradas como fenómenos normales. Una vez que atravesamos este puente, nos resulta mucho más fácil reconocer que las múltiples formas de disociación más sutiles, que Freud asignó a la categoría de neurosis psicodinámicamente determinadas, constituyen las propiedades fisiológicas enteramente normales e inevitables del propio dinamismo del cerebro conforme cambia de estado. Para dejar en claro mi argumento, a estos fenómenos yo los denomino neurodinámicos. Aunque los motivos desempeñan su papel en algunos de los casos más flagrantes, el cerebro obedece a sus propias leyes para cambiar de estado, y éstas se deben distinguir de la restricción psicológica de los deseos inconscientes. El cerebro es una estructura física compleja que posee sus propios mecanismos dinámicos de regulación. Entra en el estado MOR al margen de nuestros motivos. Cuando lo hace, soñamos.

La actividad onírica es el estado disociado por excelencia, y nuestros nuevos conocimientos científicos nos permiten distanciarnos de la perspectiva psicoanalítica. He aquí nuestra otra explicación: cuando soñamos estando en el estado MOR, nuestro cerebro está activado. Cree que está despierto. Y nosotros creemos estar despiertos. Y es cierto: una parte de nosotros está "despierta" en el sentido de que nuestro cerebro, en la mayoría de sus partes, está tan activado como puede estarlo cuando en realidad estamos despiertos. No es de sorprender que seamos engañados con tanta frecuencia. Nos encontramos en un estado de sueño que reúne muchas de las características de la vigilia. Así, la actividad onírica del sueño MOR es marcadamente disociativa, y posee al mismo tiempo dos propiedades: una vigilia simulada y el dormir.

A veces, al despertar de un sueño, nos sentimos incapaces de movernos. En esta variante del tema de la disociación, la parálisis motora del estado MOR se extiende a la vigilia. Los pacientes narcolépticos, o la gente que toma antidepresivos, pueden tener perturbadoras ilusiones visuales y aun alucinaciones en toda forma una vez que despiertan. Esto es así porque una parte de su cerebro sigue en sueño MOR y la otra, dormida. También en este caso vuelve a funcionar la disociación.

Dada la complejidad del cerebro y su necesidad de coordinar sus 100 000 millones de neuronas para que se encuentren en el mismo estado al mismo tiempo, es en verdad maravilloso que suframos tan poco de esta propensión intrínseca a disociar. No es tanto que nos veamos acosados por la neurosis, sino poseer un cerebro sobre el cual "nosotros" (un constructo de nuestro cerebro) sólo podemos ejercer un control parcial.

El tema ecológico de mi sueño de la ballena dividida es latente pero claro. Siempre estoy consciente de los riesgos y amenazas de mis encuentros con animales, se trate de toros o de ballenas. Tanto el hombre como la bestia están en igualdad de condiciones de perder (la dignidad, la vida y la diversidad) y de ganar (dinero, leche y aceite) a causa de nuestros encuentros con ellos. Ian forma parte de este complejo porque le gustan los animales y también porque padece un daño cerebral congénito benigno.

¡El final feliz de este sueño es poco común! Lo más habitual era que me despertara al término de la segunda o tercera escenas sin llegar a saber que, a la vuelta de la esquina, ¡había unos pingüinos juguetones! ¿Por qué se transformó de repente el sueño de la ballena dividida —tan temible y amenazante durante casi todo su desarrollo— en algo juguetón, divertido y agradable? No tenemos idea de qué causa esos cambios súbitos de la emoción onírica, pero suponemos que tiene que ver con la activación de la parte del cerebro límbico que regula la emoción positiva. Sabemos, gracias al trabajo de Ritchie Davidson, que durante la vigilia la emoción positiva se asocia con la activación de la corteza frontal izquierda (junto con la amígdala izquierda), en tanto que la emoción negativa se asocia con la activación del lado derecho. Si esta misma regla se aplica durante el dormir, ¿de qué modo resulta afectado el cambio? Queremos conocer la respuesta a la pregunta anterior no sólo para redondear nuestra teoría de los sueños, sino también porque nos gustaría entender cómo se pueden intensificar las emociones positivas por medio de las intervenciones cognitivas.

Un ejemplo convincente se relaciona con nuestro intento por ayudar a la gente a alcanzar cierto dominio sobre las pesadillas y los sueños "malos". Aun cuando el sueño MOR es por entero involuntario e implica una fisiología sumamente automatizada, es posible introducir un grado considerable de control voluntario mediante el entrenamiento para la actividad onírica lúcida. Durante el sueño, igual que en la vida en general, un poco de volición logra grandes avances.

He planteado mis ideas respecto de la lucidez onírica y he señalado que el entrenamiento cognitivo puede aumentar nuestras posibilidades de reconocer, por medio de la extravagancia de los sueños, que nos encontramos en ese estado. Como variante del tema del hedonismo onírico, también es posible cambiar el tono emocional de los sueños. Reconocer como tal la emoción negativa permite al soñador inmerso en una pesadilla escapar de ella diciéndose: "Sal de mi sueño; no quiero sentir miedo". Ver si podíamos acomodar las cosas para que los pingüinos se deslizaran por la caída de agua no es la razón de que el sueño de la ballena dividida tuviera un final feliz, pero podría serlo.

Los escenarios, animales y objetos tienen un vínculo asociativo entre sí. Las laderas de las colinas, los despeñaderos y las caídas de agua constituyen, sin excepción, geografías verticales. Toros y vacas no son simplemente los nombres de unos animales de granja. También se aplican a las ballenas. A su vez, los pingüinos coinciden con las ballenas en que son exóticos seres marinos. Por último, la forma de la cerca coincide con la forma del esqueleto de la ballena. Este sueño es impulsado por intensas emociones de miedo y angustia, y enlaza una serie de temas claramente identificables. A primera vista, las granjas y las ballenas guardan entre sí poca relación, pero se complementan bastante bien entre sí en la lógica onírica basada en el grado emocional y la semejanza experimental que comparten.

REFERENCIAS BIBLIOGRÁFICAS

Baghdoyan, H. A., A. P. Monaco, M. L. Rodrigo-Angulo, F. Assens, R. W. McCarley y J. A. Hobson (1984), "Microinjection of neostigmine into the pontine reticular formation of cats enhances desynchronized sleep signs", *Journal of Pharmacology in Experimental Therapy*, 231: 173-180.

Baghdoyan, H. A., M. L. Rodrigo-Angulo, R. W. McCarley y J. A. Hobson (1987), "A neuroanatomical gradient in the pontine tegmentum for the cholinoceptive induction of desynchronized sleep signs", *Brain Research*, 414: 245-261.

Davidson, R. J., "Affective neuroscience and psychophysiology: toward a synthesis", *Psychophysiology*, septiembre de 2003, 40(5): 655-665.

Gazzaniga, M., y K. Baynes, "Consciousness, Introspection, and the Split Brain: The Two Minds/One Body Problem", en *The New Cognitive Neurosciences*, segunda edición, M. S. Gazzaniga (comp.), Cambridge, MIT Press, 2000.

Moldofsky, H., "The contribution of sleep medicine to the assessment of the tired patient", *Canadian Journal of Psychiatry*, noviembre de 2000, 45(9): 798-802.

"Split Whale Dream", *JAH Journal*, vol. 23, 10 de febrero de 1989.

X. LA CAJA DE TIFFANY
Hacia una nueva filosofía de la mente

Tengo un largo sueño y me despierto a las cinco de la mañana. De algún modo, una caja de vidrio del periodo Tiffany es, por alguna razón, también un cuarto. En un principio (después de varias escenas olvidadas) se posa sobre la parte posterior de una camioneta, la cual debo maniobrar lo más cerca posible del extremo del muro de un puente-dique. Les digo a mis pasajeros: "No se preocupen", y zigzagueo peligrosamente cerca de la orilla.

Ahora acabamos de pasar por un puesto de control (¿en un edificio de la universidad?) y salimos a un promontorio rocoso encima de una catarata, por la que todos nosotros (como grupo) debemos precipitarnos. La idea es que todos nos metamos dentro de la caja (que de pronto parece increíblemente pesada) y —al mismo tiempo— la hagamos pasar por encima de la orilla. Yo ya he escalado solo (con regocijo) las mismas cataratas, en traje de baño. En eso, comprendo la imposibilidad de levantar la caja mientras estemos dentro, y decido explorar las cataratas que parecen más peligrosas de lo esperado.

Camino hasta un precipicio próximo y miro hacia abajo. No hay modo de que salgamos con vida de la escalera rocosa que hay abajo. Nos amenaza que el cristal se haga añicos. (David Armstrong ha dicho que el vidrio, por ser quebradizo, tiende a romperse.) Hacia abajo y a la izquierda se ubica una catarata continua que es, como de pronto comprendo, el camino que recorrí antes. Hay una fuerte sensación de profundidad tridimensional, con un golfo enorme y hondo que al mismo tiempo atrae y repele.

Decido que no es seguro (además de imposible) que remontemos las cataratas.

Aumenta la sensación de presentimiento, y de transgresión. Es evidente que se aproxima la policía (o la milicia). Son guerrilleros comunistas vestidos con ropa de combate. Un pelotón de cerca de 20 se apiña en la meseta y nos rodea.

El jefe, que se dirige a mí de modo amigable, condescendiente e incluso obsequioso, es joven, sonríe y lleva un notable bigote: aunque mide sólo unos cinco milímetros de ancho, el pelo sobresale al menos cinco centímetros y forma una curva alrededor de sus mejillas. Ese bigote alargado y delgado, como de morsa, acentúa la cómica dignidad del líder. Lo hace verse un poco como un Fidel Castro *punk*.

En nombre del grupo, rechazo la invitación a unirnos al partido comunista, y me despierto tras de que no se materializa la amenaza anunciada.

Éste es un sueño del tipo "Misión Imposible", la clase de sueño que comúnmente incluye alturas peligrosas que se deben escalar o dominar de uno u otro modo. Tras dormir en casa, desperté a las cinco de la mañana con un excelente recuerdo de este sueño muy largo, animado y complejo. Como en otros casos de recuerdo temprano, estoy seguro de que hubo escenas precedentes que no puedo recordar.

Tuve el sueño la noche posterior al seminario que David Armstrong, filósofo australiano de la mente, impartió en la sala de estar de mi casa en Brookline. Como las ideas de Armstrong son declaradamente materialistas, coincidimos en muchas cuestiones relativas a la neurociencia. Los filósofos materialistas como David están complacidos con el creciente desarrollo de la neurociencia y su cada vez mayor capacidad de hacer aportaciones al debate filosófico en torno a la mente.

Cuando conocí a Armstrong (en St. Andrews, Escocia, durante un congreso estimulado por las críticas de Adolf Grunbaum a Freud), me tranquilizó en cuanto al valor de mi ponencia ante aquel grupo filosófico sumamente técnico: "Usted posee datos más interesantes que ninguno de nosotros", me dijo.

Además de Armstrong, al parecer otra fuente de mi memoria es un dibujo que hice de una psi, letra que se invierte y modifica levemente como parte del diseño de la caja. Como pintor, diseñador y arquitecto aficionado, a menudo plasmo visualmente mis ideas. Pero no es común que se filtren hasta mis sueños, ya sea antes o después del hecho. Las emociones de angustia y exaltación impelen este sueño. Las imágenes visuales son pródigas y detalladas. De la caja de Tiffany al jefe del pelotón comunista, pasando por las cataratas parecidas a las del Niágara, pude apreciar con claridad cada elemento. Había además un movimiento continuo. Mi sensación de vértigo y el carácter tridimensional del vacío debieron de inspirarse en una intensa activación visuomotora y vestíbulo-cerebelar. Desde que sufrí un infarto en 2001, que lesionó mi sistema vestibular cerebelar, ya no tengo estos sueños vertiginosos. En cierta forma es un alivio, pero tampoco puedo volar en sueños, lo cual lamento. Las imágenes son tan fuertes que no puedo rechazarlas (y comprendo que estoy soñando) ni usar la cabeza (para idear una estrategia acorde con mi conducta de líder). Mi capacidad de razonar es deficiente, y así saltó de una idea onírica imposible a otra.

Este sueño ofrece magníficos ejemplos del pensamiento deficiente del cerebro soñador. Vale destacar dos aspectos: la ausencia de razón cuando cabría esperarla, y la debilidad del razonamiento cuando llega a presentarse. Un ejemplo conspicuo de la ausencia de pensamiento es mi dificultad para reconocer la evidente improbabilidad de que aparezca una caja del periodo Tiffany que es, de alguna manera, también un cuarto. De haber visto una caja semejante durante la vigilia, me habría quedado perplejo, incluso si hubiera sido en una galería de arte. Una caja de esta naturaleza no es sólo intrínsecamente imposible, sino que en el sueño se ubica incongruentemente al aire libre, en un lugar que pronto se convierte en un entorno agreste. Lo mejor que puedo hacer para conciliar estas incongruencias es colocar la caja-cuarto en la parte posterior de una camioneta. Aun así, esta transformación mágica se produce sin ningún pensamiento consciente o esfuerzo cognitivo. Simplemente ocurre, toda ella dentro del dominio de la percepción.

Como estoy consciente de la peligrosa posición en que se encuentra la camioneta (en el extremo del muro de un dique-puente), tranquilizo a mis pasajeros. "No se preocupen", les digo. Pero hay motivos para que se preocupen ellos y me preocupe yo. Las cosas se suceden demasiado de prisa para que yo pueda ejercer siquiera un débil razonamiento, algo como: "Por supuesto, comprendo que estén preocupados. Para empezar, ¿cómo demonios nos metimos en un situación así? No recuerdo haber conducido hasta aquí, así que tengo amnesia o estaré soñando". Pero ningún pensamiento de éstos pasa por mi cerebro soñador.

La escena siguiente es todavía más absurda. ¿Cómo demonios vamos a levantar una caja si todos estamos adentro? ¿Y por qué diablos habríamos de querer soltarla por el borde de un precipicio? ¿Y de dónde salió esa catarata? ¿Qué ocurrió con el puente-dique? Aunque al fin logro reconocer la imposibilidad física de levantarla (hago un esfuerzo consciente por mejorar la situación), lo más que consigo para resolver esta confusa situación es explorar las cataratas, las cuales parecen peligrosas.

En ningún momento se me ocurre abandonar la absurda misión o dar marcha atrás, como lo haría en la vigilia incluso un tipo impulsivo como yo. No, no, se trata de que nos lancemos a toda velocidad, mientras conduzco a mi tripulación hacia un desastre casi seguro. La cuestión es que, como un paciente maniaco, tengo poca introspección de la imposibilidad del descabellado proyecto. Si bien en el punto *A* sí tomo la decisión de no remontar las cataratas, llegar a hacerlo requiere un largo tiempo y una montaña de pruebas.

Es, por cierto, durante una pausa en el sueño cuando al fin logro razonar para alejarme del peligro. O casi.

Tras decidir no proceder a remontar las cataratas, de repente me veo confrontado por el pelotón de guerrilleros comunistas. En realidad, esto continúa con el tema emocional del miedo y la amenaza, pero me quita la culpa de los hombros. Ahora lo atribuyo a un enemigo imaginario, que hace que el fisiólogo que llevo dentro se pregunte si este cambio de escena fue causado por una repentina disminución de la intensidad de los movimientos oculares y la activación asociada del lóbulo límbico.

Semejante proceso permitiría que el cerebro se enfriara un poco y allanaría el terreno para un cambio de escena. De hecho, la emoción impulsora se vuelve mucho menos intensa y, después de que la fuente de miedo se desplaza de mí y de mi malogrado proyecto hacia los guerrilleros, cambia de negativa a ligeramente positiva cuando aparece el comandante de los guerrilleros con su bigote de morsa, lo que me divierte un poco.

Pese a todo, sigo sin pensar con sentido crítico. ¿Cómo podría haber, y por qué debería haber, guerrilleros comunistas acechando en un bosque o una montaña por los que pudiera internarme? Mi mente no consigue dilucidarlo. ¿Debemos subrayar la fuerza de lo emocional y lo visual o la debilidad de las mentes racional y mnemónica? ¿Acaso ambas cosas? Me parece que son ambas, y que las fuerzas positivas y negativas no son sólo aditivas sino además multiplicativas.

En otras palabras, mi experiencia perceptiva-emocional es incompatible con mis deficiencias cognitivas, al mismo tiempo que éstas la intensifican. Sin memoria y pensamiento crítico quedo por completo a merced de lo que veo y siento. Asimismo, la intensidad de mi experiencia perceptiva-emocional anula la memoria y el razonamiento. Para explicar estos aspectos autónomos de la actividad onírica, debe haber —como opinaba Wilhelm Wundt hace 150 años— un proceso cerebral que se intensifique y otro que se menoscabe. La intensificación, sugiero yo, es una activación colinérgica de la corteza asociativa pontino-límbica. Y el menoscabo es una desmodulación aminérgica de las cortezas frontal y prefrontal. Esto funciona cada noche como maquinaria de relojería.

La memoria, incluso la memoria remota, es conspicuamente débil en este sueño. No se identifica ningún lugar, hora o persona. Si la visita, el seminario y el ensayo de David Armstrong tienen algo que ver con el contenido, ¿por qué no aparece él (o su esposa) en el sueño? Y si las cataratas se relacionan con Frederic Church o con las impresiones infantiles que conservo del Niágara, ¿por qué no se especifican esos detalles?

¿Y quién es el jefe del pelotón, el que lleva bigote? Después del hecho —y sólo hasta después de éste— sugiero una versión *punk* actualizada de Fidel Castro, pero durante el sueño no sé quién es ese sujeto ni cómo podrá llamarse.

La caja del periodo Tiffany, que es además un cuarto, es un típico objeto misterioso onírico que da pie a asociaciones que pueden tomar cualquier rumbo. En ese sentido limitado representa, supongo, un símbolo. Pero en mi opinión no es un símbolo de algo determinado. ¿Debemos conjeturar que se trata de un objeto mental diseñado para ocultar un motivo específico en su ambigüedad? ¿O es más bien un artefacto de la activación cerebral durante el sueño, planeado para portar varios significados, ninguno de los cuales es tan importante como lo emocionante del tema principal del sueño, esto es, una navegación peligrosa a través de un entorno físico y social amenazador?

Lo mejor que se me ocurre hacer con la caja misma es apreciar que en las puertas traseras lleva una forma semejante a la letra griega Ψ (psi), que propuse como logotipo de la campaña para la nueva imagen del Mental Health Center de Massachusetts. Próximo a cumplir 75 años, este centro de salud mental se tambalea —como la camioneta— al borde del desastre. Ha perdido su identidad, su financiamiento y su modo de ser. Sin embargo, no veo motivo para simbolizar mis temores respecto de la extinción de esta institución, pues éstos son bastante conscientes y manejables. Aunque hago lo que puedo para ayudar, siento que mi misión científica del estado de vigilia —la cual es ambigua, pero no imposible— debe seguir siendo mi máxima prioridad.

Una vez que he transformado la caja, que de otro modo sería inútil, en la carrocería negra de una camioneta, empiezo a maniobrar con el vehículo (¿mi laboratorio?) por su camino, al tiempo que apaciguo a mis pasajeros (¿mis colegas preocupados por nuestro futuro?) diciéndoles: "No se preocupen", mientras zigzagueo peligrosamente a lo largo de la orilla del puentedique onírico. Como nota al margen, escribí en mi diario: "He estado viendo los vehículos Toyota de doble tracción y las camionetas", probablemente porque mi hija Julia, de 13 años, había dicho que le gustaban y porque ella y su errabunda mamá desean pasar más tiempo en el campo dedicadas a montar a caballo y otros intereses afines. Tal vez también influyó que por entonces estuviera bajando el precio de la gasolina.

El escenario incluye súbitamente un puesto de control que es a todas luces incongruente. Pero en vez de estar acomodados seguros en el interior, aparecemos al aire libre sobre un promontorio rocoso encima de una catarata por la que debemos descender. Se parece un poco a una fantasía que tengo con las cataratas del Niágara desde que a los seis años pasé por debajo de las cataratas canadienses en el *Maid of the Mist* y me enteré de que unos intrépidos locos caían por esas mismas cataratas dentro de un barril.

¿Cómo hemos de proceder? Aunque se apele al razonamiento onírico para que acuda al rescate, como ya hemos visto, se trata de una empresa inútil. En primera instancia, pienso que todos nos meteremos en la caja (de modo que no es de sorprender que pese tanto) y la soltemos por el borde. Sólo después me doy cuenta de que hacerlo es físicamente imposible. Remitirse al pensamiento racional es dos veces menos frecuente en el estado MOR que en los sueños del periodo no MOR, y el impulso alucinatorio del primer estado es recíprocamente mayor.

Si bien resulta igualmente improbable que yo hubiera podido bajar por esa peligrosa ruta, solo y en traje de baño, no considero esa posibilidad. En vez de ello recuerdo mi regocijo, típico de los sueños voladores en que se desafía a la muerte y físicamente imposibles, de los que hacía poco habíamos hablado en mi clase de introducción a la psiquiatría, según quedó asentado en mi diario de sueños. En cuanto comprendo que el descenso es imposible, como es común en los sueños, invento dos vías de descenso posibles, cuando bastaría una.

En una nota al margen de mi diario de sueños subrayé el aspecto físico del lugar, que evoca una pintura del Niágara por Frederic Church, aunque más estrecha y más parecida a un desfiladero. Desde el punto en que se coloca la caja en el precipicio, diviso un cauce rocoso e imagino que las paredes de cristal de la caja se estrellan, haciéndose añicos.

Para ayudar a explicar el error de apreciación que cometí antes respecto de una posible ruta de descenso, avisto una segunda catarata larga, vertical y continua, que al mismo tiempo evoca una atracción (si pudiera volar, descendería de este modo) y un temor (sé que es imposible). Sólo entonces concluyo que el descenso es imposible.

¡En eso, cambia la escena! Pero no se disipa el sentimiento de temor. Antes bien se intensifica la sensación de peligro y de mal juicio. Para contrarrestarla, opto por un argumento policiaco/político poco común en mis sueños y que bien puede responder al ensayo de Armstrong sobre Polonia, que yo acababa de leer. De cualquier modo, los guerrilleros comunistas y el jefe con bigote no salieron de un lugar que yo consiga identificar en particular. ¿Otro símbolo? ¿Autoridades militares? ¿Ciega autoridad de la que yo quiera burlarme? ¿Un representante del Estado, que se encarga de desmantelar el Mental Health Center de Massachusetts? Todas éstas son posibles fuentes, pero ninguna puede explicar mejor la escena que el cambio de mi ánimo, que pasó de una aprensión temerosa a una confianza exaltada.

Obsérvese la cómica composición de la escena final. ¡Ni siquiera los bigotes de morsa más ridículos sobresalen cinco centímetros de una base de poco más de cinco milímetros! De modo que ahora no soy yo el personaje ridículo que trata de remontar una caja Tiffany llena de gente por una catarata; el ridículo es el jefe que espera que yo le entregue a mi grupo al partido comunista. Como es una petición fácil de rechazar, lo hago impunemente.

La neurociencia del dormir y del soñar está atrayendo la atención de los filósofos. Para un materialista, como Armstrong, ayuda a reforzar mucho sus inclinaciones monistas. Según él, la mente es inseparable del cerebro y, cuando sepamos bastante acerca del cerebro-mente, se nos podrá reducir a eso. Lo anterior no significa que desaparecerán la mente, la conciencia, el libre albedrío y todos esos sentimientos de respeto que tanto valoramos. Para bien o para mal, la subjetividad seguirá con nosotros, y eso será lo que experimentemos. Pero la entenderemos mejor, en opinión de Armstrong. David Chalmers, también australiano, llama a la conexión cerebro-mente el "problema duro" de la filosofía. ¿Cómo puede una cosa material, el cerebro, que está hecho de una sustancia gelatinosa y de lo que se quiera, ser capaz de experiencias subjetivas?, se pregunta. Al margen de cuánto aprendamos sobre el cerebro, nunca seremos más sabios respecto de la subjetividad.

Aun así, ya sabemos considerablemente más que en el siglo transcurrido desde Freud, y es claro que, en los últimos 50 años, se ha ido acelerando el ritmo al que nos enteramos de más cosas. Lo que ha cambiado es nuestro conocimiento físico del cerebro. La filosofía debe correr para emparejarse y, para ser justo con Chalmers, vaya que él corre bien. Dado que la calidad de la experiencia consciente cambia de modo tan estereotípico y predecible cuando el cerebro cambia de estado, ya no hay lugar para ninguna duda razonable acerca de la base cerebral de la conciencia. Puede transcurrir un siglo o dos antes de que tengamos una respuesta adecuada a la pregunta de "¿cómo exactamente?", pero no hay que ser meteorólogo para saber de qué lado sopla el viento.

Igual que David Chalmers, a menudo nos preguntamos cómo puede surgir la subjetividad en un objeto físico como el cerebro. Empero, semejante pregunta puede plantearse al revés. Así, podríamos preguntar, ¿cómo podría no ser consciente el cerebro si se compone de más de 100 000 millones de neuronas, cada una de la cuales se conecta con otras 10 000 (y añádanse velocidades de descarga de 2-60 por segundo)? La cantidad de información procesada es superior a 10^{29} *bits* por segundo. Ésta es información suficiente para sostener tanto la percepción como la percepción de la percepción y para sostener la conciencia y la conciencia de la conciencia. En una palabra, basta para respaldar la conciencia. De modo que es posible. Ahora la pregunta es, ¿cómo es posible?, no si es posible.

Lo que aporta la investigación del dormir y del soñar a este conjunto es el análisis paralelo de los cambios de estado de la mente y los cambios de estado del cerebro. El hecho de que vayan de la mano significa que la conexión que se establece es de uno a uno o que de alguna manera forman una sola cosa. Llegar a los detalles de cómo puede ser esto es ahora un proyecto factible. De hecho, los sueños sirven como una muy buena iniciación para cualquier filósofo naturalista de la mente. Filósofos científicos contemporáneos como Patricia Churchland, de San Diego, y Owen Flanagan, de la Duke University de Carolina del Norte, están plenamente conscientes del impacto de la neurociencia sobre la filosofía de la mente. En los sueños, todo un mundo de experiencias conscientes se abre cuando el cerebro permanece desconectado. Ello significa que, mientras tanto, el cerebro-mente usa, de algún modo, su propia energía y su propia información para generar una realidad virtual, compleja y estimulante.

Nuestro estudio no tiene por qué limitarse a los filósofos aún vivos. Los resultados de la revolución de la neurociencia prefieren a Aristóteles sobre Platón, a Leibniz sobre Locke, a Kant sobre Descartes, y a Chomsky sobre Piaget. En el caso de Platón y Descartes, la impugnación va contra la supuesta supremacía de las ideas y, más específicamente, a la independencia de éstas (y del ideal) respecto de la sustancia material y lo real. Así como no se puede concebir el ruido sin un oído que lo oiga, no puede haber pensamiento sin un cerebro activado.

Aristóteles fue el primer gran biólogo y el progenitor de los experimentos mediante la observación, que un par de milenios más tarde nos han llevado a saber tanto sobre el cerebro. Leibniz sostenía que el cerebro —y la mente— se mantenían activos durante el sueño. Según él, la continuidad de la conciencia, a lo largo de las noches de sueño, era prueba de lo que él llamó *les petites perceptions,* que propuso como base de dicha continuidad. En síntesis, Leibniz tuvo razón al intuir la actividad continua del cerebro-mente. En cambio, fue obviamente errónea la idea de Locke de considerar el cerebro como una página en blanco, o *tabula rasa,* en que el entorno inscribía instrucciones.

El hecho de que la activación del cerebro anteceda al nacimiento y que esté marcadamente presente durante el desarrollo inicial asesta un golpe a Descartes y Piaget, y da la razón a Kant y Chomsky con su noción de que la competencia estructural y funcional precede a la experiencia. No cabe duda de la importancia de la experiencia, pero ésta interactúa con una estructura-función que ya es elaborada: el cerebro-mente activado. Así pues, las categorías de la experiencia anteceden al pensamiento, y la gramática precede al lenguaje.

Para todos los dualistas, el descubrimiento de la activación cerebral como antecedente al pensamiento y a la actividad onírica resulta un golpe mortal. La mente y el cerebro no son un par de mecanismos puestos en marcha del nacimiento a la muerte en carriles paralelos. La imposibilidad física de semejante teoría queda garantizada por el carácter impredecible del cerebro-mente que, como todos los sistemas complejos, posee una capacidad integrada para el caos. Si el cerebro y la mente no estuvieran enlazados causalmente, por sí sola dicha capacidad volvería aún más improbable la sincronización que si los dos dominios fueran interdependientes.

Aun cuando Dios es muy listo, ¡sería mucho pedirle esto, incluso a Él! ¿Por qué no creamos en cambio un cerebro y hacemos que la conciencia emerja cuando ese cerebro alcance un nivel de organización suficientemente elevado?

REFERENCIAS BIBLIOGRÁFICAS

Armstrong, D. M., *A Materialist Theory of the Mind*, Nueva York, Humanities Press, 1968.
Chalmers, D. J., *The Conscious Mind: In Search of a Fundamental Theory*, Nueva York, Oxford University Press, 1996.
Flanagan, Owen J., *The Problem of the Soul: Two Visions of Mind and How to Reconcile Them*, Nueva York, Basic Books, 2002.
Fosse, R., R. Stickgold y J. A. Hobson (2001), "Brain-mind states: Reciprocal variation in thoughts and hallucinations", *Psychological Science*, 12, 30-36.
Grunbaum, A., *The Foundations of Psychoanalysis: A Philosophical Critique*, Berkeley, University of California Press, *c.* 1984.

Lavie, P., y J. A. Hobson (1986), "Origin of dreams: Anticipation of modern theories of the philosophy and physiology of the eighteenth and nineteenth centuries", *Psychiatric Bulletin*, 100: 229-240.

"Tiffany Box Dream", *JAH Journal*, vol. 23, 18 de octubre de 1985.

Wundt, W., *Grundzuge der Physiologische Psychologie*, Leipzig, W. E. Engelman, 1874.

XI. LA MUERTE DE LOUIS KANE
El cerebro le gasta bromas a la memoria

A LAS 10:45 de la mañana tengo una cita para reunirme con mi viejo amigo Louis Kane en el Harvard Club, donde jugaremos al *squash*. Entro en el largo y amplio vestíbulo, y veo a los tipos de costumbre, con su aspecto de preparatorianos ataviados con sus trajes de ejecutivos, pero no hay ni rastro de Louis. Cerca de las once comienzo a preocuparme, porque Louis suele ser puntual, sobre todo para el *squash*, y es necesario reservar una cancha para jugar. Cuando pregunto a unos miembros no identificados del club si lo han visto, un portero-*valet* vestido de negro anuncia que Louis acaba de ser encontrado, muerto, en su habitación. El *valet* está alterado porque conoce al señor Kane y lo admiraba mucho, como casi todo el mundo.

Si bien me sorprende la noticia, no me altera en particular, puesto que Louis lleva tanto tiempo enfermo que su muerte parecía inminente. Pregunto al *valet* si han avisado a su familia y me ofrezco a hacerlo yo mismo. Me informa que "su hermana y su padre se alojan en un hotel a la vuelta de la esquina". Como no conozco el nombre ni la ubicación del hotel, vuelvo a preguntar y se me repiten las mismas indicaciones. Empero, cuando salgo para buscar el hotel, descubro que estoy completamente extraviado. Peor aún: he olvidado el nombre y la dirección del hotel. Esto me provoca gran angustia, y despierto.

Lía, mi nueva esposa, estaba de guardia en el hospital de Mesina, en Sicilia. Me fui a dormir a las diez de la noche, a la misma hora que los mellizos, que acababan de terminar el tercer libro de *Harry Potter*. Como una agradable brisa circulaba por nuestro departamento, dormí bien hasta las 2:30 de la madrugada, cuando desperté consternado, porque Lía no había vuelto aún a casa. Por fin regresó, tras una larga velada siciliana con tres de sus amigas, y yo volví a dormirme. En algún punto entre ese momento y las cuatro, tuve este sueño, que recuerdo bien. Permanecí despierto, pensando en cuán típicamente extraño había sido. Lo primero que hice por la mañana fue anotar el relato. El hecho de que gire en torno a la muerte le da una importancia especial.

Este sueño cae dentro de una categoría particular: alguien, con frecuencia un amigo cercano, que ya ha muerto, es el centro de la atención del sueño, como si siguiera con vida. En este caso, mi amigo Louis Kane muere por segunda vez, y durante el sueño carezco de información sobre su primera muerte. Ésta me viene a la cabeza apenas despierto. Por tanto, el sueño muestra la notoria disociación de la memoria narrativa que es típica de todos los sueños, no sólo de aquellos que tratan de una reencarnación como éste.

Louis Kane murió en el porche de su casa de Maine un mes antes de este sueño. Había luchado durante varios años contra el cáncer pancreático. Tras reconocer que estaba perdiendo la batalla, decidió trasladarse a Ogunquit para estar con su familia en el lugar que más quería. Cuando supe lo que se avecinaba, fui hasta allá para verlo en junio antes de irme a Sicilia. En realidad no nos despedimos, pero ambos sabíamos que no era probable que volviéramos a vernos.

Ningún elemento de este sobresaliente material de la memoria estaba a disposición mía durante el sueño. La sobredeterminación psicológica (como en "ojalá siguiera vivo") no es la respuesta que propondría la neurociencia moderna. Claro que me gustaría que siguiera con vida, pero no hay motivo para que ese deseo resulte inconsciente o eficaz para aislar material de la memoria al que se puede acceder con tanta facilidad durante la vigilia. La respuesta debe ser que el acceso a la memoria narrativa queda vedado fisiológicamente durante los sueños del estado MOR, según postula la teoría de Bob Stickgold.

Otras anomalías respaldan esta respuesta. Una es que el vestíbulo del Harvard Club de mi sueño no tiene parecido alguno con el Harvard Club de la avenida Massachusetts de Boston, donde Louis y yo solíamos reunirnos para jugar al *squash*. Ni siquiera se asemeja al Harvard Club de Nueva York, el cual puedo visualizar con la misma facilidad en mi imaginación despierta. En mi sueño, entro en cambio en un sucedáneo Club Harvard de la Activación-Síntesis que logra formar un escenario casi legítimo para mi reunión con Louis. Nueva York me viene a la mente porque sin duda fue allí, no en Boston, donde pude haberme encontrado a Annie y a George, hermana y padre, respectivamente, de Louis, en un hotel. En Boston, ellos viven en sus hogares, y yo sé perfectamente bien dónde quedan sus casas. Entonces, ¿en qué hotel los hospedó mi cerebro soñador? ¿Y exactamente dónde se ubicaba? Mi cerebro soñador muestra tanta incapacidad para dilucidar la información relativa a la orientación como creatividad para conjurar arquitecturas, escenarios y personajes novedosos.

Mis colegas investigadores y yo necesitamos cinco años de estudio —durante los que definíamos y medíamos la extravagancia de los sueños— para reconocer lo que ocurría. Consideremos la flagrante desorientación de este sueño. En la vigilia, sé perfectamente bien cómo es el Harvard Club de Boston. Aun cuando no he puesto pie en él por más de 20 años, me atrevo a decir que podría trazar un plano del lugar razonablemente bueno. Y si bien soy un pintor limitado pero entusiasta, hasta podría dibujar bocetos del vestíbulo, el cuarto de periódicos, la escalera que baja a las canchas de *squash* y la sala de billar, que cruzábamos de camino a los vestidores antes de un partido.

Toda esta información, y mucha más, permanece en mi cerebro, pero durante el sueño me está vedado el acceso a ella. La única manera como pudo Freud explicar esta inaccesibilidad fue el mecanismo de represión, que él inventó. No obstante, así como lo dejan en claro éste y muchos otros sueños míos, la represión no es la única que puede comprometer la memoria, y bien puede no cumplir papel alguno en la deformación de la memoria onírica. Es más probable que la falla de la memoria onírica sea una forma de amnesia funcional pero totalmente orgánica.

Así como muchos otros procesos psicológicos, la memoria depende de los estados. El estado del cerebro cambia drásticamente durante el sueño. Y lo mismo ocurre, necesariamente, con la memoria. Según la teoría de Freud, se pensaba que la amnesia era psicodinámicamente determinada si no había un daño cerebral orgánico estructural. Charcot, Janet y Freud fueron neurólogos bien capacitados que intentaron explicar en sentido neurológico las fallas de la memoria que presentaban sus pacientes "histéricos". Pero no lograron hacerlo porque no disponían del concepto de disfunción neurológica dinámica. Según ellos, como según la mayoría de los seguidores de Freud, la amnesia, a falta de una enfermedad neurológica estructural, se tenía que atribuir a algo como la represión. Este error parece ahora una de las peores pifias de la historia de las ideas, porque durante un siglo distorsionó nuestra comprensión de quiénes somos y cómo funcionan nuestros cerebros.

Mi sueño sobre la muerte de Louis Kane ofrece una clara refutación del concepto de represión de Freud. No hay razón alguna para que yo reprima detalles arquitectónicos como la decoración y la distribución del Harvard Club. Antes bien, en virtud de un cambio funcional en el acceso a la memoria, no puedo invocar detalles de orientación, que fácilmente saltan a la memoria una vez que despierto. El "secreto" de los sueños consiste, nada más y nada menos, en un cambio funcional de la función cerebral durante el sueño.

También está distorsionado el sentido del tiempo. No he jugado al *squash* con Louis al menos durante 20 años. De hecho, ¡no lo he jugado con nadie durante más de 10 años! Y aun así, en el sueño, me parece bastante normal acudir a una cita para jugar al *squash* con Louis. Por muy anacrónico que parezca, mi disposición para jugar al *squash* sobresale emocionalmente porque a los dos nos encantaba jugarlo juntos, para después sentarnos en el baño de vapor y compartir anécdotas sobre nuestras vidas. Si mi disposición fuera operativa, de seguro una razón relativa a la satisfacción de un deseo me habría ofrecido el placer de jugar un partido y disfrutar sus secuelas. Hace 20 años, ninguno de los dos pensaba mucho en la muerte. Pero ahora él se ha ido.

El sueño de la muerte de Louis Kane no es particularmente animado. Voy al club y me encuentro con el portero-*valet*, quien me informa de la muerte de Louis, pero en realidad no llego a jugar al *squash*. De hecho, creo que en mi colección de más de 300 relatos no hay un solo sueño sobre jugarlo. El escaso movimiento de este sueño en particular sugiere que pudo tratarse de un episodio de sueño no MOR que tuve ya avanzada la noche. Asimismo, el hecho de haber registrado la mayor parte de los relatos una vez que dejé de jugar al *squash* podría explicar la falta de sueños que hablen de él en mi colección.

Aun así, ello no explica por qué en otros sueños que he tenido sí intervienen deportes que abandoné hace mucho o que nunca practiqué. La mayoría de mis sueños en que hay mucho movimiento implican acciones individuales, se trate de deportes o no. De allí que en el sueño de Caravaggio aparezca montar en bicicleta (que aún practicaba cuando la tuve) y montar un monociclo (cosa que jamás he intentado). Estas dos acciones aparecieron al servicio de una conducta social, pero ninguna como deporte en sí.

Ahora sabemos lo suficiente para postular la hipótesis de que los sueños con mucho movimiento se relacionan con la activación del programa motor y que ésta es más intensa durante el sueño MOR. En cambio, nuestra idea de por qué se activan ciertos programas motores y no otros no es mejor que la que tenemos sobre por qué la activación cerebral límbica conduce a determinadas experiencias emocionales y no a otras. En otras palabras, aún nos falta mucho por aprender. Con todo, ahora disponemos de los conceptos y las técnicas que pueden ayudarnos a hacerlo.

De entre todos los placeres que Louis y yo compartimos en nuestra exuberante juventud, el único que me queda es el gusto por la comida. El placer corporal de mi sueño del 11 de julio guarda cierta relación con el recuerdo de comer y beber muy bien durante nuestra habitual celebración del 4 de julio, en Maine. Ahora que Lía y mi nueva familia se van a Sicilia cada verano, nos perdemos de esa ocasión. La vida con Louis y sin él me había estado rondado por la cabeza. Es de lamentar la relativa rareza de los sueños hedonistas. Cuando tengo uno, lo agradezco a mi cerebro soñador igual que lo hago con los hados que me proporcionan placer durante la vigilia. Nos damos un placer cotidiano cada que nos sentamos a la mesa. Antes de la cena, bebemos aperitivos en Italia y cocteles en Estados Unidos. Pero nada de esto es algo con lo que la gente tienda a soñar mucho.

Mi sueño de la cata de vinos por el bicentenario podría parecer una excepción. Pero aun cuando es ostensiblemente acerca del vino, en él nunca llego a probar la botella de clarete de la cosecha 1779. En la papila gustativa de mi mente puedo recordar con claridad el placer al paladar de los vinos que disfruté con Louis, quien tenía una maravillosa colección de buenos vinos tintos. El 4 de julio solía servir algunos espléndidos. Despierto, puedo imaginar el gusto de vinos como el Cos d'Estournel y el Lynch-Bages, cosecha 1975.

Simplemente no como ni bebo en mis sueños. Y muchas actividades triviales de la vida diaria, como escribir libros, leerlos y hablar con estudiantes, están ausentes en mis sueños. Lamento decir que no sé cómo explicar lo anterior, pero la fuerza emocional es intensa en ambos casos. Tal vez no necesitemos reaprender estas conductas porque están muy intensamente programadas en nuestras neuronas. En cambio, el dolor aparece poco en los sueños porque es difícil simularlo. Casi lo mismo puede decirse de los sentidos del gusto y el olfato. Pero no para explicar la ausencia de actividades de trabajo cotidianas. Éstas son fáciles de simular. Y éste constituye uno de los misterios inocuos, pero a la vez principales, de la mente, que la neurociencia bien puede estar a punto de resolver.

Siempre me ha impresionado lo unidos que están la hermana y el padre de Louis. No pasa día en que no estén pendientes uno del otro, lo cual contrasta con las costumbres de mi propia familia. El sueño muestra que sigo buscando la manera de hacer que mi familia sea más unida. Es natural que los sueños traten de proyectos inconclusos. En esta categoría se inscriben todas las "tareas pendientes" tradicionales que interesan a la psiquiatría contemporánea. De hecho, eminentes teóricos de los sueños, como Rosalind Cartwright, sostienen que éstos, además de revelar un esfuerzo de la mente por compensar los traumas y las pérdidas, constituyen un mecanismo necesario y adecuado de cura psicológica. Dicho de otro modo, si no se sueña con las complicaciones de, digamos, un divorcio, no se podrá salir del paso.

Mi sueño de la muerte de Louis Kane se desencadena por mi propia preocupación actual por la muerte y por aspectos específicos faltantes de la vida que compartí con Louis. Sin duda es significativo, por la nostalgia y por el pesar ante su muerte, que lo haga morir de nuevo en ese mismo Harvard Club que tanto nos gustaba. ¿Creo en realidad que necesito tener sueños de esta naturaleza para ser nostálgico y elaborar el duelo? No. Aun así, no puedo estar tan seguro de esta conclusión como lo estoy del tema de la memoria onírica. La memoria narrativa queda bloqueada fisiológicamente durante el sueño MOR. Tal vez esto se deba a que la corteza prefrontal dorsolateral permanece subactivada y a que se pierde el flujo de información bidireccional que ingresa al hipocampo y sale de él durante el sueño MOR.

Pese a mis 71 años y a una severa lesión neurológica, cuando estoy despierto mi conciencia puede acceder con facilidad a la mayor parte de la información acumulada en mi cerebro. Incluso hoy, cuatro años después, aún puedo ver a Louis sentado en su recámara de Ogunquit, cansado, delgado y somnoliento, pero sin perder su vivo contacto con un viejo amigo. La sombra veteada de los árboles que había detrás de su casa bailaba recorriendo el porche. Y el buen clima sólo me entristecía más al ver a Louis extinguiéndose tan pronto.

Si estuviera escribiendo una obra de ficción, sería relativamente sencillo disfrazar la identidad de Louis, darle otro nombre y dejar que su personaje ficticio contara al mundo los secretos que compartió conmigo. Me parece que los narradores verdaderamente grandes pueden evocar tales detalles de memoria y combinarlos en formas que resulten tan vívidas para los demás como para quien las describe. Los sueños nos pueden ayudar a reconocer esa fuerza emocional, pero sólo el cerebro despierto puede presentarlo de manera convincente a alguien más.

REFERENCIAS BIBLIOGRÁFICAS

Cartwright, R. D., H. M. Kravitz, C. I. Eastman y E. Wood, "REM latency and the recovery from depression: getting over divorce", *American Journal of Psychiatry*, noviembre de 1991, 148(11): 1530-1535.

"Louis Kane Dream", *JAH Journal*, 11 de julio de 2002.

Stickgold, R., J. A. Hobson, R. Fosse y M. Fosse (2001), "Sleep, learning and dreams: Off-line memory reprocessing", *Science*, 294, 1052-1057.

Williams, J., J. Merritt, C. Rittenhouse y J. A. Hobson, (1992), "Bizarreness in dreams and fantasies: Implications for the activation-synthesis hypothesis", *Consciousness and Cognition*, 1: 172-185.

XII. CIUDAD MEDIEVAL
Arquitectura extravagante, intensidad emocional y la médula curativa

La acción se desarrolla en otro país, que bien podría ser Yugoslavia o Hungría. Lía y yo andamos de viaje y estamos cruzando un puente junto con muchas otras personas. Es un puente de arcos altos, de tipo medieval. El puente se separa súbitamente de la tierra y se transforma en un bote que se desliza a través de un riachuelo para llegar a un pueblo que está a la otra orilla. Hemos pensado alojarnos en una posada antigua.

A medida que el barco se aproxima a la orilla, tenemos cierta incomodidad y dificultad para reunirnos. Sólo veo atisbos de Lía. Está hablando con alguien, con un hombre. En cierto momento, antes o justo después de que descendemos del bote, observo que ella le ha regalado o vendido una broca usada de media pulgada, junto con el taladro grande que empleo para perforar madera en Vermont. Me siento muy sorprendido y un tanto ofendido. También noto que la broca ha sido usada para hacer un agujero perfecto en la mochila que el hombre lleva al hombro. La mochila es muy similar a la mía.

Lía me explica que vendió el taladro pero que me entregará el dinero. Aun así, sigue pareciéndome raro que haya dado a un desconocido una de mis herramientas más preciadas sin consultármelo. Me siento muy ofendido y aprensivo. Cuando tocamos tierra, caminamos en busca de la posada y nos separamos varias veces uno del otro. Una de las veces en que nos reunimos, ella estipula con claridad que necesita tener una vida secreta.

Cuando le pregunto por el hombre, queda claro que lo que necesita es ser libre de tener un amorío con él si así lo desea. Lo que me dice me parece muy raro y perturbador, y trato de manifestarle mi inquietud. Cuando al fin llegamos a lo que parece la posada, ocurre una escena extraña en que vuelve a ser difícil encontrarla. Pero doy con Lía en lo que se ve como una cocina, donde ella se apresta a preparar algún alimento, lo que me parece raro, pues en realidad todo es una excusa barata. Le pregunto cuánto tiempo tardará, ella mira su reloj y dice que 45 minutos, con lo cual estoy de acuerdo, pues ése sería todo el tiempo que necesitaría para hacer el amor con el desconocido que eligió.

Entonces camino alrededor de la posada, cuya estructura es muy peculiar. A un lado hay una hilera de asientos, debajo de un techo, como en un teatro. Junto a cada asiento hay un exótico ramillete de flores. Camino de un nivel a otro de esta insólita estructura hasta que llego al fondo. Me pregunto en qué habitación se encontraran Lía y su amante y cómo puedo alcanzar la ventana para verlos. Empero, lo que hago al descender es bajar del nivel de las habitaciones como para evitar mi curiosidad. Vago por todo el rededor del otro lado de la construcción, admirando la antigua arquitectura medieval, que es de lo más exótica e inverosímil. Cuando regreso al lugar en que creo que podría encontrar a Lía, veo su abrigo, el abrigo marrón con el cuello y la capucha de piel que usa tan a menudo y que tanto me gusta a mí, pero no hay ni señal de ella ni del hombre con quien puede estar.

Durante una reciente visita a Mónaco con Lía, mi segunda esposa, y con dos amigos de Mesina, sufrí el repentino inicio de un desagradable mareo. Apoyé la cabeza sobre la mesa del café Casino de Montecarlo, donde habíamos ido a desayunar, y aguardé a que cediera el inesperado mareo. También alcancé a percibir que me sudaba el lado derecho de la cara. Esto, junto con el vértigo, hizo que Lía (que es neuróloga) pensara que tal vez me estaba dando un infarto. Así era.

Insistí en caminar de vuelta a nuestra habitación en el hotel Hermitage, convencido de que allí se me pasaría con sólo dormir un poco. No lo conseguí. Si bien el sueño ayudó —y aún sigue siendo el mejor remedio para los síntomas residuales de mi infarto—, las molestias no desaparecieron entonces, como tampoco desaparecen ahora. De hecho, a la mañana siguiente de mi ataque de vértigo en el café Casino y una noche de muy buen sueño, descubrí que me era más difícil caminar e imposible tragar con suficiente rapidez para expulsar de la parte posterior de la boca el mar de saliva que se acumulaba constantemente y me hacía sentir que me ahogaba en mis propias secreciones.

Me llevaron al hospital Princess Grace, donde un electrocardiograma reveló un ritmo cardiaco irregular. Hasta la fecha tengo un problema de fibrilación atrial y debo tomar cumarina, un anticoagulante, para reducir el riesgo de otros daños cerebrales a causa de la obturación de mis vasos sanguíneos, debida a unos minúsculos coágulos que se desprenden de la pared del corazón. Casi todos mis médicos suponen que eso fue lo que me sobrevino.

Después de tres semanas de buenos cuidados en Mónaco, seguía sin poder caminar ni tragar con normalidad pero me sentí lo bastante bien para dejarme trasladar a Boston en una ambulancia aérea Learjet. En el hospital Brigham and Women's, la atención no fue tan buena como en Mónaco, y lo único que hicieron las diferentes pruebas de laboratorio fue confirmar el diagnóstico de un infarto causado por la obturación de una pequeña arteria de mi tallo cerebral, mientras estaba en Mónaco.

Los considerables cambios que sufrí al dormir y al soñar después del infarto fueron el tema de varios artículos técnicos, a los que sólo puedo mencionar de pasada aquí, para dejar en claro que durante varias semanas eché de menos mis sueños habituales y supe que su reaparición indicaría una mejoría considerable y esperada en la salud de mi cerebro. Tras el infarto, el primer sueño elaborado y largo que tuve ocurrió a los 38 días, cuando ya empezaba a caminar y a ejercitarme en el hospital Spaulding de Rehabilitación. Durante más de cinco semanas había esperado en vano tener un sueño vívido. Estaba en el hospital sin nada que hacer, excepto acatar el régimen de rehabilitación. Cuando desperté con un recuerdo detallado del sueño, de inmediato grabé en una cinta el relato. Tal vez por esto es casi del doble de largo que la mayoría de los relatos de mis sueños. Nunca en la vida había deseado tanto recordar un sueño, porque nunca había significado tanto para mí tener uno. Mejoraba, y mi tallo cerebral sanaba.

En el sueño de la ciudad medieval pude ver, moverme y sentir todo de un modo intenso y realista. Como de costumbre, la viveza alucinatoria me engañó por completo: creí estar despierto y experimentando en realidad esos hechos tan inverosímiles y temibles. Mi creencia delirante en la realidad objetiva de mi experiencia subjetiva resulta todavía más sorprendente porque, durante la vigilia, casi nunca dudo del país en que me encuentro. De hecho, me ha pasado una sola vez. Mientras veía la película italiana *Cinema Paradiso* en San Francisco, las escenas eran tan arrobadoras que me hicieron creer que me encontraba en Italia. Cuando me levanté para ir al retrete, me sorprendí al darme cuenta de que en realidad estaba en California.

Lo importante de esta excepción es que confirma la regla: los argumentos artificiales pero realistas de los sueños y del teatro imponen convenciones a nuestra orientación. El tiempo es ahora, el lugar se puede especificar (con mayor o menor exactitud) o no (con características que no corresponden a ningún lugar verdadero), los personajes son fijos (mi esposa y yo) o variables (el desconocido) y se pueden comportar entre sí en formas que desafían la realidad. Por ejemplo, en la vigilia mi esposa es notoriamente fiel. Aunque soy yo quien le teme a la infidelidad, le atribuyo la conducta a ella. Mis emociones dominan este sueño y le dan consistencia y significado, pese a sus elementos psicóticos.

Entre los detalles que forman parte de la extravagancia clásica de los sueños se cuentan el puente que se convierte en bote. Esto constituye una transformación mágica, ya que tanto los puentes como los barcos transportan a la gente por el agua, pero los primeros son fijos y los segundos, móviles. En la vida real, si un puente se apartara flotando de sus cimientos, yo centraría mi atención en este cambio y me sentiría muy angustiado. Las brocas de taladro son objetos insólitos en un escenario turístico, ¡y en general no se usan para perforar mochilas! Es cierto que colecciono herramientas, entre las que hay taladros y brocas antiguos y modernos, pero no las llevo conmigo cuando viajo (aunque sí llevo una mochila). Empero, en el sueño, el desconocido que intenta seducir a mi esposa es quien lleva una mochila. De modo que los objetos oníricos son insólitos y se confunden y distribuyen de un modo formalmente incongruente.

Al revés de lo que sugiere mi interpretación del sueño, el hecho de que Lía prepare algo en la cocina de la posada no es una excusa barata. Ella nunca cocina cuando salimos de vacaciones, ni siquiera en hoteles donde es posible hacerlo en las habitaciones. También es inverosímil la arquitectura de la posada: por un lado encontramos habitaciones, incluida una insólita cocina; por otro, veo una hilera de asientos, adornados con flores bajo un techo similar al del Teatro el Globo de la época de Shakespeare, pero que ya no se usan ahora, salvo tal vez en los clubes de tenis.

Pido disculpas por abundar en el tema de la extravagancia de los sueños, pero el análisis de contenido, como todos los esfuerzos humanos por comprender, tiende a hacer que las cosas parezcan razonables y coherentes, incluso cuando no es posible que sean así, o a interpretar los elementos extravagantes como si fueran transformaciones simbólicas de deseos inconscientes.

También es cierto que Lía y yo viajamos mucho, y durante el año anterior habíamos visitado Praga y el sur de Checoslovaquia (Bohemia), que no difiere tanto del escenario del sueño de la ciudad medieval. De hecho, fue en Bohemia donde tuvimos uno de nuestros más graves desacuerdos matrimoniales. Pero en vez de girar en torno a la infidelidad, según se representa ese tema en mi sueño, el desacuerdo tuvo que ver con cuántos hijos era sensato que tuviéramos. Para mí, próximo a cumplir 70 años, con los mellizos me parecía más que suficiente. Para Lía, de poco más de 40, tener más bebés seguía siendo una posibilidad atractiva.

El sueño se centra en otro tema conyugal: mi propio miedo de que mi discapacidad me impida conservar a Lía. Este miedo es fuerte y consciente durante mi vida despierta. En el sueño se representa por medio de la vulnerabilidad de Lía ante la seducción de otro hombre. Pese al hecho histórico de que a mí ella me parecía imposible de seducir, mi miedo onírico y mi propia historia de infidelidad hacen que sea ella la que se puede apartar del redil marital.

Las 579 palabras que abarca el relato hacen muy probable que se trate de un sueño en estado MOR. De acuerdo con tal suposición, la trama es compleja, sostenida y rica en detalles. Asimismo, la intensidad de la imaginería alucinatoria me persuadió de que estaba despierto, y nunca dudé de esa suposición pese a las abundantes pruebas de que eso era imposible. Mis procesos de pensamiento sufrían una merma notoria: mi conciencia autorreflexiva, mi juicio y mi lógica eran deficientes, como es característico de los sueños en estado MOR. Estaba presente, además, la extravagancia clásica de los sueños del periodo MOR: el escenario no era específico (aunque pudo haber sido Hungría o Yugoslavia, en definitiva no era ninguna de las dos); había personajes clave no identificados y su conducta era extraña (el hombre del que sentí celos era un perfecto desconocido); la broca de taladro y el agujero en la mochila como la mía sólo tienen sentido desde el punto de vista freudiano; era improbable que mi esposa cocinara en un hotel, y la arquitectura era incongruente. El intenso vínculo emocional que une estos elementos dispares es lo que confiere al sueño su significado obvio: en mi deteriorado estado de salud, me preocupaba perder a mi compañera más importante y principal aliada: mi esposa.

Los científicos siguen discutiendo sobre cómo interpretar el contenido onírico. La gama de confusiones comprende desde los análisis interpretativos (que derivan de Freud) de sueños individuales hasta nuestros propios análisis formales de la actividad onírica genérica. El cómputo de palabras es una de las pocas medidas en que confían todos los científicos. Esta cifra es simplemente el número de palabras que incluye un relato. Con sus 579 palabras, mi sueño de la ciudad medieval es relativamente largo. Muchos relatos tienen menos de 10 palabras. Este reducido número de palabras, ¿indica una mala memoria, un despertar incompleto o un bajo nivel de contenido mental? Es difícil saberlo, pero tales relatos cortos los emite a menudo la confusa voz de alguien que no consigue despertar. Este fenómeno se debe estudiar más para probar la hipótesis de que, cuando la inercia hípnica es fuerte, los relatos basados en los despertares son inservibles y aun francamente engañosos. No se descarta que los sujetos inventen relatos a fin de poder volver a dormir.

Cuando condujimos el estudio del dormir y de los sueños en casa, con el aparato Nightcap, hacíamos cómputos de palabras, y así descubrimos que la duración del relato aumentaba con la hora de la noche (cuanto más tarde, más largos) y con el sueño MOR (en contraste con el sueño no MOR: los relatos MOR tienden a ser más largos sin que importe la hora de la noche). Los relatos del sueño MOR no son sólo más largos sino también más intensos (en sus características formales como la alucinosis, el pensamiento deficiente, la extravagancia, el movimiento y la emoción). A los escépticos según los cuales en realidad no hay diferencia entre los relatos no MOR y MOR de avanzada la noche, les respondemos que podemos predecir con precisión la fase de sueño subyacente a un relato a partir de sus características formales. Claro es que cometemos errores, como predecir que haya relatos del estado no MOR largos y detallados que provengan del MOR. Todavía no sabemos por qué hay relatos del estado no MOR que son largos y parecidos formalmente a los del MOR.

Tore Nielsen, nuestro colega canadiense, investiga lo que llama procesos MOR encubiertos durante el sueño no MOR. Por ejemplo, sabemos que los parpadeos cortos aparecen en los registros del Nightcap 30 segundos antes de que el MOR sea evidente con cualquiera de las mediciones poligráficas habituales. Un aspecto aún más importante es que todo el sueño en su conjunto es una mezcla de fisiología no MOR y MOR. Muchos movimientos oculares se presentan durante el sueño MOR (lo que hace que sea impreciso el concepto "no MOR"), y características del no MOR, como las espigas del EEG, pueden ocurrir durante el sueño MOR. El lector atento reconocerá que esta mezcla de características es otro ejemplo de la tendencia de cerebros grandes y complejos, como el nuestro, a permanecer en dos estados a la vez. Así como los rasgos de la vigilia y del sueño se pueden mezclar al dormirse y al despertar, las características del MOR y no MOR se pueden combinar a medida que el ciclo del dormir evoluciona a lo largo de la noche.

Es esta constante interacción dinámica entre los procesos del MOR y el no MOR lo que confiere al dormir y al soñar posibilidades fisiológicas tan ricas. Cuando mi tallo cerebral acababa de lesionarse, pasé 10 noches sin dormir. Después pude hacerlo bastante bien. Supongo que esto es señal de la recuperación de mi capacidad para el sueño no MOR. Lo que no logré hacer entre los días 10 y 38 fue oponerme al proceso de sueño no MOR y generar sueño MOR porque mi tallo cerebral estaba lesionado. Aún se mantiene así, pero se ha recuperado lo bastante bien para oponerse a los procesos del estado no MOR y permitirme soñar de nuevo.

Los mismos científicos que sostienen que el cómputo de palabras es lo único en que difieren los relatos oníricos en no MOR y en MOR insisten en que los estados de sueño no MOR y MOR sólo divergen en la intensidad de la activación. Sin embargo, la neuromodulación también desempeña una función al diferenciar los dos aspectos cardinales del dormir. La neuromodulación se compone del conjunto de procesos químicos que acompañan a la activación en el estado MOR. Así como las neuronas aminérgicas, que liberan norepinefrina y serotonina, no permanecen por completo inactivas en el estado MOR, las neuronas colinérgicas se activan por lo menos en la misma proporción que en la vigilia. De este modo, en tanto que el sistema colinérgico obedece la regla de la activación, no así las neuronas aminérgicas. Es indudable que esto establece una diferencia. Y es una diferencia importante para nuestra teoría de los sueños.

Para que yo pudiera alucinar el puente flotante, viajar en él, concebir la extraña construcción y al hombre del que temo que pueda estar enamorada mi esposa, necesité algo más que la sola activación: necesité tener suficiente estimulación visual interna para ver con claridad. Esta activación visual interna es, de hecho, más intensa en el estado MOR que en la vigilia. Para sentir tan agudamente esa aprehensión y ese miedo, también debo tener una activación selectiva de mi cerebro límbico. Mediante la teoría de la sola activación es imposible explicar mi incapacidad de "despertarme" y comprender que estoy soñando, mi capacidad de creer en el argumento generado internamente y mi incapacidad para acceder a la memoria reciente o el pensamiento crítico.

Si la activación fuera el único factor cerebral en acción para determinar la actividad onírica, sería de esperar que los sujetos se despertaran o tuvieran más experiencias mentales parecidas a las de la vigilia. Ninguna de las dos cosas ocurre. No nos despertamos. En vez de ello, soñamos. Esto vuelve a sugerir simplemente que en el estado MOR algo más debe intervenir, aparte de la mera activación.

Para captar la base cerebral de los sueños, elaboré un modelo tridimensional. Según éste, la activación (A) constituye una dimensión, con lo que se reconoce que aumentar el nivel de energía del cerebro acrecienta la capacidad de procesamiento de la mente. El modelo también garantiza el dormir en presencia de la activación del estado MOR al cambiar el acceso al cerebro y del cerebro mediante una regulación de las aferencias y las eferencias (I). Durante el estado MOR, se excluyen los estímulos sensoriales y se incluye el movimiento. Esto desvía el cerebro activado. El cerebro desviado (I) activado (A) procesa de otro modo la información a causa de cambios en la modulación (M) originados por la precipitada caída del neuromodulador aminérgico y la recíproca elevación de la neuromodulación colinérgica. En otras palabras, agregamos a la activación (A) los factores (I) y (M) para explicar el hecho de que procesamos la información de modo distinto (M).

En el modelo AIM, el tiempo es la cuarta dimensión. Nuestros viajes nocturnos por el espacio del estado AIM se ven como trayectorias elípticas con incursiones cada vez menos profundas en el dominio no MOR e incursiones más largas y profundas en el dominio MOR. Teniendo sólo cuatro dimensiones, el modelo no puede con otros cambios importantes de la fisiología, como la activación selectiva por regiones que se da en el estado MOR. Aun cuando confiamos en que este factor sea controlado por el hecho M, de entrada ya queda claro que un modelo exacto del espacio del estado cerebro-mente tendrá *n* dimensiones, como los modelos de otros sistemas complejos. Con todo, el modelo AIM es un firme paso al frente en la revolución de la neurociencia.

Una vez que registré el sueño de la ciudad medieval, 38 días después del infarto, empecé a dormir cada vez mejor, casi demasiado bien. A partir del día 75, en casa, me iba a la cama a la misma hora que mis mellizos de cinco años, cerca de las nueve o diez de la noche, y dormía hasta la siete de la mañana. Si bien recordaba fragmentos de sueños, no he recordado otro tan bien como éste. Así surgió la posibilidad de que me hubiera vuelto hipersoñoliento y fuera incapaz de recordar la actividad onírica normal de mi sueño MOR, porque dormía tan profundamente.

Es extraño sentirse un animal experimental a la vez que el observador de un cruel experimento de la naturaleza. Por supuesto, yo no soy el experimentador. Nadie lo es, pero ahora comprendo a qué sometía a mis sujetos animales para ayudarme a entender el modo en que el tallo cerebral controla el sueño y la actividad onírica. En cierta forma, estos animales experimentales me ayudaron a que yo mismo me convirtiera en uno.

Ahora que sabemos qué regiones cerebrales se activan y desactivan durante los estados de vigilia, la función hípnica y la actividad onírica, necesitamos relatos más detallados de la actividad mental después de sufrir una lesión cerebral. De esta manera, todos los pacientes de un infarto que no pierdan la función lingüística podrán hacer una importante contribución a nuestra creciente base de conocimientos.

Es triste admitir que mis problemas no acabaron una vez que recuperé una buena parte de la función de mi tallo cerebral para dormir y soñar normalmente, así como para caminar y hablar con relativa normalidad. Ese mismo año sufrí una combinación de neumonía por broncoaspiración con deficiencia cardiaca, que fueron casi mortales. El más probable causante de esta complicación médica fue la aspiración de comida hacia mis pulmones. El problema se originó por una parálisis de los músculos de deglución de mi garganta (que normalmente son inervados por mi tallo cerebral medular lesionado). Después de cinco días en terapia intensiva, y de toda clase de extravagantes experiencias neuropsiquiátricas, resurgí, un tanto más discapacitado.

Además de la ataxia causada por el ataque, ahora padezco una debilidad a causa de la deficiencia cardiaca. A menudo, lo único que puedo hacer es levantarme y caminar tambaleándome. Asimismo, se me ha desarrollado un dolor en el lado derecho de la cara, que los neurólogos denominan neuralgia del trigémino. Este estado afecta a casi 25% de las personas que presentan los síntomas del tipo de infarto que yo sufrí, llamado síndrome de Wallenburg en honor del amable médico alemán que lo describió primero.

Antes de que yo publicara mi ensayo, sólo había otro relato en primera persona acerca de la experiencia subjetiva de víctimas de un infarto de Wallenburg, y éste no abordaba en absoluto sus efectos sobre el dormir y los sueños. Asimismo, ningún médico del maravilloso equipo que me atiende acierta a decir por qué está funcionando tan mal mi corazón. A falta de una mejor teoría, dicen que sufrí una infección del músculo cardiaco (miocarditis). Veo con escepticismo semejante diagnóstico. Como sé que el tallo cerebral controla la presión sanguínea y el pulso y el ritmo cardiacos mediante las mismas neuronas aminérgicas y colinérgicas que modulan el cerebro al dormir, creo que mi corazón puede estar fallando por culpa de las malas instrucciones que recibe del comando central, esto es, de mi dañado tallo cerebral medular. Probablemente nunca sabremos quién tiene la razón en todo esto. Una autopsia que revelara un músculo cardiaco sano favorecería mi teoría, pero no aclararía la cuestión.

Mientras tanto, me siento agradecido de ser capaz de leer, pensar y escribir con una facilidad que se acerca mucho a mi nivel anterior. Y me encanta dormir, lo que hago con gran facilidad porque tomo para el dolor facial un medicamento llamado Neurontin, que funciona muy bien. Cuando intenté dejarlo, me sentí demasiado dolorido para concentrarme en mi trabajo. Así que he vuelto a tomar el fármaco y, mientras escribo, resisto admirablemente la tentación de unirme a la siesta de mis mellizos de siete años. Aunque hoy es abrasador el sol siciliano, del nordeste sopla un fresco viento que ha despejado el aire y la humedad saharianas que provocan que 37.8 grados parezcan más de 48.

Ahora recuerdo muy pocos sueños, tal vez porque duermo muy profundamente. Pero cuando consigo pescar uno, resulta una gran sorpresa, indicadora de que el generador MOR de mi tallo cerebral funciona bien. Espero que la presentación y el análisis del sueño de la ciudad medieval muestren que los sueños me parecen informativos y sobresalientes en lo emocional.

El significado central de mi sueño, el temor de perder a mi esposa, es tan transparente como poderoso. Por supuesto, como he sentido temores parecidos durante la vigilia, no hay un significado dinámicamente inconsciente que extraer de este relato.

Cuando, siendo estudiantes de medicina, considerábamos hacer carrera en la psiquiatría y la neurología, respondíamos a la pregunta: "¿Para qué sirve el corazón?", con la respuesta, en broma, de: "Para bombear sangre al cerebro". Ahora podemos plantearnos la pregunta inversa: "¿Qué hace el cerebro por el corazón?", y responder: "Ordenarle que bombee sangre al cerebro". El cerebro y el corazón comparten un elemento común: las células marcapasos. Las células de Purkinje del corazón y las células aminérgicas del cerebro se despolarizan, pues, sin estimulación externa. Al disparar en forma espontánea, estas células establecen el ritmo autónomo del corazón y el cerebro. Es normal que estos dos órganos interdepientes funcionen bien juntos.

REFERENCIAS BIBLIOGRÁFICAS

Antrobus, J. S., "Dreaming: Cognitive processes during cortical activation and high afferent thresholds", *Psychological Review*, 1991, 98: 96-121.

Hobson, J. A., "Sleep and dream suppression following a lateral medullary infarct: a first-person account", *Consciousness and Cognition*, 11(3): 377-390.

———, "Shock Waves: A Scientist Studies His Stroke", *Cerebrum*, 4(2): 39-57.

Hobson, J. A., "The Enduring Self: A First-Person Account of Brain Insult Survival", en *The Lost Self: Pathologies of the Brain and Identity*, F. Stevens (comp.), Cambridge, Oxford University Press, en prensa.

"Medieval Town Dream", *JAH Journal*, vol. 115a, 12 de marzo de 2001.

Stickgold, R., E. Pace-Schott y J. A. Hobson (1994), "A new paradigm for dream research: Mentation reports following spontaneous arousal from REM and NREM sleep recorded in a home setting", *Consciousness and Cognition*, 3: 16-29.

Werner, D. L., K. J. Ciuffreda y B. Tañen, "Wallenberg's Syndrome: a first-person account", *Journal of the American Optometric Association*, 1989, 60(10): 745-747.

XIII. EL BESO FRANCÉS
El hipotálamo erótico

Un sábado por la mañana, Lía se levantó a preparar el desayuno y yo tuve dos increíbles sueños relacionados con besos. En ninguno de los dos podía ver a mi colaboradora femenina y, de hecho, ¡ésta carecía de cuerpo! Lo único que podía yo ver era su boca, muy abierta, de la manera más lasciva. Me asombró descubrir que yo pudiera inducirme a tener los sentimientos más vívidos y sensuales, los más intensos que he tenido en años. En el segundo sueño, que siguió a un breve intervalo despierto, la intensidad fue casi orgásmica, aun cuando no llegué al orgasmo. Durante el segundo beso, cuando contemplé a la mujer por un instante fugaz antes del acto, recuerdo que pensé que era asombroso que un beso, por más francés que fuera, pudiera ser tan erótico. Así que intenté repasar con la lengua esos labios ovalados abiertos y descubrí, para mi sorpresa, ¡que ni siquiera tenía que tocar los labios para sentir cómo recorría mi cuerpo una electrizante energía sexual! Parecía imposible, pero, pese a que se trataba de la segunda vez consecutiva, y debí de estar muy ligeramente dormido, nunca soñé que estuviera soñando.

Acababa yo de regresar de Lyon, Francia, donde participé en una reunión internacional llamada La Paradoja del Sueño en honor de Michel Jouvet, que por entonces se jubiló. Después de la reunión, pasé dos días con François Michel, viejo amigo y colega mío, a menudo en compañía de Marie-Anne Henaff, compañera suya.

La visita, así como la reunión, revivieron muchos recuerdos sobresalientes en el sentido emocional, de los cuales el principal fue mi primer desliz extramarital, con una francesa en 1963. El lado erótico de este amorío fue intenso, incluso ardiente. Fue mi primera relación erótica continua. Duró seis años, hasta la intempestiva muerte de mi amante en 1969.

Tras un feliz segundo matrimonio y, desde mi infarto en febrero de 2001, mi libido se había mantenido bastante apagada. No tenía yo intención alguna de iniciar una nueva seducción o siquiera de reavivar una antigua. Por ello me sorprendió que Marie-Anne se mostrara afectuosa en forma muy sugerente y solícita. No reaccioné a la recíproca y no estuve seguro de sus intenciones hasta que llegamos al aeropuerto el día de mi partida.

Una vez allí, tras la demora de mi vuelo y un alto en un café, nos despedimos. El beso de despedida no fue superficial ni casto. Y fui yo quien se apartó. En el avión me pregunté si habría yo sido suspicaz. ¿Acaso había yo mostrado interés en una intimidad física cuando lo único que buscaba en realidad era una buena amistad?

De vuelta en casa recibí una carta de amor. Aplacé dos días escribir una respuesta. La solución que me vino por sí sola fue un poema sobre una enredadera de jazmín, el cual aprovecha un viejo matorral en mi jardín para extenderse en un exuberante manto blanco. A los dos días tuve los sueños del beso francés.

Estos sueños son atípicos en varios sentidos importantes, pero ilustran cuán intensos, muy emocionales e inesperadamente instintivos pueden ser los sueños. Se trata de sueños breves que duran, a lo sumo, dos minutos cada uno. También se disocian de las características habituales de las tramas de los sueños del estado MOR. No hay personajes, excepto la fugaz aparición de una mujer no identificada en el segundo sueño. De hecho, la boca que beso de modo tan erótico aparece por completo sin cuerpo, en ambos casos. ¡Todo lo que hay es una boca! ¡No hay lugar, argumento, tiempo o gente! Es un sueño de sentimiento somático casi puro.

Las sensaciones, según las percibo, comienzan con un beso inocente en que siento afecto mas no placer corporal. Después, sobre todo en el segundo sueño, estoy consciente de que si quiero que el beso me excite, así será. ¡Y ocurre tal cual! La sensación de excitación erótica se esparce como reguero de pólvora por todo mi cuerpo.

Según mi experiencia, un sueño progresa sólo rara vez hasta llegar a un orgasmo. El cerebro erótico —supongamos que el sexo es regulado por la región del hipotálamo— se puede activar durante el sueño. Aún más, supongamos que la activación puede dominar la construcción de la trama. Los sueños del beso francés parecen indicar también que un encuentro incidental con una vieja amistad que todavía abriga sentimientos románticos hacia uno puede desencadenar un tipo de sueño erótico marcadamente distinto, aun en un hombre viejo con un agujero en la cabeza, esto es, en su bulbo raquídeo.

Los sentimientos eróticos generados por mis dos

sueños con besos franceses fueron tan intensos como una experiencia que viví en el Casino de París cuando tenía 18 años. Aunque estaba yo sentado lejos del escenario en el segundo balcón, la vista de las coristas desnudas bastó para estimular una liberación sexual total sin que yo me tocara el cuerpo. Refiero la experiencia anterior porque fue la única de mi vida en que una experiencia erótica de la vigilia se acercó a la de mis sueños. También la menciono porque, 50 años después, aún puedo sentir placer erótico en mi cerebro por sí solo.

Lo anterior nos dice algo sobre el cerebro erótico. ¿Es el disfraz y la censura del deseo prohibido? Nada de eso. Se trata de la revelación de un deseo reavivado que nunca cesa, ¡aun cuando la mente consciente y el cuerpo ya no estén a su altura! Mi decisión consciente de no corresponder a las insinuaciones románticas vale de poco.

Comprender lo anterior confirma la fuerza que tiene el instinto sobre la volición, de lo cual debemos dar crédito a Freud por reconocerlo y subrayarlo. Empero, los sueños indican que buena parte del deseo, de la excitación erótica y del éxtasis casi orgiástico ocurren en el cerebro-mente tan sólo como función de la activación cerebral regional. La conclusión es que el estudio de los sueños es el estudio de la vida instintiva, así como de las alucinaciones, los delirios y el pensamiento disminuido.

Pese a que estos breves sueños ardientes ocurrieron temprano por la mañana tras de que me había despertado al menos una vez, el beso alucinado fue tan convincentemente real que nunca me pasó por la cabeza dudar de él o considerarlo como una respuesta a una insinuación reciente por parte de una vieja amiga, o en realidad cuestionarlo en absoluto. Era demasiado bueno para eso. ¡Y me complace haber sido yo quien tuvo estos sueños, no Freud!

"A Kiss to Build a Dream On", conocida canción de la década de 1950, resalta la fuerza de un beso para desencadenar un sueño de amor que sobrevive por mucho al beso. En mi sueño, el recuerdo de un viejo amor desencadena el beso alucinado. No cabe duda de que fue la ética relativamente casta y virginal de la posguerra la que hizo tan atractiva esa canción, y se me grabó de manera tan indeleble que me vino a la cabeza hace poco, mientras tendía la cama en que pocos días antes tuve los electrizantes sueños de los besos. La canción lo dice todo. Un solo beso basta como indicio de una apertura hacia escarceos amorosos más serios y completos en un futuro, o en la realidad virtual de la imaginación.

Tal como la canción, mis sueños de los besos muestran cuán sorprendente puede ser la imaginación cuando elabora un sueño a partir de "un solo beso". Sigo sin saber por qué me dio ese beso Marie-Anne. Pero sé que para mí significó que todavía puedo sentir pasión, aun cuando tenga una lesión en el cerebro-mente. Por sí solo, esto es reconfortante, pero además es prueba de lo resistente que en realidad es el anhelante cerebro-mente. Este sueño entraña importantes implicaciones para la recuperación de lesiones explícitas y graves del cerebro (como mi infarto) y para enfrentarse a las disfunciones más sutiles de la vejez, como la impotencia (que también me aqueja). En virtud de que toda nuestra experiencia ocurre en realidad en nuestra cabeza, la experiencia que se manifiesta sólo en ella puede ser tan real como la que se enlaza con la realidad externa. Necesitamos saber más sobre cómo acceder a nuestra capacidad innata para crear una realidad virtual que sea tan placentera como la verdadera.

El sueño del beso francés también vuelve a poner de relieve el aspecto central de la diferencia entre nuestro nuevo modelo de la mente basado en el cerebro y sus antecedentes psicodinámicos. La esencia de esta diferencia estriba en la distinción entre la actividad refleja y la espontánea. Si el sueño del beso francés fue desencadenado por el beso real en el aeropuerto de Francia, obedece a leyes reflejas pero con un plazo mucho más largo que lo que lo permitiría normalmente la teoría refleja.

Por tanto, debemos suponer que la ocurrencia espontánea de sentimientos eróticos al dormir se elabora a partir del recuerdo de la experiencia, en una forma que resulta extraña e instructiva. En vez de ser un residuo diurno que se acople con un deseo inconsciente, sugerimos que los sentimientos eróticos, que surgen espontáneamente, se acoplan con recuerdos recientes para crear el erotismo en los sueños.

Este ejemplo intensifica aún más nuestra convicción de que Walter Cannon tuvo razón al suponer que toda emoción, incluida la erótica, se experimenta en un nivel central y no en el cuerpo, como lo indicarían nuestra experiencia subjetiva de la vigilia y la teoría de William James. En mi sueño, experimento una emoción erótica que proviene por entero del interior de mi cerebro. Mi cuerpo permanece desconectado de mi cerebro por la inhibición sensorial.

Lejos de ser una desviación o un freno de la energía sexual, como lo expuso Freud, el soñar puede ser un impulsor de chispas sexuales, a las que abanica hasta que sean fuego. Entonces, ¿por qué no tenemos más sueños sexuales? En nuestro estudio de la emoción onírica, nosotros mismos nos sorprendimos al descubrir que los sueños que se recuerdan eran eróticos ¡sólo en 5% de los casos! ¿Y qué parte de la conciencia de la vigilia queda ocupada por la fantasía y la conducta eróticas? Es obvio que son de esperar grandes diferencias individuales en estas estadísticas. Aun así, los sentimientos y las fantasías sexuales son en general sorprendentemente inusuales y fugaces. Nuestros sujetos no eran adolescentes empapados de hormonas, pero tampoco eran unos ancianos. Eran adultos en su plenitud sexual, todos los cuales esperaban —además de afirmarlo en voz alta— que los sueños sexuales fueran mucho más comunes que lo que revelaban sus propios datos.

El hecho es que durante gran parte del tiempo —durante el día y durante la noche—, el cerebro-mente se ocupa —de manera bastante adaptable, por fortuna— en otras tareas importantes, ajenas al sexo. Entre éstas se incluyen funciones mentales básicas de mantenimiento como revisar y ensayar interacciones sociales, planear nuevos trabajos y mantenerse en el buen camino para alcanzar otros objetivos tan importantes para la supervivencia y la procreación como el propio sexo.

Sin duda, hay sociedades represivas. La Viena de Freud a finales del siglo xix debió de serlo. Pero aun así existen buenas razones para dudar incluso de esta afirmación. Considérese la hipersexualidad de escritores vieneses como Arthur Schnitzler y de pintores como Max Klinger y Alfred Kubin. Si bien ahora vivimos en una sociedad que hizo todo lo que pudo, especialmente en la década de 1960, por liberar la sexualidad, aún sigue habiendo límites —innatos, naturales— de cuánta fantasía o actividad sexual se puede tener. Resulta tan decepcionante como liberador reconocer tales límites. Y darse cuenta después de que, aun cuando la vida sexual parezca haberse extinguido, ¡basta sólo un beso para construir un sueño! En mi caso, no solamente un sueño, sino dos de los sueños más eróticos que he tenido.

La memoria reciente puede aportar las semillas de este proceso, pero el cerebro-mente soñador no reproduce simplemente la experiencia previa en algo que posea un carácter mnemónico. En vez de ello, elabora, asocia y —he aquí la palabra clave— crea un mundo de su propia invención. Que este proceso autocreativo dure toda la vida y sea universal, y que muy probablemente nos forma como personas sensibles, muestra que Shakespeare tuvo razón al decir que "somos de la estofa de que están hechos los sueños".

La autocreatividad funcional del cerebro-mente nos da pruebas de que puede hacerse realidad la curación de heridas reales e imaginarias. Incluso si el cerebro es fijo y está limitado en su estructura natural, la diversidad y la plasticidad de sus estados le dan una fuerza que no posee ningún otro órgano del cuerpo. La imaginación, a la que algunos devalúan por ser virtual, en realidad es el más elevado de los talentos humanos. La vida es corta pero el arte es largo. Cuando nos aqueja una enfermedad, el cerebro se reorganiza y, como los propios sueños, saca el mejor provecho de una situación adversa.

Hace poco, hubo una racha de esperanza en que las células del cerebro pudieran tener, a fin de cuentas, la posibilidad de regenerarse. Pero aun si fuera así —y aun si la ciencia de las células madre sigue sembrando el cerebro como si fuera un campo—, es difícil imaginar cómo tales procesos podrían ser selectivos y dirigidos hacia regiones cerebrales específicas necesitadas de reparación (como en mi infarto). Con la esperanza de estar equivocado siendo tan pesimista, y mientras espero a que llegue por helicóptero mi trasplante de cerebro, cantaré otra tonada popular de la década de 1940: "I Can Dream, Can't I?"

REFERENCIAS BIBLIOGRÁFICAS

"French Kiss Dream", *JAH Journal*, 3 de noviembre de 2003.
Luppi, P. H., "The Paradox of Sleep: A Symposium in Honor of Michel Jouvet", *Archives Italiennes de Biologie*, en prensa.

Epílogo
FREUD DESPIERTA

Si yo siguiera con vida, hoy tendría 148 años. Me opuse a la idea de una vida después de la muerte por creerla un deseo gratuito de los mortales. Pensé que, una vez muerto, me quedaría así para siempre, excepto, claro está, por mi labor científica. Y en efecto, mi especulativa teoría de la mente ha gozado de una notable longevidad, tal vez inmerecida.

A menudo sostuve que las dificultades de crear una psicología verdaderamente científica sólo se resolverían si supiéramos lo suficiente acerca de la fisiología y la química cerebrales. Llegué al extremo de predecir que algún día todas mis ideas psicoanalíticas serían sustituidas por las formulaciones de la fisiología y la bioquímica. Durante el siglo xx se aprendieron muchas cosas directamente pertinentes para la tarea que yo mismo me había fijado en 1895, cuando tenía 39 años. Cuando publiqué *La interpretación de los sueños,* en 1900, tenía 44 y estaba seguro de que el psicoanálisis era el método ideal para trabajar en una ciencia de la mente. Aunque me entristece descubrir cuánto me equivoqué al elaborar mi teoría de los sueños, así como toda la idea de que la experiencia humana pudiera explicarse por satisfacción de los deseos, me complace ver que mi *Proyecto de una psicología para neurólogos* avanza ahora a un paso emocionante.

El descubrimiento del sistema de activación reticular, debido a Moruzzi y Magoun, y el descubrimiento del sueño MOR, debido a Aserinsky y Kleitman, hicieron caer la venda de mis ojos. Si el cerebro se autoactivaba periódicamente al dormir, ello significaba que los sueños podían presentarse por intervalos durante la noche y no sólo al momento de despertar, como yo había supuesto.

Desde luego, la actividad eléctrica del cerebro se descubrió durante mi vida. Aun así, hice caso omiso de los descubrimientos de Caton en 1875, como lo hizo casi todo el mundo. ¿Cómo podíamos estar seguros de que las fluctuaciones de voltaje detectadas en el cerebro de unos conejos tuvieran algo que ver con la mente humana o con algo que pudiera interesarnos a los psiquiatras? En retrospectiva, cualquiera puede ver que esos remilgosos ingleses habían encontrado algo.

En 1928 surgió una novedad cuando mi colega, el psiquiatra Adolf Berger, describió el EEG humano. Berger trabajaba en Jena, que no queda lejos de Viena. Al mostrar que las ondas cerebrales se desaceleraban y crecían cuando sus sujetos se dormían, Berger convenció a sus más escépticos detractores de que los cambios de voltaje que él observó al registrar señales con unos electrodos fijos al cuero cabelludo eran reales y se originaban en el cerebro. Empero, para entonces yo estaba organizando un movimiento internacional y aplicando mi propia teoría psicoanalítica a las ciencias sociales e incluso a la religión. De hecho, mientras Berger describía los cambios cerebrales durante el sueño —lo que sin duda hubiera llamado mi atención en 1895—, hacia 1928 yo ya había publicado mi deconstrucción psicoanalítica de las creencias religiosas como deseo delirante de la gente por tener un padre omnisapiente y protector.

Otro hecho importante es que yo ya me había apartado de mi base científica en la neurología —o lo intentaba—, porque muchos colegas inoportunos querían que neurologizara mi teoría. Me opuse rabiosamente a semejantes propuestas por superfluas e indeseables, y porque implicaban una dilución peligrosa o incluso una destrucción del psicoanálisis. No recuerdo si leí siquiera los artículos de Berger cuando aparecieron pero, en todo caso, es difícil que pudieran haber influido en mi teoría de los sueños, la cual declaré viva y en perfecto estado en el famoso artículo de revisión que publiqué en 1933. Como otros lo han señalado ya, el artículo no incluyó revisión alguna. Mi única excusa, y es una buena excusa, es que nubes de tormenta se acumulaban sobre Europa, yo tenía 77 años y, para sobrevivir, tuve que mudarme a Londres. Entonces tenía la cabeza en otros asuntos.

En mis últimos años, aquejado por un cáncer de la mandíbula, eso fue todo lo que pude hacer para seguir vivo y continuar con los deberes de rutina de encabezar el movimiento psicoanalítico. Debía estar siempre en guardia para impedir que uno de mis colaboradores contaminara la teoría. Al mismo tiempo, estaba ansioso por incorporar gente nueva al movimiento, aun cuando no fueran médicos o siquiera psicólogos. Nunca reparé siquiera en que los científicos estadunidenses Loomis y Harvey describieron un cambio nocturno en la actividad de las ondas cerebrales, que se presentaba en forma periódica a los 90 o 100 minutos. Su importante y premonitorio artículo lo publicaron en 1936, pocos años antes de mi muerte.

Al fin estaba aquí la manera de probar, no de desacreditar, la teoría psicoanalítica de los sueños. Cuando comenzaron a aparecer los resultados del trabajo con animales a finales de los cincuenta y comienzos de los sesenta, me hubiera costado mucho trabajo seguir mostrándome autocomplaciente, porque los hallazgos refutaban varios aspectos decisivos de mi teoría.

El primero, por supuesto, fue la idea de la satisfacción de los deseos. Ésta era el motivo básico de la vida mental para el psicoanálisis: deseamos cosas que no podemos tener, el deseo se frustra y la energía se oculta bajo tierra y allí se queda —como volcán— hasta que se produce una abertura. Entonces, ¡pum!, emerge. Una de esas aberturas es el dormir. Si bien sigue siendo posible afirmar que los deseos prohibidos a menudo se abren paso hacia los sueños, resulta mucho más difícil sostener que en realidad originen alguno de ellos. Si fuera así, ¿por qué habría de ser periódica la actividad onírica del sueño MOR? ¿Por qué habría de ser más prevaleciente en los bebés, e incluso en los fetos? ¿Y por qué habrían de compartir el estado MOR todos los mamíferos?

Para afirmar que los deseos inconscientes originan los sueños, me vería obligado a sostener que el cerebro (en estado MOR) y la mente (al soñar) estaban por completo disociados entre sí. Ésta es la postura que adoptó Mark Solms, quien está haciendo su mejor esfuerzo por defender mis ideas (así como por administrar mi biblioteca en Londres). Pero, ¿se pueden equiparar los deseos inconscientes con la dopamina?

En cuanto a mi idea de que la función de los sueños era proteger el dormir (mi noción del "guardián del sueño"), a partir del trabajo de Michel Jouvet pronto se hizo evidente que el cerebro posee sus propias y hábiles formas de conservar el dormir al tiempo que simultáneamente se desactiva y se activa solo. Estos mecanismos de generación del sueño MOR estaban integrados en dos procesos que me interesaron profundamente. El bloqueo de la salida motora, que Jouvet describió en el plano fisiológico, podía regular lo inexpresable de las acciones motoras, que yo postulé como una importante razón psicológica del disfraz y la censura de los deseos que instigaban los sueños. Como lo señala Solms, sin duda es cierto que las conductas motivadas dependen de la dopamina. Y la salida de dopamina no disminuye mientras se duerme como ocurre con la norepinefrina y la serotonina. De modo que acaso se aumente —o se desenmascare durante el estado MOR— la motivación, pero tal cosa está muy lejos de los deseos instintivos que yo tenía en mente.

Para explicar la intensa imaginería de los sueños, propuse que la mente regresaba de modo defensivo al punto de la alucinosis visual. Ahora parece que lo que ocurría en realidad era un cambio en el estado del cerebro, que hacía que la imaginería visual fuera primaria y positiva. En otras palabras, el cerebro se autoestimulaba activamente como parte integral del proceso de generación del sueño MOR. Las sensaciones de los sueños son resultado directo de la activación cerebral, no una respuesta psicológica secundaria.

Muchos de mis defensores han dicho que el estado MOR y los sueños son disociables. Cierto que éstos se presentan al empezar a dormir y durante el sueño no MOR ya muy avanzada la noche. Empero, si siguiera yo vivo hoy día y quisiera ayudar a mis pacientes a recordar sus sueños, haría que los despertaran durante el estado MOR. Las estadísticas indican que ésta es la mejor forma, y el científico que llevo dentro dice que los cambios químicos del cerebro conducentes a una actividad onírica durante el sueño MOR son 50% tan fuertes en el estado no MOR como en el MOR.

Hay quienes se oponen a toda interpretación fisiológica de lo que consideran procesos irreductiblemente psicológicos. Según ellos, la investigación del cerebro nunca ha tenido nada que ofrecer al psicoanálisis y nada tendrá que aportarle en el futuro. Su desprecio a la fisiología los lleva a un rechazo equivocado de la ciencia del sueño por considerarla reduccionista. Hay dos razones por las que yo mismo desecharía hoy semejante objeción.

La primera es que reconozco que el reduccionismo es el alma misma de la ciencia. Cuando formulé mi teoría de los sueños quería explicar, como todos los buenos científicos, tantas variables como pudiera con la menor cantidad posible de suposiciones. A qué negar que mi teoría de los sueños era sencilla. Asimismo, el concepto central de la teoría —esto es, el disfraz y la censura— se podía utilizar no sólo para explicar los sueños, sino ampliarse a todas las vicisitudes de la vida mental.

Como he reiterado a menudo, de haberla tenido habría recurrido a la neurofisiología del sueño para formular mis teorías. Pero en 1895 no existían la neurofisiología básica ni todas las técnicas para la toma de imágenes cerebrales y de detección eléctrica disponibles en el siglo XXI. Ahora queda claro que en la neurobiología ha ocurrido un cambio monumental. La activación automática del cerebro al dormir ayuda a explicar la ocurrencia de los sueños. Los deseos aún desempeñan un papel, determinando el contenido onírico, pero ya no es posible considerarlos como iniciadores. El cerebro se activa y se desactiva por cuenta propia. De modo que era errónea mi teoría sobre la generación de los sueños.

Asimismo, el cerebro regula las percepciones internas que causan las alucinosis visuales (que yo consideré como defensas regresivas) e inhibe la salida motora (que yo atribuí a la censura). De modo que el efecto neto, el cual me enorgullezco de haber apreciado desde 1895, es que el cerebro-mente soñador se mantiene conscientemente desconectado, por así decirlo. Ahora veo el porqué. Sus aferencias y eferencias son reguladas por procesos fisiológicos automáticos y confiables.

El trabajo celular y molecular iniciado a fines de los sesenta despertó, en el decenio siguiente, objeciones bien fundamentadas a mis principales hipótesis. Yo mismo fui neurofisiólogo celular. Muchos saben que fui neurólogo. La sola razón de que me volviera psiquiatra fue que muchos de mis llamados pacientes neurológicos padecían discapacidades funcionales que entonces no podíamos explicar neurologicamente. Empero, poca gente se da cuenta de que yo, como muchos psiquiatras-neurofisiólogos del siglo XX, consideré necesario entender el cerebro en el plano celular para dar una base cerebral a la psicología.

A fines del siglo XIX, las opciones científicas se limitaban a preparados invertebrados como el cangrejo de río con que trabajé en el laboratorio de Brücke en el departamento de fisiología de la escuela de medicina de Viena. Aun en la actualidad, noto que algunos psiquiatras como Eric Kandel, ganador de un Premio Nobel, han optado por trabajar con seres infrahumanos e inframamíferos. Mi propia investigación fue frustrante no sólo porque no contribuyó a que avanzara mi carrera en el departamento de fisiología, sino también porque la neurofisiología del músculo de apertura de la tenaza del cangrejo no fue lo bastante esclarecedora para formar una teoría de la mente basada en el cerebro. Cuando empecé a estudiar los sueños, me impresionó su aparente extrañeza, como a cualquiera que hubiese escrito sobre ellos. A mí me interesaban mis propios sueños. Pero no recolecté, catalogué o conté minuciosamente los sueños o sus características. En vez de ello, los consideré como relatos y supuse que su peculiar estructura superficial era resultado de una profunda transformación, de inaceptables deseos inconscientes en experiencias conscientes al parecer carentes de sentido.

La mente parecía estarse gastando bromas a sí misma. Primero censuraba y después disfrazaba los deseos inconscientes que yo consideré como instigadores de los sueños. Me complace que algunos neuropsicólogos modernos, encabezados por Mark Solms, sigan defendiendo la idea de la instigación de los deseos, pero si el disfraz-censura ha muerto, poco importa si los sueños son motivados por deseos. Como debí haber argumentado con más fuerza en 1933, aun cuando es claro que hay sueños que son impulsados por lo que bien se puede llamar deseos, con muchos no ocurre lo mismo. Con mi teoría es imposible explicar la prominencia de emociones negativas como el miedo, la angustia y la ira.

Abordemos ahora el que me parece mi mayor error intelectual, un error de tal magnitud que contuvo todo un siglo de progreso potencial. Se trata del famoso secreto de los sueños que se me presentó (como revelación religiosa) el domingo de Pentecostés de 1896. Súbitamente quedé convencido de que lo absurdo de los sueños era sólo aparente y que lo que yo llamé contenido manifiesto e intencionalmente engañoso era una mala copia del contenido latente e inaceptablemente cierto del deseo onírico.

¿Por qué se me ocurrió cosa semejante? Esto me rebasa ahora. Debí haber comprendido que esta idea era en sí un delirio. No es de sorprender que me hayan concedido el Premio Goethe (de literatura) y no el Nobel (de ciencia). Me avergüenza reconocer que pasé totalmente por alto el consejo del filósofo y psicólogo estadunidense William James, a quien conocí en Worcester en 1909. James dijo, en una forma cómica muy suya, que mi noción de un inconsciente dinámicamente reprimido como centro de la vida mental se prestaba como "terreno para que rodaran las extravagancias". En defensa propia, puedo argüir que la distinción que establecí entre los contenidos manifiesto y latente de los sueños se basaba en la convicción de que cada aspecto de la vida mental era un compromiso entre los impulsos más profundos y las convenciones sociales. Sigo manteniendo como cierta esta proposición. No obstante, he de admitir que abrí la puerta a especulaciones descabelladas y sin fundamento: ¡todo menos la ciencia dura que yo esperaba construir!

Para un neurólogo, la posibilidad de que fueran los cambios fisiológicos del cerebro al dormir los que cambiaran la actividad mental en los sueños resulta mucho más interesante que lo que entonces reconocía yo. Sabía que los sueños eran un estado similar a la locura. Por tanto, los sometí a análisis con mis propias herramientas tradicionales, incluido el examen del estado mental, parte esencial de la neurología desde el principio.

De haber estado alerta, me habría preguntado y habría preguntado a mis colegas si no pudiera ser que la extravagancia de los sueños surgiera de cambios orgánicos en la actividad cerebral. En 1900, no podía adivinar qué pasaba en el cerebro, como la demodulación aminérgica que fue demostrada en Boston 75 años después. Fueron necesarios experimentos específicos para revelar los sorprendentes cambios en la química cerebral que implicaba la suspensión relacionada con el sueño MOR de la descarga de neuronas serotonérgicas y noradrenérgicas. Como lo llegaron a comprender los investigadores, es probable que un cerebro demodulado aminérgicamente tenga su propio acompañamiento mental distintivo si se activa de otro modo.

Si me hubiera asomado a la cuna de mis propios hijos, habría visto por mí mismo los movimientos oculares rápidos. Y después, cuando Carl Jung y yo mismo comprendimos que los sueños eran una especie de psicosis, pudimos habernos preguntado de qué tipo de psicosis se trataba. Si me hubiera fijado con más cuidado en los sueños en vez de precipitarme hacia la generalizada conclusión de que la extravagancia de los sueños refleja la operación de los disfraces defensivos mediante el desplazamiento, la condensación y la simbolización, ¡me habría percatado de que la extravagancia se limitaba a la desorientación! Como neurólogo, sabía que lo que causaba la desorientación era la pérdida de la memoria reciente. Y ello apuntaba hacia una enfermedad mental orgánica.

Ha llegado el momento de barrer los restos del psicoanálisis y construir una nueva ciencia de los sueños con base en lo que ahora se conoce del cerebro. A fin de cuentas, éste fue mi mismo punto de partida, y todo esfuerzo de este tipo debe reconocer que fui atrevido y sagaz al intentarlo. Permítaseme esbozar la tarea de revisión y opinar sobre cómo percibo que se lleva a cabo.

Ahora parece ridícula por dos razones mi atribución del olvido en los sueños a una represión defensiva. En primer lugar, si el disfraz y la censura ya hubieran expurgado los sueños, ¿por qué necesitaría reprimirlos la gente? Por la naturaleza misma del trabajo del sueño, estos absurdos y desdentados fragmentos podrían muy bien descartarse. ¿Y qué mejor forma de hacerlo que la simple amnesia? Aún más vergonzoso me resulta reconocer el déficit de la memoria reciente que opera dentro de los sueños y para los sueños posteriores a un despertar. Esto es una revelación clara de que algo poderoso ocurre en la esfera orgánica. Tanto Carl Jung como yo sabíamos que las psicosis orgánicas, como las asociadas al alcoholismo y al abuso de drogas, se caracterizaban por fallas de la memoria reciente, desorientación, alucinosis visual y confabulación. Debimos haber comprendido que los sueños se parecían más a esa especie de *delirium* que a las llamadas psicosis funcionales, las esquizofrenias que Jung había estudiado con Bleuler, y los trastornos afectivos, que nos atrajeron como terrenos para aplicar nuestras teorías psicoanalíticas.

Pero tampoco lo comprendió bien nadie más. El largo capítulo introductorio de *La interpretación de los sueños* habla de dos aspiraciones sorprendentes. Una es desacreditar a todos mis antecesores en el campo de la teoría de los sueños; la otra es descalificar a muchos de esos antecesores que tenían orientación neurológica. Uno de los ataques más virulentos lo dirigí a Wilhelm Wundt, quien ahora ha resucitado. Me era menester desacreditarlo porque se acercó mucho a la verdad mediante argumentos fisiológicos.

En otras palabras, estaba yo decidido a desacreditar todas y cada una de las teorías neurológicas dado que yo mismo había sido incapaz de emplear la ciencia del cerebro como base de una formulación de la mente. Con todos los descubrimientos que se han hecho en los últimos 50 años, entre 1954 y 2004, ahora es posible construir una nueva psicología dinámica sobre la sólida base de la ciencia del cerebro. Si se me permite decirlo, yo me adelanté a mi época.

En lugar de estática y estructural, la neurología se ha vuelto dinámica y funcional. Permítaseme explicar esto. A fines del siglo XIX, e incluso hasta mediados del XX, la única patología que reconocían los neurólogos era la que provocaba daños estructurales al cerebro. Podíamos observar los efectos de los infartos, las infecciones y los tumores en el cerebro. Como no podíamos detectar nada de tipo estructural en la parálisis histérica, fue comprensible que intentáramos desarrollar los que llamamos modelos psicodinámicos para explicar tales problemas. Nunca tomamos en cuenta la dinámica del propio cerebro porque no supimos reconocer que los estados alterados de la mente implicaban estados alterados del cerebro.

No consideramos orgánicas la parálisis histérica y otras pérdidas de funciones porque no sabíamos que el cerebro, por su propia naturaleza, era proclive a la disociación, la parálisis y la pérdida de memoria. La prueba de este hecho fundamental la da la fisiología del sueño y, aún más significativamente, la fisiología del estado MOR, en que la parálisis funcional y la pérdida de memoria son normales (para no hablar de alucinaciones visuales y delirios). En vez de suponer que cada estado de la mente dependía de un estado del cerebro, tendí a suponer que la mente era independiente del cerebro-mente y se la podía investigar por sí sola.

Tal es la trampa del dualismo inventada por Descartes. Creyó que, si bien el cerebro y la mente no eran interactivos o idénticos, sí estaban perfectamente sincronizados. Su dualismo fue para mí un anatema tanto como la religión, y me esforcé mucho por evitar a ambos. Pero incluso un genio se puede confundir al abordar algo tan difícil como el problema del cerebro-mente. Dado que la neurobiología me había defraudado, cometí el error de darle la espalda. He estado leyendo *Los 13 sueños que Freud nunca tuvo*. Lo verdaderamente sorprendente y satisfactorio de leer los relatos que hace Hobson de sus propios sueños es su distinción entre los aspectos formales atribuidos a alteraciones de la fisiología cerebral y el contenido de los sueños que es significativo individualmente. Debo reconocer que me sorprendió ver cuántas enseñanzas psicológicas se podían extraer a partir de lo que yo había descalificado como contenido meramente manifiesto. En retrospectiva, en realidad esto es todo lo que hice al interpretar mi sueño con Irma. Estaba yo ansioso por un error de juicio clínico, y soñé con ello. Nada de símbolos. Nada de deseos inconscientes. Nada de verdadera interpretación en el sentido psicoanalítico. Podía ser que bajo la superficie ocurrieran más cosas pero, ¿para qué correr riesgos, sobre todo si hacerlo nos conduce hasta el cofre del tesoro del significado de los sueños que está justo sobre la superficie?

La clave estriba en el novedoso reconocimiento de la fuerza de la emoción en la formación del contenido onírico. Esto resuena en mi insistencia en la primacía del afecto (yo lo llamaba instinto) al conformar los sueños (así como el pensamiento en la vigilia). Yo mismo tuve dificultades con la presencia de tanto afecto negativo en los sueños. Aunque es obvio que no encajaba con mi hipótesis de la satisfacción de los deseos, ahora comprendo que es tan probable que la activación del sistema límbico desate angustia e ira como que propicie alegría y exaltación. Ambos constituyen importantes sistemas integrados que tanto nos ayudan como nos frenan.

Poco importa que la síntesis de la activación no pueda decir aún por qué se desencadena a veces la emoción negativa y en otras la positiva. Dada la rápida expansión de la tecnología de la imagenología cerebral, mi pronóstico es que pronto habrá una explicación.

Al acoger la neurología dinámica (en vez de tratar de acomodar los nuevos datos en mi antigua y caduca teoría), todo puede ser nuestro: la neurología, un modelo dinámico de la mente y una forma de ayudar a las personas a dar un sentido a sus vidas. Alcanzar todo esto es posible ahora, al tiempo que nos ahorra la vergüenza de mi exageración (comprensible pero rechazable) de los impulsos sexuales como uno de los principales motores de todo. Puedo decir que a mí se me debe, en gran medida, que ande por allí suelta la duplicidad de las costumbres victorianas con respecto al sexo. Por último, me siento orgulloso de haber sensibilizado a generaciones enteras respecto del aún poderoso impulso del Eros.

REFERENCIAS BIBLIOGRÁFICAS

Aserinsky, E., y N. Kleitman, "Regularly occurring periods of eye motility and concomitant phenomenon during sleep", *Science*, 1953, 118: 273-274.

Berger, H., "Uber das Elektroencephalogram des Menchen. Zweite Mitteilung", *Journal of Neurology and Psychology,* 1930, 40: 160-179.

Freud, S., *The Future of an Illusion,* Nueva York, H. Liveright, 1928.

Hobson, J. A., R. W. McCarley y P. W. Wyzinski (1975), "Sleep cycle oscillation: reciprocal discharge by two brain stem neuronal groups", *Science,* 189: 55-58.

Jouvet, M., y F. Michel, "Correlations electromyographiques du sommeil chez le chat decortiqué mesencephalique chronique", *Comptes Rendues des Seances de la Societé de Biologie et de Ses Filiales*, 1959, 153: 422-425.

Loomis, A. L., E. N. Harvey y G. A. Hobart, "Cerebral States During Sleep as Studied by Human Brain Potentials", *Journal of Experimental Psychology*, 1937, 21: 127-144.

Moruzzi, G., y H. W. Magoun, "Brainstem reticular formation and activation of the EEG", *Electroencephalography and Clinical Neurophysiology*, 1949, 1: 455-473.

Pompeiano, O., "Cholinergic Activation of Reticular and Vestibular Mechanisms Controlling Posture and Eye Movements", en *The Reticular Formation Revisited*, J. A. Hobson y M. A. B. Bazier (comps.), Nueva York, Raven Press, 1979, pp. 473-572.

AGRADECIMIENTOS

Doy gracias a Sigmund Freud por haber creado una teoría de los sueños lo bastante clara para poder refutarla.

A lo largo del texto se menciona a la mayoría de las personas que me capacitaron y que colaboraron conmigo en mi investigación científica. Una de ellas es el fallecido Elwood Henneman, quien era un empecinado seguidor de Sherrington, pero también un caballero y un académico a la vieja usanza. Es un gusto para mí dedicarle el presente libro. Elwood me acogió cuando carecía de un hogar científico tras mi estancia en Lyon, y en su laboratorio hice mis primeros registros logrados con microelectrodos.

Hubo muchos profesores que me prepararon para este proyecto. En la Harvard Medical School conocí al hoy difunto Mark. D. Altschuele, quien me contagió su pasión por la fisiología y su gran desconfianza del psicoanálisis. Mediante el generoso apoyo que brindó a nuestro seminario informal de residentes, Mark me ayudó a conformar mi propio programa. Este coloquio sirvió para intercambiar ideas con Earnest Hartman, Anton Kris, Eric Kandel, John Merrifield, Stanley Palombo, George Vaillant y Paul Winder. Doy las gracias a todos ellos, pero en especial a Mark.

Mi labor científica recibió el apoyo de varias instancias públicas y privadas, las principales de las cuales fueron el National Institute of Mental Health y la MacArthur Foundation.

Varias personas contribuyeron a sugerirme este libro. Nadie más importante como intermediario que Stephen Morrow, quien comprendió que la teoría de los sueños era un buen trampolín para analizar una nueva psicología con base en el cerebro. Stephen sugirió también el título del libro y me ayudó con los nombres de los capítulos. Nick Tranquillo transfirió mis garabatos a un medio electrónico, con gran habilidad y paciencia. Por su comprensión y afectuoso apoyo, también doy las gracias a Lía Silvestri, mi esposa, y a los cuatro niños que vivieron con nosotros en Sicilia y Boston mientras yo escribía *Los 13 sueños que Freud nunca tuvo*.

ÍNDICE ANALÍTICO

abultamiento del clítoris durante el sueño MOR: 141, 144-145
acetilcolina: 72
activación: 285-286; *versus* experiencia, 262-263
activación cerebral. *Véase* activación
actividad espontánea *versus* refleja: 297
actividades de la vida diaria en los sueños: 272; sueño de la cata de vinos por el bicentenario, 183-200, 271-272; sueño de la langosta, 85-113
acueducto cerebral: aspecto anatómico del, 37-39
alcohol, como supresor del estado MOR: 127-128, 164, 197-199
Allen, Constantine: 108
alucinaciones visuomotoras. *Véase* movimiento en los sueños
alucinosis: 136-137, 186; visual, 136-137
amnesia durante los sueños: 74-77, 255-256, 267-270, 310-311. *Véase también* memoria

análisis de contenido y extravagancia de los sueños: 94, 281-283
anatomía y cerebro, comparación entre: 36-40
ansiedad onírica: 93
apoyo financiero para la ciencia de los sueños: 168-172
aprendizaje: y la memoria, 172-179, 188; efectos del sueño sobre el, 79
aprendizaje procesal: los sueños como, 208-209, 215
Aristóteles: 261-262
Armstrong, David: 250-252, 255, 259-260
Armstrong, Karl: 133
arte: 151-152. *Véase también* creatividad
arte de los sueños: 100-102, 151-152
Aserinsky, Eugene: 149-150, 152-153, 212-213, 302
Asò, Kaji: 110-111
asociación: asociación libre, 157-160; de la memoria a largo plazo, 174-176
autocreatividad del sueño MOR: 99-102
autoimagen y construcción de escenarios: 188-190

autosugestión previa al sueño: 88

Baghdoyan, Helen: 108
beber en sueños: 183-200, 271-272
Beck, Kitty: 57, 64-65, 80-81
Berger, Adolf: 302-303
Berger, Hans: 24-25
Bertini, Mario: 148
besos (sueño del beso francés): 292-300
Blackpool, Margaret: 117, 119, 129-130
Bleuler, Eugène: 127-128, 218, 312
Breeskin, Adeline: 194
Breton, André: 151
Breuer, Joseph: 18-19
Brown, Chip: 149-150
Brücke, Ernst: 307-308
Bruno, Salvatore: 155-156
búsquedas en sueños: 145-148
búsquedas eróticas como emoción: 145-148
Buszaki, Gyorgi: 75, 177

Cahill, Steve: 133
cambio de postura durante el sueño: 45
cambios conductuales: efecto de los cambios químicos en el cerebro, 233
cambios en las ondas cerebrales durante el sueño: 302-304
cambios químicos en el cerebro: efecto de los, sobre los cambios conductuales, 232-233, 237-241

Cannon, Walter: 297
Caravaggio: sueño de, 115-137
Cartwright, Rosalind: 272-273
caso de Irma: 15-16; sueño de Freud sobre el, 15-16, 22-24, 314
Caton, Richard: 302
células: de Purkinje, 32; desactivadoras de los periodos MOR, 71-72, 104-107; marcapasos, 290
cerebelo: aspecto de planta del, 31-34
cerebro: erótico, 292-300; y la disociación, 92, 112-113; imágenes por PET durante los estados de sueño/vigilia, 77-78; interacción del, con el corazón, 287-290; y los objetos naturales, comparación entre el, 31-35; y las partes del cuerpo, comparación entre el, 36-39; procesos visuales durante los sueños, 134-135; programas motores que se activan durante los sueños, 121-123; regeneración del, 300; resistencia del, 296
cerebro despierto: imágenes por PET del, 77-78
cerebro soñador: imágenes por PET del, 77-79
Chalmers, David: 259-260
Chandler, George: 155
Charcot, Jean Martin: 19, 240-241, 268-269

Chomsky, Noam: 261-262
Church, Frederic: 255-256
Churchland, Patricia: 261
ciencia de los sueños: apoyo financiero para la, 168-172; importancia para la psicología, 305-308
ciencia del cerebro: puntos de vista de Freud respecto de la, 11-15
colículos: aspecto anatómico de los, 37-38
comer en sueños: 85-113, 271-272
comparación entre partes del cerebro y el cuerpo: 36-39
cómputo de palabras de relatos oníricos: 281-283
conciencia de la vigilia *versus* conciencia de los sueños: 218-221, 240-245
conciencia. *Véase* conexión cerebro-mente
condicionamiento: 175-177; pavloviano, 175
conducta religiosa: 191-192
conexión cerebro-mente: 249-263, 313-314
confabulación: 125-127, 189-191
contenido de los sueños: efectos de la emoción onírica, en el, 80-81; fuerza de la emoción en el, 314; contenido manifiesto *versus* contenido latente de los sueños, 309-310; *versus* la fisiología del sueño MOR, 141-146. *Véase también* extravagancia de los sueños
contenido manifiesto *versus* contenido latente de los sueños: 309-310
contenido onírico. *Véase* contenido de los sueños
corazón: interacción del, con el cerebro, 288-290
corteza cerebral: aspecto de hongo de la, 33-34
corteza prefrontal dorsolateral: funciones cognitivas de la, en los sueños, 78-79
creación de argumentos, como algo innato a los humanos: 188-190
creatividad: autocreatividad del sueño MOR, 99-102; en los sueños, 39-42, 49-52, 299-300; Escenario Onírico, 27-53
creatividad onírica. *Véase* creatividad
creencias y sentimientos: 191-193
cuerpo: comparación entre las partes del, y el cerebro, 36-39
cura psicológica gracias a los sueños: 272-273

Da Vinci, Leonardo: 134-135
Dalí, Salvador: 203-204, 211, 216
Damasio, Antonio: 92
Darwin, Charles: 12, 82, 92
Davidson, Ritchie: 245-246
delirium: comparación con

soñar, 142-143; y el síndrome mental orgánico, 127-128
delirium tremens: 127, 198-199
demencia y síndrome mental orgánico: 127-128
Dement, William: 149-150, 164-165
Denney, Alice: 185, 194-196
deportes en los sueños: 269-270
Descartes, René: 261-262, 313
desorientación. *Véase* inestabilidad de la orientación
despertar y sueño lúcido: 89-90
despertares espontáneos *versus* despertares instrumentales: 118-120
despertares instrumentales *versus* despertares espontáneos: 118-120
desplazamiento: 61-62
Dew, Blannie: 215
dibujo de psi: 251-252, 256
dictámenes de financiamiento: para la ciencia de los sueños, 167-172
Dine, Jim: 195
disociación: 92-93, 112-113, 127-128, 223-247, 304-305
doctrina: celular (Virchow), 14; de los reflejos (Sherrington), 14; neuronal (Ramón y Cajal), 14-15
Domhoff, William: 218-219
dopamina: liberación de, durante el sueño MOR, 146-147, 192-193, 196

Doricchi, Fabrizio: 148
Dryden, John: 124
dualismo: 313-314

Earls, Paul: 30-31, 40
Edelman, Gerald: 92, 179-180
EEG: 25, 302-303
emoción onírica: 314-315; activación de la, durante el sueño MOR, 196; y las búsquedas eróticas, 144-146; cambios de la, 245-246; efectos de la imaginería onírica en la, 80-81; efectos sobre la trama, 130-132; emociones negativas, 309-310; emociones positivas *versus* emociones negativas, 245-246; y la sorpresa, 209-210; y el sueño de la ballena dividida, 223-247; y el sueño de Caravaggio, 115-137; y el sueño Evarts-Mantle, 166-167
emociones en los sueños. *Véase* fuerza de la emoción; emoción onírica
emociones negativas en los sueños: 118-119, 245-247, 309-310
emociones positivas en los sueños: 118-119, 245-247
episodios fásicos: 97-98
episodios tónicos en el sueño NO MOR: 97-98
erecciones durante el sueño MOR: 141, 144-145
Escenario Onírico, 27-53, 61-62, 71-72

Establie, Roger y Suzanne: 193-194
estadísticas: del registro de los sueños, 56-57; de la sexualidad en los sueños, 298
estados: conexión cerebromente, 249-263, 313-314; vigilia *versus* sueño, 240-245
estructura edípica del sueño del idilio italiano: 156-157
Evarts, Edward: 62-63, 67-69, 121-122
Ewalt, Jack: 68
experiencia perceptiva-emocional en los sueños: 255-257
experiencia *versus* activación cerebral: 262-263
experimentación sexual del autor: 154-156
experimentar emociones: 297-298
explicaciones *ad hoc:* 123-125, 204-205
extravagancia de los sueños: 94, 281-283, 309-312; y el análisis de contenido, 280-283; y la inestabilidad de la orientación, 93-97; y el sueño de los clavados peligrosos, 202-221; y el sueño de langosta, 85-113; y el sueño de la ciudad medieval, 275-290

fantasías *versus* sueños: 57-58
Federman, director: 57, 61-63, 80
Fellini, Federico: 39-40, 216
fenómenos: de arrastre de otros estados, 242-243; neurodinámicos, 241-243
filosofía y conocimiento físico del cerebro: 259-263
filósofos materialistas: 251-252
Fisher, Charles: 164-165
fisiología del sueño MOR *versus* contenido onírico: 141-146
fisiólogos con formación psiquiátrica: 171-172
Flanagan, Owen: 101, 261
Fleiss, Wilhelm: 15-17
Fonta, Francine: 147-148
Fosse, Roar: 63, 75-76, 118
Freud, Sigmund: "Acerca de los sueños", artículo, 25; carrera profesional de, 11-25; *El futuro de una ilusión*, 12; *La interpretación de los sueños*, 21, 301, 312; interpretación literaria, 236-238; *Proyecto de una psicología para neurólogos*, 11, 17, 301; represión y amnesia onírica, 268-270; revisión del psicoanálisis, 301-315; teoría de los sueños, 19-25
funciones cognitivas en los sueños: 73-79, 122-125, 251-260. *Véase también* amnesia; memoria

Gehrig, Lou: 173
Geschwind, Norman: 58, 63, 76

glándula pituitaria: aspecto anatómico de la, 38-39
Goldman-Rakiç, Patricia: 75
Gould, Stephen Jay: 101
grandiosidad en los sueños (sueño de la cata de vinos por el bicentenario): 183-200
Greenblatt, Milton: 172
Grundbaum, Adolf: 251
gusto, sentido del: ausencia del, en sueños, 88-89

hábitos útiles (Darwin): 92
Harlowe, Joan: 212-213
Hartley, David: 157-158
Hartmann, Heinz: 64-65
Harvard Medical School (HMS). *Véase* sueño del maratón de la HMS
Harvey, E. Newton: 303-304
Henaff, Marie-Anne: 293
Henneman, Elwood: 170
hipomanía (sueño de la cata de vinos por el bicentenario): 183-200
hipótesis: de la Activación-Síntesis de los sueños, 73, 217, 267-268, 314-315; del disfraz-censura de la actividad onírica, 216-217, 306-307
His, Wilhelm: 14-15
Hobson, Ian. *Véase* sueño de la ballena dividida
hormona: del crecimiento, 38-39; folículo estimulante (HFE), 38-39; luteinizante (HL), 38-39

Houdini, Harry: 216
Hubel, David: 170-171

imágenes PET: cerebro dormido *versus* cerebro despierto, 77-78; *versus* MRI, 132-133
imaginación: 299-300
imaginería mental: 135-137
imaginería onírica. *Véase* contenido de los sueños
impedimento fisiológico de la memoria narrativa durante el sueño MOR: 265-274
incubación de ideas durante el sueño: 151-153
Indian, Robert: 195
indigestión y sueños: 166
inestabilidad de la orientación: 93-97, 279, 310-311; y la extravagancia de los sueños, 92-97; y el sueño de la cata de vinos por el bicentenario, 187
infancia del autor: 154-157
infarto cerebral: efecto del, sobre la actividad onírica, 275-290
instinto: poder del, sobre la volición, 294-296
integración (resalte emocional): 58-62
interpretación de los sueños: análisis de contenidos y extravagancia de los sueños, 280-283; paradigma de muchos a uno *versus* uno a muchos, 101-102,

111-112; relevancia científica de la, 159-161; y el sueño de los clavados peligrosos, 216-218; y el sueño Evans-Mantle, 177-180; y el sueño del idilio italiano, 140-157; y el sueño del maratón, 63-67, 82

James, William: 136-137, 145, 309
James-Lange, teoría de la emoción de: 145
Janet, Pierre: 240-241, 268-269
Jouvet, Michel: 34, 48, 67-69, 71, 105, 167-168, 187, 197, 292-293, 305
Jung, Carl: 16-17, 127-128, 217-218, 310-312
jurisprudencia y sonambulismo: 233, 238-240

Kandel, Eric: 74-75, 172-175, 308
Kane, Catherine: 164-165
Kane, Louis: 164-165; el sueño sobre su muerte, 265-274
Kant, Immanuel: 261-262
Karlstrom, Ragnhild: 29, 32-33
Karnovsky, Manfred: 62
Kekule, Friedrich: 235
Kennedy, John F.: 194-195
Kimmich, Kate: 186
Klee, Paul: 151, 185
Kleitman, Nathaniel: 149, 302

Klinger, Max: 298-299
Kölliker, Rudolf: 14-15
Korsakov, psicosis de: 126, 190
Kramer, Milton: 150-153
Kravitz, Ed: 110
Kris, Anton: 64-65
Kris, Ernst: 64-65
Kubin, Alfred: 298-299

laboratorio del sueño: en Escenario Onírico, 42-46; sistema de registro portátil Nightcap, 45-46
LaFosse, Roger: 51
Larin, Lester: 212-213
Lartigue, Jacques Henri: 185
Leibniz, Gottfried Wilhelm: 261-262
lenguaje: como algo innato a los humanos: 189-190
lesión del tallo cerebral: efecto de la, en la actividad onírica, 275-290
Livingstone, Bob: 47
lóbulo frontal: inactividad del, durante la actividad onírica, 128
Locke, John: 261-262
locus coeruleus, neuronas del: 103-107
Loewenstein, Rudolph: 64-65
Loewi, Otto: 235
Loomis, Alfred: 303-304
Lorente de Nò, Rafael: 103-105, 121-122, 206-207
Louganis, Greg: 208
lucidez onírica: y los cambios en la emoción oníri-

ca, 245-246; y el sueño de la langosta, 85-113
Lydic, Ralph: 85, 93, 102-103, 105-109

Magoun, Horace: 302
Magritte, René: 151
Mantle, Mickey. *Véase* sueño de Evarts-Mantle
maratón: sueño del, 55-82
Maris, Roger: lucha de, por alcanzar la marca de cuadrangulares, 173-174
McCarley, Robert: 42, 69, 105-106, 109-110, 120, 169, 200, 205
McNaughton, Bruce: 79
memoria: y aprendizaje, 170-179, 187-188; en los sueños, 52, 63-64, 73-76; memoria asociativa, 85-113; memoria episódica, 73-74, 130; memoria a largo plazo, y las asociaciones, 174-175; memoria a largo plazo en los sueños (sueño de Evarts-Mantle): 163-181; memoria narrativa, impedimento fisiológico de la, durante el sueño MOR, 265-274; memoria procesal, 122-123; red semántica, 157-158; semillas oníricas, 186-187; y el resalte emocional (sueño de la langosta), 107-113; *versus* resalte emocional, 187-188. *Véase también* amnesia; funciones cognitivas en los sueños

memoria a corto plazo: ausencia de, en los sueños (sueño de Evarts-Mantle), 163-172
memoria a largo plazo: y las asociaciones, 174-175; en los sueños (sueño de Evarts-Mantle): 163-181
memoria asociativa en los sueños: 85-113
memoria episódica: 73-74, 130
memoria narrativa: impedimento fisiológico de la, durante el sueño MOR, 265-274
memoria procesal: 122-123
mente: 262-263. *Véase* conexión cerebro-mente
Meynert, Theodor: 11-12
Michel, François: 48, 292-293
Moby Dick (Melville): 237-238
modelo: AIM, 286-287; de interacción recíproca, 107; secuencial del sueño de la ballena dividida, 227-231
Moore-Ede, Martin: 106
Morrison, Adrian: 209
Moruzzi, Giuseppe: 302
motivación en los sueños: 59-61, 144-147, 304-305
Mountcastle, Vernon: 170
movimiento: y los deportes, 269-270; durante el sueño, 44-46; en los sueños, 33, 73-74, 102-103; y el sueño de Caravaggio, 115-137; y

el sueño de los clavados peligrosos, 202-221; y el sueño MOR, 49-50
movimiento circular en sueños: 210
movimiento ficticio: 207-208
movimiento onírico. *Véase* movimiento en los sueños
MRI *versus* PET: 132-133
muerte: sueños sobre la, 265-274
Mukhametov, Lev: 91

narcisismo: 192
narcisismo sano: 192
Natkin, Robert: 195
náusea o vértigo: ausencia de, durante los sueños, 213-214
Nelson, Duncan: 152
neurobiología: trabajo de Freud sobre la, 12-13, 17-18
neuromodulacion: 284-285
neuronas: 32-33; aminérgicas, 284-285; colinérgicas, 284-285; reticuloespinales, 102-105, 107-108
Newland, Marshall: 133-134, 236
Nielsen, Tore: 187, 283-284
Nightcap, sistema de registro portátil: 45-46, 282-283
norepinefrina: 72-73, 284-285

objetos naturales: comparación entre el cerebro y los, 31-35

Oldenberg, Claus: 195
olfato: ausencia del, en los sueños, 88-89
Olitski, Jules: 195
omnia cellula ex cellula (doctrina celular de Virchow): 14
ondas cerebrales: cambios de las, durante el sueño, 302-304
ondas PGO: 34
Orem, John: 106
orgasmo: desarrollo de los sueños hacia el, 294-295
origen de las especies, El (Darwin): 12

Pacto Contra el Vitalismo: 11-12
paradigma de muchos a uno *versus* uno a muchos (interpretación de los sueños): 101-102, 111-112
pensamiento. *Véase* funciones cognitivas en los sueños
personajes oníricos no identificados: 99
Peterson, Barry: 85, 93, 102-104, 106-107
Phelps, Marilyn: 154
Piaget, Jean: 261-262
Pinker, Stephen: 92
Pivik, Terry: 102-103
Platón: 261-262
pontino, generación del sueño MOR por el: 67-72
Poons, Larry: 195
Porter, Helene: 120

premoniciones en los sueños: 159-160
privación del sueño: 164-166, 197-199
procesos visuales durante los sueños: 134-135
programas motores: su operación durante los sueños, 121-123
Prouty, Roger: 211-212, 215
proximidad espacial (asociaciones de la memoria de largo plazo): 174-175
proximidad temporal (asociaciones de la memoria de largo plazo): 174-175
psicoanálisis: 12-13, 19-20, 301-315
psicología: importancia de la ciencia de los sueños para la, 305-308
psicosis: capacidad para la, 190; los sueños y la, 127-128, 164-165, 310-312

quintillas jocosas: sobre Eugene Aserinsky, 149; sobre Milt Kramer, 150-151

R. S. (amigo del autor): 185-186
rafe, neuronas del: 106-107
Ramón y Cajal, Santiago: 14-15
Rapaport, Stanley y Judy: 185
red semántica: 157-159
Redon, Odilon: 185
reduccionismo: 306-307
reencarnación en los sueños (sueño de Louis Kane): 265-274
reflejo vestíbulo-ocular (RVO): 206-207
reflejos: en el sueño MOR, 104-105; *versus* actividad espontánea, 296-297
regeneración del cerebro: 300
registro de los sueños: estadísticas sobre el, 56-57
regulación de la temperatura y sueño MOR: 198-199
religión: puntos de vista de Freud sobre la, 12-13
represión: 310-312; y la amnesia durante los sueños, 267-270; teorías de Freud sobre la, 15-17. *Véase también* represión sexual
represión sexual, teorías de Freud sobre la. *Véase* represión
resalte emocional: 52-53, 81, 314; y las actividades de la vida diaria en los sueños, 271-272; y la integración, 58-62; y el sueño de la caja del periodo Tiffany, 256-257; y el sueño de la cata de vinos por el bicentenario, 193-194; y el sueño de la ciudad medieval, 275-290; y el sueño Evarts-Mantle, 179-181; y el sueño de la langosta, 108-113; *versus* la memoria dentro de los sueños, 187-188

residuos del día: 187
Revonsuo, Antii: 82
riesgos laborales en los sueños: 134
Rode, Chantal: 111, 193
RVO (reflejo vestíbulo-ocular): 206-207

satisfacción de deseos: 187, 240-241, 304-305, 307-310
Schnitzler, Arthur: 298-299
Schreiber, Skip: 183-184, 187-188, 190-191, 196-197, 211-212
Scott, David: 35
Seligman, Martin: 57, 220
Selverstone, Allan: 110
semillas oníricas experimentales: 187
Semrad, Elvin: 68
serotonina: 72-74
sexualidad: correlación entre el tamaño de la nariz y el sexo, 15-16; y las partes del cuerpo, comparación entre la, 36-39; falta de, 145-146; estadísticas, 298-299; sexualidad en sueños, sueño del idilio italiano, 140-161; y el sueño del beso francés, 292-300
Shapiro, Carl: 153
Sharp, Page: 110-111, 156
Sherrington, Charles: 14
Silvestri, Lia: 142, 161
simbolismo en sueños: 63-65, 81-82
símbolos fálicos. *Véase* sexualidad

síndrome: definición de, 127; de Wallenburg, 288; mental orgánico, 127-128
sistema vestibular (sueño de los clavados peligrosos): 202-221
Skinner, B. F.: 175
Smirne, Fedora: 149
Snyder, Fred: 67, 168
sobresalto: como respuesta durante los sueños, 96-97, 209-210
Solms, Mark: 146, 193, 305, 308-309
solución de problemas en los sueños: 51-53, 151-152, 225-226, 230-236
sonambulismo: 238-240
sorpresa: como emoción, 209-210
sospechoso canadiense de asesinato (sonambulismo): 238-240
Spagna, Ted: 29-30, 41, 45
Stella, Frank: 128-129
Stevenson, Robert Louis: 232-233
Stickgold, Bob: 79, 177, 267
subjetividad y conexión cerebro-mente: 260-262
sueño: cambios en las ondas cerebrales durante el, 302-304; como protección del dormir, 305; efectos del, en el aprendizaje, 78-79; modelo AIM, 286-287; movimientos durante el, 44-45; para incubar ideas, 151-152; privación del,

164-166, 197-199; y vigilia simultáneos, 90-92
sueño con arquitectura (Caravaggio): 115-137
sueño de Evarts-Mantle: 163-181
sueño de la ballena dividida: 223-247
sueño de la caja del periodo Tiffany: 249-263
sueño de la cata de vinos por el bicentenario: 183-200
sueño de la catarata: 249-263
sueño de la ciudad medieval, 275-290
sueño de la langosta: 85-113
sueño de la pesca: 202-221
sueño de los clavados: 202-221
sueño de los clavados peligrosos: 202-221
sueño del beso francés: 292-300
sueño del idilio italiano: 140-161
sueño del maratón de la hms: 55-82
sueño del paseo en bicicleta (Caravaggio): 115-137
sueño del poste de cerca: 223-247
sueño lúcido. *Véase* lucidez onírica
sueño mor: activación del, 284-287; activación de los centros emocionales en el, 195-196; alcohol como supresor del, 127-128, 164-165, 197-199; autocreatividad del, 99-102; y la capacidad para la psicosis, 190; como evidencia contra la satisfacción de los deseos, 304-305; conteo de palabras y registros de sueños, 280-283; descubrimiento del, 148-149, 301-302; erecciones y abultamiento del clítoris durante el, 144-145; episodios fásicos, 97-98; y Escenario Onírico, 27-53; generación del, 69-72, 107-108; impedimento fisiológico de la memoria narrativa durante el, 265-274; interacción con el sueño no mor, 282-284; y la liberación de dopamina, 146-148, 192-193, 196; y la motivación, 304-305; y los movimientos en el sueño, 48-50; privación del, 164-166, 197-199; reflejos en el, 104-105; y la regulación de la temperatura, 198-199; y la sorpresa como respuesta, 96-98, 209-210; sueños durante el, 305-307. *Véase también* sueños
sueño no mor: episodios fásicos, 97-98; episodios tónicos, 97-98; interacción con el sueño mor, 282-284
sueño y vigilia simultáneos: 90-92
sueños: como protección del dormir, 305; estadísticas del registro, 56-57; y la psi-

cosis, 127, 311-312; *versus* fantasías, 57-58. *Véase también* sueño MOR
sueños alucinatorios (sueño de Caravaggio): 115-137
sueños del tipo "Misión Imposible": 250-251
sueños proféticos: 159-160
sueños temprano por la mañana: 118-119
Sulloway, Frank: 119, 128-130
supresión del sueño MOR con alcohol: 127-128, 164-165, 197-198

Tancrède, Marie: 51
teñir neuronas: 32-33
teoría de abajo hacia arriba: 207
teoría reticular del cerebro (His/Kölliker): 14-15
Thompson, Peter: 203, 209-212, 215
Tononi, Giulio: 92
Tosteson, director: 57, 62-63, 69-72, 80-81
trama de los sueños: efecto de las emociones sobre la, 130-132
transferencia: 157
transformación mágica: 57, 219-220, 279-280
transformaciones: defensivas, 15; simbólicas, 158

Tripp, Peter: 165

ventrículos: aspecto de planta de los, 35-36
vigilia y sueño simultáneos: 90-92
Vincent, Jean Didier: 111, 186, 193
Vincent, Yveline: 111
Violani, Cristiano: 148
Violani, Franca: 148
Virchow, Rudolf: 14
visión: 142-143
vitalismo: 11-13
Vivaldi, Ennio: 148
Vivaldi, Francesca (sueño del idilio italiano): 140-161
volición, poder del instinto sobre la: 294-295
Von Helmholtz, Hermann: 12

Walker, Matt: 79
Ward, Wesley: 134
Warner, Margaret: 119, 128-130
Wiesel, Torsten: 170-171
Wilson, Matt: 79
Wilson, Victor: 102
Winson, Jonathan: 79
Woolsey, Clinton: 47-48
Wundt, Wilhelm: 255, 312
Wyzinski, Peter: 103-105

Los 13 sueños que Freud nunca tuvo,
de J. Allan Hobson, nunca tuvo se terminó de imprimir
y encuadernar en el mes de octubre de 2007
en Impresora y Encuadernadora Progreso, S. A. de C. V. (IEPSA),
Calz. San Lorenzo, 244; 09830 México, D. F.
En su composición, elaborada por *Juliana Avendaño López*
en el Departamento de Integración Digital del FCE,
se usaron tipos New Aster de 9.5:12, 9:12 y 8:10 puntos.
La edición, al cuidado de *René Isaías Acuña Sánchez*,
consta de 2 000 ejemplares.